本书由**中央高校基本科研业务费专项资金**资助出版

Supported by the Fundamental Research Funds for the Central Universities

项目编号：2722022BY002

中国老年人的
健康与福祉

Health and Well-Being of the Elderly in China

潘　峣　著

厦门大学出版社　国家一级出版社
XIAMEN UNIVERSITY PRESS　全国百佳图书出版单位

图书在版编目（ＣＩＰ）数据

中国老年人的健康与福祉 / 潘崚著. -- 厦门：厦
门大学出版社，2022.12
　　ISBN 978-7-5615-8869-7

　　Ⅰ．①中⋯ Ⅱ．①潘⋯ Ⅲ．①老年人－社会服务－研
究－中国 Ⅳ．①D669.6

中国版本图书馆CIP数据核字(2022)第224617号

出 版 人	郑文礼
责任编辑	章木良

出版发行　*厦门大学出版社*

社　　　址	厦门市软件园二期望海路 39 号
邮政编码	361008
总　　　机	0592-2181111　0592-2181406(传真)
营销中心	0592-2184458　0592-2181365
网　　　址	http://www.xmupress.com
邮　　　箱	xmup@xmupress.com
印　　　刷	厦门兴立通印刷设计有限公司

开本	720 mm×1 000 mm　1/16
印张	13.75
插页	2
字数	233 千字
版次	2022 年 12 月第 1 版
印次	2022 年 12 月第 1 次印刷
定价	62.00 元

厦门大学出版社
微信二维码

厦门大学出版社
微博二维码

序

近年来，人口老龄化席卷全球，逐渐从发达国家向发展中国家蔓延，成为全球面临的一个重要的公共卫生问题。老年群体异质性极强，有的老年人可以完成大部分年轻人完成不了的任务，有的老年人却处于内在能力极其低下的状态。关于老龄化治理的制度、资源、人才极其缺乏，叠加老年群体的高度异质性，使得老龄化问题成为各国面临的挑战。幸运的是，同其他全球性问题相比，老龄化在一定程度上是可以预测的，因此，对于其所造成的问题，在一定程度上是可以做出应对准备的。

相较于其他发达国家，中国老龄化问题呈现出速度快、高龄化、地区差异大和未富先老等特征，给社会经济发展带来了巨大挑战。此外，中国经历了众多复杂的历史变迁，影响着当前步入老龄阶段人群的整个一生。这部分老年群体在生命各阶段所经历的风险暴露呈复杂多样性，使得其健康结局的多样性尤为突出。

潘峣博士的新著《中国老年人的健康与福祉》，从生命历程的关键期、转折期等重要阶段，研究老年群体认知功能、主观幸福感等福祉和健康结局的影响因素及其作用机制；运用经济学和社会统计学等交叉学科方法，从不同视角开展研究，指出了户籍制度对城乡老年人幸福感和健康的差异造成的影响，分析了童年时期成长环境和教育对当前幸福感和健康的长期影响作用，强调城镇化经历对晚年认知功能的影响；从老年生活的角度来研究社会参与度以及退休对老年人幸福感和健康的影响，为中国老年人福祉政策的制定提供了丰富的参考。

潘峣博士于2018年进入中南财经政法大学经济学院担任教职。在此期间，我们共同探讨和开展了一系列老龄化对健康和社会经济发展影响的相关研究，并鼓励她出版本书。本书也是她关于生命历程视角下老龄化与健康和福祉方面研究的集合，对于传播从全生命周期角度促进健康老龄化的理念和思想具有一定的积极意义。生命历程理论在中国人群健康老龄化的研究中的应用还处于起步阶段,由于研究数据资料等受限和时间仓促,本书中提到的有些问题还待进一步深入探讨。希望潘峣博士再接再厉,继续在这一领域开展研究,我也会一直支持她,希望未来她有更多更好的研究成果问世。

罗雅楠

2022 年 9 月于北京大学

目　录

第一章　绪　论

一、研究背景

根据联合国发布的《世界人口展望报告：2017》，我国 60 岁及以上的老年人口占全国人口比例将会从 2017 年的 16％增长至 2050 年的 35％。随着老龄化速度的不断加快，我国将在 34 年内达到其他主要发达国家现有的老龄化程度，而法国、瑞典及美国老龄化程度分别历时 115 年、85 年及 69 年才实现这一比例的变化。造成此现象的主要原因在于我国早期实施的独生子女政策所导致的生育率的降低以及不断改善的医疗水平和生活水平引起的人均寿命的提高。

针对老龄化问题，党的十九大报告指出，需要"积极应对人口老龄化，构建养老、孝老、敬老政策体系和社会环境，推进医养结合，加快老龄事业和产业发展"。特别是在 2021 年的两会记者会上，国务院总理指出"中国的老龄人口已有两亿六千万"，预计我国将从轻度老龄化社会迈入中度老龄化社会。"十四五"规划中也提出"实施积极应对人口老龄化国家战略"，需要"推动养老事业和养老产业协同发展，健全基本养老服务体系"。面对我国迅速加快的老龄化脚步，如何有效地提高老年人的生活质量、幸福感和整体福利将会是整个社会未来需要面临的一个重要挑战。

伴随人口老龄化与城镇化进程的不断推进，越来越多研究开始关注中国老年人的健康状况与幸福感。研究发现我国老年人健康水平呈现出不平等的现象，主要体现在地区、城乡和性别之间。例如，王洪亮等人（2017）发现西部地区健康不平等程度高于中部地区，中部地区高于东部地区。[①] 李建新和李春华（2014）证明农村老年人生理健康优于城镇老年人，城镇老年

---

① 王洪亮、邹凯、孙文华：《中国居民健康不平等的实证分析》，《西北人口》2017 年第 1 期，第 85～91 页。

人心理健康优于农村老年人。[1] 曾宪新(2010)关于老年人口健康水平的综合研究发现男性老年人健康水平优于女性老年人。[2] 此外,大量研究发现我国城镇老年人主观幸福感优于农村老年人。[3]

进一步探究老年人健康和整体福利的影响因素,不少学者证明养老保险制度与老年人的收入、贫困、消费、储蓄、幸福感和养老模式息息相关。[4] 这些研究发现,养老保险制度在一定程度上提高了农村老年人的收入、储蓄和消费水平,减少了老年人劳动供给和对子代的经济依赖。然而,也有研究得出养老金并未改善老年人福利的结论。比如解垩(2009)运用实证数据综合分析了社会养老保险对城乡老年人口多维贫困及不平等的影响,发现前者对后两者并没有显著影响。[5] 胡洪曙和鲁元平(2012)发现,收入不平等对我国老年人的主观幸福感有显著的负面影响,对于农村老年人来说这种影响更加严重,而且主要是通过影响老年人的身心健康间接地影响其主观幸福感的。[6]

美国经济学家佛朗哥·莫迪利亚尼(Franco Modigliani)等提出生命周期理论(life cycle model,LCM),每个人的生命周期历程可以分成早期、成年和晚年三个时期。该理论强调人一生中的收入变动在某种程度上是可预期的,消费者用储蓄和借贷去平滑一生的消费,根据该理论,实际上影响老年人在晚年时期的健康和福祉的因素不仅仅来自老年人的晚年时期,也来源于生命周期的其他时期,比如父母的影响、个人的社会经济状况、家庭关

---

[1] 李建新、李春华:《城乡老年人口健康差异研究》,《人口学刊》2014 年第 5 期,第 37~47 页。

[2] 曾宪新:《我国老年人口健康水平的综合分析》,《人口与经济》2010 年第 5 期,第 80~85 页。

[3] 王大为、张舒乔:《城乡差异背景下的老年人主观幸福感形成机理及影响因素研究》,《中国物价》2015 年第 11 期,第 84~87 页。

[4] 马光荣、周广肃:《新型农村养老保险对家庭储蓄的影响:基于 CFPS 数据的研究》,《经济研究》2014 年第 11 期,第 116~129 页。张川川、John Giles、赵耀辉:《新型农村社会养老保险政策效果评估:收入、贫困、消费、主观福利和劳动供给》,《经济学(季刊)》2015 年第 1 期,第 203~230 页。

[5] 解垩:《与收入相关的健康及医疗服务利用不平等研究》,《经济研究》2009 年第 2 期,第 92~105 页。

[6] 胡洪曙、鲁元平:《收入不平等、健康与老年人主观幸福感:来自中国老龄化背景下的经验证据》,《中国软科学》2012 年第 11 期,第 41~56 页。

系、提供健康生活环境的基础设施、国家政策制定与实施等。

本书将综合运用多种研究方法,对国家的相关政策进行梳理,依据理论模型和实证研究方法,从多维视角来探究和考察影响中国老年人健康和幸福感的决定性因素。本书在传统的个人健康和福祉衡量方法之外,将引入最新的经济学与社会学方法对老年人的健康和幸福感进行测度,并着重关注社会经济政策对老年人晚年生活的长期影响。此外,本书还通过对生命历程的早期环境、成年经历和晚年生活的研究,强调一个人生命中的重要转折阶段对晚年生活健康和福祉的影响。

二、研究意义

本书的主要贡献如下:首先,基于经典的生命周期理论,为影响老年人健康和福祉的社会经济因素提供符合中国特征的理论解释。其次,本书的研究成果可以为关于我国老年人经济、健康方面,以及主观幸福感方面的相关研究,提供新的运用工具和开辟新的思路,为减少城乡居民因收入和整体福利而存在的差距,有序促进城乡一体化进程提供实证经验。最后,弥补现有研究不足,本书将对人的生命中各个重要的阶段对个体晚年的健康和幸福感的影响进行全面、系统性的分析。

三、研究内容

从 20 世纪 50 年代起,中国实行了严格的户籍管理制度(也称为户口)。该制度在实施初期是用来控制从农村到城市的流动人口。时至今日,该制度仍然影响着中国居民生活的方方面面。

户籍制度的实施将中国公民分为农业户口持有者和非农业户口持有者两类。拥有城市户口或农村户口是影响中国公民所享受的社会政策与基础设施质量的一个关键性决定因素,并对城乡居民福祉的各个维度造成了巨大的区别。[①] 本书第二章总结了城乡户口持有者在教育、医疗、收入保障、

---

① Knight, J., Song, L., *The Urban-Rural Divide: Economic Disparities and Inter-actions in China*, New York: Oxford University Press, 1999. Liu, Z., Institution and Ine-quality: The Hukou System in China, *Journal of Comparative Economics*, 2005, 33(1): 133-157. Ren, Q., Treiman, D. J., Living Arrangements of the Elderly in China and Conse-quences for Their Emotional Well-being, *Chinese Sociological Review*, 2015, 47(3): 255-286.

住房和养老金方面等社会政策的主要特点和发展脉络的差异。该章节着重介绍了中国老年人度过他们生命的大部分时期时的社会制度的影响,对于理解本书后面三个章节的内容起到了引领作用。

第三章以中国 45 岁及以上人口为样本,对影响晚年健康和幸福感的早期成长因素进行了实证分析,使用数据来自中国健康与养老追踪调查(China Health and Retirement Longitudinal Study,简称 CHARLS)。第一节关注了童年时期成长环境对晚年认知功能的长期效应,因为认知功能是影响老年人生活质量和幸福的一个重要因素。[①] 个体的认知功能会随着年龄的增长自然衰退,然而对减缓认知功能衰退的因素尚缺研究。在本节中考察了童年时期成长环境对中国老年人认知水平与衰退速度的影响,发现在保持其他因素不变的情况下,童年环境较好的个体的认知功能在老年时下降得较晚,衰退速度更慢。第二节着重分析了教育这一因素对于城市和农村户口持有者的晚年幸福感的影响。首先从健康和经济两个维度构建个人的幸福指数,其次通过回归分析法对教育水平、户口类型和幸福指数的关系进行检验。结果表明,较高的教育水平对个体幸福感有积极的终身影响。故此,在城市户口持有者的样本中,教育的幸福回报率更高,这主要和他们一生都受益于更包容的社会经济政策有关。

第四章从个体成年时期的重要经历出发,主要考虑农村户口持有者是否经历城镇化的变化从而对晚年认知功能产生影响。城镇化变革被认为是人的生命历程中的一个重要转折点,通过提供更好的医疗保健设施、改善生活条件和提供经济机会来提高个人的认知功能和晚年的健康状况。[②] 该章节通过实证方法证明了经历计划城镇化的老年人的认知水平得到显著提高,进一步发现收入和生活条件是连接城镇化与认知功能关系之间的主要机制。

第五章探讨了晚年生活对老年人健康和幸福感的影响,主要考量退休这一重大人生节点与退休后社会参与度两方面。第一节,从老年人隔代照

---

① McArdle, J. J., Smith, J. P., Willis, R., Cognition and Economic Outcomes in the Health and Retirement Survey, in *Explorations in the Economics of Aging*, D. Wise (ed.), Chicago: University of Chicago Press, 2011: 209-236.

② Lei, X., Smith, J. P., Sun, X., et al., Gender Differences in Cognition in China and Reasons for Change over Time: Evidence from CHARLS, *The Journal of the Economics of Aging*, 2014, 4: 46-55.

料的视角出发,讨论了退休对子女生育意愿和生育率的影响。为孙辈提供隔代照料是影响老年人生活质量与时间分配的重要因素。结果表明退休对子女生育有着积极的影响,而增加老年人劳动供给则会显著抑制子女生育意愿和生育率。第二节和第三节分别研究退休后社会参与度与老年人主观幸福感和健康之间的关系。在第二节中,居住在中国农村的老年人的幸福感满意度低于居住在城市的老年人。一方面,中国城乡二元结构的确拉大了城乡老年人之间的幸福感满意度的差距;另一方面,社会参与度这一指标的提升对农村老年人幸福感满意度具有积极的影响,而且增加的幅度可以与农村户口带来的生活满意度下降幅度相抵消。在第三节中,实证研究表明退而不休的老年人比已经退休的老年人平均认知功能更高。退休后继续工作的老年人能够通过提高认知储备来延缓认知衰退。在加入社会参与度这一因素的调节作用之后,发现参与社会活动的老年人的平均认知水平更高,与正常退休形成替代效应。因此,如果老年人不采用退而不休的方式,也可以采取别的形式,譬如积极参与社会活动,同样可以使认知功能衰退减缓。

四、研究方法

本书的研究方法主要包括文献分析方法、政策评估与政策比较方法、计量模型与实证分析方法,从定量和定性两方面对研究问题进行深入探究。

第一种方法是文献分析方法。本书通过追踪和阅读大量英文文献,在把握主流中文文献研究基础上深入了解健康与福祉的定义、测算方法以及相关文献的发展脉络,厘清影响老年人的健康与福祉的驱动机制与可能的因素,为进一步探究生命周期各阶段对中国老年人健康与福祉的影响奠定基础。

第二种方法是政策评估与政策比较方法。定性分析主要使用政策评估与政策比较法,梳理影响中国老年人福祉的相关政策制度,例如厘清户籍制度的发展历史、农村和城镇养老保险制度的发展脉络、现有医疗保险制度在城乡间的异同与发展趋势,从根本上寻找造成老年人健康与福祉差异的原因,为实证分析提供了政策基础。

第三种方法是计量模型与实证分析方法。本书在使用生命周期理论的基础上,通过建立计量模型进行主要的定量分析,使用简单线性回归和面板回归分析方法,选用限制因变量模型、倾向评分匹配法和断点回归等方法,并在机制分析当中采用中介效应模型和结构方程模型,深入探究影响中国老年人生活、健康和整体福利的因素,从早期成长环境、成年经历与晚年生活状况三个方面进行分析。

五、研究总结

总体来说,由于中国老龄化的速度发展太快,如何应对不断增加的老年人口数,以及如何提高老年群体的整体社会福利将成为整个国家的经济社会发展关键问题之一。

本书从不同的视角,使用不同的计量经济学方法对这一问题进行剖析与探讨。本书的研究结果阐明了社会经济政策与人的生命周期各阶段在决定个体晚年健康和福祉方面产生的影响和作用。

值得关注的是,许多政策对老年人的健康和福祉的影响具有双面性。因此,在未来不断完善政策的同时也需要考虑到其对老年群体的负面影响,本书的研究结果也为针对年轻一代的政策制定提供了重要的启示。

第二章 人口政策:城乡老年人健康和福祉差异

第一节 中国的户口政策与人口流动的关系

一、户籍制度概述

(一)释义

1.户籍

众所周知,户籍,即户口,是每个公民的身份凭证,由国家相关行政主管机关制作,用来按户记录人口基本信息的法律证明。

2.户籍制度

户籍制度,即户口制度,是一种社会制度,国家通过各级权力机构对其所管辖范围内的人口进行调查、登记,并以此进行编制立户、分类等工作。

3.新中国户籍管理制度

1958年,《中华人民共和国户口登记条例》颁发,标志着中央政府开始对人口自由流动以法律文书形式实行严格限制和管理,居民们均被以"农业户口"和"非农业户口"进行分类管理。该制度一直沿用至今。

(二)户籍制度建立的意义

户籍制度的建立是统治者治理国家的一种重要手段,为征税征兵、行政管理和执行法律提供依据,也是国家对人口实行控制的重要途径之一。中国历朝历代的改革都离不开户籍制度,而户籍制度的功能也随着时间在不断变化。

(三)户籍制度与人口的关系

户籍是依照人口的相关信息记录在册的,自然而然,户籍和人口就维系在一起了。居民的福利水平与利益和户籍深度绑定,尤其体现在教育、就业、医疗等方面。

二、中国户籍制度的迁移

自 20 世纪 50 年代中期以来,中国的户籍制度对城乡居民进行严格区分,作为快速工业化过程中缓解人口压力的一项重要行政工具。[1] 户籍制度在中国实行了半个多世纪,深刻影响着亿万中国老百姓生活的方方面面,并与中国的经济发展有着密切的关系。

居民被分为"农村户口"和"城市户口"(或"农业户口"和"非农业户口")。[2] 持有不同类型的户口使农村居民和城市居民之间产生了明显的区别,不同的户口类型决定了他们获得不同的社会经济权利,并在无形中塑造了国家的社会阶层秩序:中国公民享有的社会福利政策根据其是城市户口还是农村户口而有所不同。拥有城市户口的个体可以获得更好的教育、医疗、住房补贴、失业保险和养老金保障的资源,而拥有农村户口的个体只能得到基本服务和基本基础设施的保障。

尽管户籍制度从一开始就具有城乡分异的特点,但户籍转换的刚性程度(即从农村户口转换为城市户口)却不尽相同。本节的一个重要目的是梳理户籍制度随时间推移产生的演变。

有大量文献对中国户籍制度的历史和发展进行了明确介绍。例如,程铁军和塞尔登(M. Selden)(1994)详细讨论了 20 世纪 90 年代以前户籍制度的起源和社会影响。[3] 陈金永和张力(1999)研究了 20 世纪 70 年代末以

---

[1]　Chan, K. W.(陈金永),*Cities with Invisible Walls*：*Reinterpreting Urbanization in Post-1949 China*，Hong Kong：Oxford University Press，1994.

[2]　中国的户籍制度分为两类。一是户籍类型(户口类别),将居民分为"农村户口"和"城市户口"(或"农业户口"和"非农业户口")。二是根据个人的常住地,选择户口所在地(户口在地)。每个公民只能登记一个常住户口。此外,即使公民与拥有城市户口的个人结婚,也不能获得城市永久户口。

[3]　Cheng, T.(程铁军), Selden, M., The Origins and Social Consequences of China's Hukou System, *The China Quarterly*，1994，139：644-668.

来户籍制度在国内人口迁移中的作用以及政策的变化。[1] 陈金永(1994)从社会政治的角度回顾了户籍制度的历史,考察了其对国家工业化、城市化、社会分层和空间分层的影响。许多文献都认为户籍制度阻碍了经济发展和国家现代化,阻碍了社会平等和劳动力市场的自由流动。[2]

三、中国户籍制度的发展

户籍制度的发展大致可分为三个阶段:

1.第一阶段:1958 年以前(自由流动时期)

在中华人民共和国成立之前,中国历史上就已经存在类似的以税收和征兵为目的的、收集和管理人口统计数据的人口登记制度。全面抗战期间(1937—1945 年),该制度被用于提供身份证明,如日伪政府在上海发放的"公民卡"(又称"良民证")[3];抗战结束后,国民党统治下的上海的"身份证"也是如此。[4]

显然,在 1949 年以前,该制度并未对城乡居民施加严格的社会经济层面的控制,其主要功能是收集居民数据。中华人民共和国成立后,户籍制度于 1951 年首次建立,用于登记城市人口信息,并于 1953 年推广到农村地区。其主要目的是"维护社会和平与秩序,保障人民的安全,保障他们的居住和行动自由"。1954 年通过的第一部《中华人民共和国宪法》保障了公民的居住和行动自由。

2.第二阶段:1958—1978 年(严格控制时期)

1958 年颁布《中华人民共和国户口登记条例》,规定了常住、暂住、出生、死亡、迁出、迁入、变更 7 项户籍制度,是全国人民代表大会颁布的唯一一次关于"移民和居住"的全国性法律条规,至今仍然有效。从那时起,每个

---

[1] Chan, K. W.(陈金永), Zhang, L.(张力), The Hukou System and Rural-urban Migration in China: Processes and Changes, *The China Quarterly*, 1999, 160: 818-855.

[2] 王海光:《当代中国户籍制度形成与沿革的宏观分析》,《中共党史研究》2003 年第 4 期,第 24~31 页。龙家榕、刘烁瞳、陆杰华:《新中国成立以来户籍制度变革路径及其研究议题回顾与展望》,《人口与健康》2019 年第 8 期,第 30~33 页。梁琦、陈强远、王如玉:《户籍改革、劳动力流动与城市层级体系优化》,《中国社会科学》2013 年第 12 期,第 36~59 页。

[3] 王威海:《中国户籍制度:历史与政治的分析》,上海:上海文化出版社,2006 年。

[4] White, L. T., *Careers in Shanghai: The Social Guidance of Personal Energies in a Developing Chinese City, 1949-1966*, Berkeley: University of California Press, 1978.

中国公民都被纳入户籍制度，[①]并根据当时的居住地分为农村户口和城市户口。户口类型在个体的一生中是无法轻易改变的，并且新生儿的户籍身份必须跟随母亲。

户口类型在很大程度上与各种经济社会福利政策关联，城乡之间的自由流动不复存在。相反，为了减轻城市的压力，政府采取了严格的措施防止农村人口向城市迁移。无论农村户口还是城市户口，户籍制度都规定公共服务只能在居住地享有。户籍制度通过将居民与居住地绑定在一起，并限制改变户口类型的可能性，从而将农村人口和城市人口在时空中区隔开来。

对流动的限制主要与当时中国实施的经济政策有关。1949年后，中国模仿苏联的经济政策，重视重工业的发展，而对工业化的大力推动导致了城市工业和农村农业部门之间的巨大差距。中华人民共和国成立之初，大批农村人口开始离开农村进入城市，使城市面临着巨大的人口压力。中国城市人口占总人口的比重从1949年的10.6%上升到1956年的14.6%，其中农村移民几乎占总增量的60%。[②]

由于城市资源有限，劳动力供大于求，于是国家通过户籍制度对农村—城市流动人口设置了一道巨大的屏障，以保持城市人口的稳定，降低城市的失业率。同时，国家还通过严格的粮食配给制度以保证农业部门有足够的粮食生产来支持城市工人的基本生活。

3.第三个阶段：1979年以来至今（开放时期）

自1978年以来，中国开始从计划经济转向市场经济，其特点是对许多国有企业进行了私有化改革。为了促进农村人口向城市迁移，中国采取了更加灵活的户籍制度。[③]

一种特殊类型的户籍形式应运而生。为适应市场经济的需要，户籍形

---

① Zhu，L.（朱利江），Hukou System of the People's Republic of China：A Critical Appraisal under International Standards of Internal Movement and Residence，*Chinese Journal of International Law*，2003，2(2)：519-565.

② Kirkby，R. J. R.，*Urbanization in China：Town and Country in a Developing Economy，1949-2000 A.D.*，London：Croom Helm，1985.

③ Seeborg，M. C.，Jin，Z.，Zhu，Y.，The New Rural-urban Labor Mobility in China：Causes and Implications，*Journal of Socio-Economics*，2000，29(1)：39-56.Wu，Z.，Yao，S.（姚树洁），Intermigration and Intramigration in China：A Theoretical and Empirical Analysis，*China Economic Review*，2003，14(4)：371-385.

式发生了重大变化,那就是引入了由地方政府管理的两类特殊类型的居民登记制度。其一是农民工和临时居民的出现。1985 年颁布《城市流动人口管理暂行规定》,该规定支持农民工融入城市,允许农民工在城市地区登记为临时居民,但不享有城市户口以及所有相关权利和福利。所谓"农民工",实际是指"身在城市从事非农业工作的农业户口的工人"。新规定取消了临时居民在城市居住不得超过 3 个月的规定,但仍然不允许他们改变户口身份。[①] 对于农民工来说,在城市找工作比以前更容易了,因此大量农民工涌入了城市。这一时期,大量制度层面的缺陷暴露出来,比如向农民出售虚假城市户口等现象。[②] 为了解决这一问题,中央政府在 1989 年发布了《关于严格控制"城镇化"过快增长的通知》,以管理向城市地区流动的非城市户口群体,农村人口享有城市地区的社会经济福利的门槛被再次提高。

其二是所谓的"蓝章"户口。"蓝章"户口的持有者包括原本为农村户口的投资者、购房者和专业人士。"蓝章"户口使他们有资格享受普通城市户口持有者大部分的社会福利,但前提条件是支付一笔较高的一次性费用。上述两类户籍制度是临时性的,2000 年后都已逐渐退出了历史舞台。

除了这两项特殊规定,政府还实施过一些改革,试图重新设计户口制度。自 1998 年以来,新生儿可以选择跟随父亲或者母亲的户口。此外,在 20 世纪 80 年代之前,从农村户口到城市户口的合法转换过程难度较大,而此后城乡户口转换的常规渠道变得更加灵活多变,包括了国有企业招聘(招工)、高等教育机构招生(招生)、晋升高级行政职位(招干)、参加中国人民解放军(参军)、政府征地和其他个人迁移原因。每年城乡户口转换的配额由中央政府设定。例如,从 1989 年到 21 世纪初,每年法定城乡户口转换配额在对应城市户口持有者人口数的 0.15%～0.2% 之间。[③] 这些限制近年来有所放松,但仍然很严格。在 2014—2020 年之间,政府允许了近 1 亿名的农

① Yusuf, S., Saich, T., *China Urbanizes: Consequences, Strategies, and Policies*, Washington, D.C.: World Bank, 2008.

② 袁刚:《户籍的性质、历史与我国户籍制度改革》,《学习论坛》2008 年第 5 期,第 71～75 页。

③ Chan, K. W.(陈金永), The Chinese Hukou System at 50, *Eurasian Geography and Economics*, 2009, 50(2): 197-221.

村户口持有者更换了户口状态，以促进城镇化进程。[①] 这意味着目前允许改变户口状态的农村居民的年平均配额约为 2%。[②]

总的来说，目前的户口转换政策仍然是严格的，农村地区主要是富人和高学历人群才有能力改变他们的户口类型。[③]

四、人口流动与公民身份转换存在分离现象

我国内部人口流动出现"移民"身份。随着农民工进城找工作变得更加容易，越来越多的农民涌向了城市。对于中国的内部迁移来说，流动行为和公民身份的转换是完全分离的。例如，有人可以迁移到一个新的城市，但可能无法享受当地的各种社会福利政策。所谓的"流动人口"，是指从农村迁移到城市但没有获得城市户口的个体。这就意味着流动人口不是法律上的居民，却是事实上的居民。

尽管流动人口生活工作在城市地区，但这些公民面临着一种很尴尬的行政层面的障碍：政府为城市户口持有者提供的公共服务，流动人口只有看得见的份，没有摸得着的份，只有通过上述渠道成功转为城市户口的公民才可以像其他城市户口持有者一样享受城市里的公共资源和服务。

中国流动人口的规模从 20 世纪 80 年代初的几百万人迅速增长到 2011 年的 1.5 亿人左右。[④] 2013 年，流动人口占中国总人口的 18%。[⑤] 农村到城市的移民通常是低技能的工人，他们为了获得更好的工作机会而迁移到城市。尽管他们努力融入城市生活，但由于他们的农村户口类型，他们无法获得与城市户口持有者相同的权利。[⑥] 例如，他们无法享受教育补贴

[①] 国务院：《关于推动 1 亿非城镇户籍人口进城落户方案的公告》，http://www.gov. cn/zhengce/content/2016-10/11/content_5117442.htm，2016 年 9 月 30 日。

[②] 计算基于国家统计局：《中国统计年鉴 2015》，北京：中国统计出版社，2015 年。

[③] Zhang，H.，The Hukou System's Constraints on Migrant Workers' Job Mobility in Chinese Cities，*China Economic Review*，2010，21(1)：51-64.

[④] Chan，K. W.(陈金永)，Internal Migration in China：Trends，Geography and Policies，in *United Nations Population Division*，*Population Distribution*，*Urbanization*，*Internal Migration and Development：An International Perspective*，New York：United Nations，2012：81-102.

[⑤] 计算基于国家统计局：《中国统计年鉴 2015》，北京：中国统计出版社，2015 年。

[⑥] Solinger，D. J.，*Contesting Citizenship in Urban China：Peasant Migrants，the State，and the Logic of the Market*，Berkeley：University of California Press，1999.

制度、福利计划和社区文化活动的机会。这些障碍都威胁到了他们的社会包容性。奈特(J. Knight)和古纳蒂拉卡(R. Gunatilaka)(2010)[1]发现,城乡接合部的移民报告的幸福指数低于城乡户口持有者。此外,流动人口的孩子就读于城市地区的民办流动人口学校,其中大部分学校空间有限,设施较差,专业持证教师较少。[2] 因此,流动人口虽然生活在城市,但大多数人的生活环境、生活质量、健康状况和幸福感均处于劣势地位。

第二节 城乡老年人健康和福祉差异的原因

一、现实与政策背景的概述

(一)中国式户口的城乡差异

1.城市工业化对人口流动产生的影响

20 世纪 50 年代后半期,由于城市工业化程度日益加深,中国城乡流动人口激增。1949 年,城镇人口占总人口的比重约为 10.6%。到 1956 年时,这一比例已经提高了将近三分之一,上升到了 14.6%。[3] 随着农村过剩劳动力从农业部门大量流入城市工业部门,为了减少城市的失业率,保障城市的粮食供给,中国建立了户籍制度,对从农村向城市的人口迁移建立了严格管控。

中国的户籍登记制度被称为户籍制度,于 1951 年发布,1958 年开始严格实行,直至 21 世纪之初,其总体特征基本没有发生变化。根据 1958 年的条例,所有中国公民根据当时的居住地分为城市户口和农村户口。新生儿的户籍身份必须跟随母亲。只有在特殊情况下,户口类型才能申请更改,这一情况延续至今。

---

① Knight, J., Gunatilaka, R., The Rural-Urban Divide in China: Income but Not Happiness?, *The Journal of Development Studies*, 2010, 46(3): 506-534.

② Dong, J.(董洁), Neo-Liberalism and the Evolvement of China's Education Policies on Migrant Children's Schooling, *Journal of Critical Education Policy Studies*, 2010, 8(1): 137-161.

③ 国家统计局:《中国统计年鉴2004》,北京:中国统计出版社,2004 年。

2.户口类型与公民福祉的关联

户口类型与公民福祉在很大程度上相关,因为它决定了个体所享受的社会政策。

拥有城市或农村户口是决定公民在教育、医疗、收入保障计划、住房和养老金等领域享受的社会政策的质量和包容程度的关键因素。为城市居民设计的社会政策是基于更高级别的资源的可获得性,而农村户口个体只能得到基本服务和基础设施的保障。其原因在于,国家承担了城镇户籍人口社会政策的融资责任,农村户籍家庭的社会政策的组织和融资权责则下放到了地方政府。显然,地方政府可支配的资源和信贷数量远远低于国家,最为人熟知的例子如城乡教育、医疗体系,以及城市职工的养老金制度。

现有资源的巨大失衡性在于由社会政策所造成的巨大差异,更进一步危及了政策的包容性。城乡医疗保健系统的官方统计数据清楚地反映了这种差异:2013 年,农村地区每万人拥有医疗机构床位 33.5 张;城市地区每万人拥有医疗机构床位是农村居民的两倍多,约 73.6 张。同年,农村人均卫生支出为 1274.44 元,而城市为 3234.12 元。[①]

表 2-1　中国城市和农村每千人病床数

年份	总人口/千人	农村/张	城镇/张
2007	2.83	2.00	4.90
2008	3.05	2.20	5.17
2009	3.32	2.41	5.54
2010	3.58	2.60	5.94
2011	3.84	2.80	6.24
2012	4.24	3.11	6.88
2013	4.55	3.35	7.36

数据来源:国家统计局:《中国统计年鉴 2014》,北京:中国统计出版社,2014 年。

我国的户籍制度已实行 70 多年。70 多年后,农村和城市地区在多个维度的福祉指标上呈现出了明显的差异,而这些指标表明城市地区的生活质量往往更好。

①　国家统计局:《中国统计年鉴 2015》,北京:中国统计出版社,2015 年。

2016 年,城镇新生儿死亡率为 2.9‰,而农村为 5.7‰。在农村地区,平均每 1000 名儿童中有 12 人在 5 岁前死亡,而城市地区的数据降至每 1000 名儿童中仅有 5 人在 5 岁前死亡。2000 年,城市人口出生时预期寿命为 75.21 岁,而农村人口出生时预期寿命则为 69.55 岁。[①] 此外,城市地区出生人口接受教育的机会也更多。

杨玲和宋靓珺(2022)发现从 2005 年到 2018 年中国农村老年人健康预期寿命与城镇老年人健康预期寿命相比差距仍然较大。[②] 根据 Zhang 等人(2015)的研究,2010—2012 年间,农村儿童完成小学学业的比例仅为 88%,城市儿童这一比例达到了 100%。[③] 农村地区进入初中的学生仅有 70% 完成了学业,而在城市地区,这一比例同样达到了 100%。最后,仅有 2% 的农村儿童能够接受高等教育,这一数字与城市人口的 54% 相比,差距之大令人震惊。

人均家庭收入同样存在巨大的差距:2013 年,农村家庭的平均收入约为城市家庭的三分之一。

3.社会政策存在城乡间的差异

虽然城市和农村户口持有者都有资格享受社会经济福利,但这些政策在设计、融资和质量方面存在很大差异。接下来的章节将详细讨论在何种程度上,户口类型会导致个人在其一生中所面临的社会经济政策下的巨大差异,主要着眼于教育体系、医疗体系、收入保障体系、住房政策和养老体系等方面的差异。

(二)本节的切入点

本节以农村和城市户口不同而产生的不同作为研究切入点。

上节梳理了社会政策障碍下,农村和城市户口个体的不同特点,为研究城乡老年人健康和福祉的巨大差异背后的原因奠定了基础。本节将继续介

[①] 潘家华、单菁菁:《城市蓝皮书:中国城市发展报告 No.9》,北京:社会科学文献出版社,2016 年。

[②] 杨玲、宋靓珺:《中国老年人口健康预期寿命差异的分解研究》,《人口与经济》2022 年第 1 期,第 90~105 页。健康预期寿命是反映人群健康长寿的重要指标,同时用于测量生命长度和生命质量。

[③] Zhang, D., Li, X., Xue, J., Education Inequality between Rural and Urban Areas of the People's Republic of China, Migrants' Children Education, and Some Implications, *Asian Development Review*, 2015, 32(1): 196-224.

绍城乡居民的教育、医疗保健、收入保障、住房和养老金等社会政策的主要特点和典型事实,并且随着时间的推移,在解释城乡户口个体之间的社会经济地位和健康状态的差异时,应当考虑个体一生中所要面临的不同社会政策带来的影响。

二、城乡居民主要社会政策方面的差异

(一)教育体系

中国城乡的教育体系无论在教育设施、持证教师的素质和数量还是经费的投入上都存在明显差异。

1.双轨制教育发展与变迁

由于教育资源有限,1949 年以前中国实行双轨教育,即由政府支持的城市教育和由家庭个体支持的农村教育,以保证全民享有充分的教育机会。[①] 1949 年后采用了相同的教育模式。因此,城市教育的主要责任由国家承担,而农村教育系统的管理和筹资则由当地集体[②]和农村家庭承担。与户籍制度的目标一致,双轨教育制度强调在城市和矿区发展教育的重要性,以满足工业化的需要。

刘少奇曾在 1958 年提出了"两种劳动和两种教育制度"的概念,进一步重申了在中国农村和城市追求两种不同的教育方式的政策目标。1959 年,时任教育部部长杨秀峰强调,教育政策中的"选择性发展"原则,是"合理利用有限的资源",实现"普及教育与提高水平并举"的有效途径。其背后的原因在于当时的中国缺乏足够的资源和资金来满足整体国民的需要。按照中央政府的观点,对于一个资源有限的国家来说,要想快速地为现代化和工业化培养出一批合格的精英,就必须先聚焦于一部分人群。就中国而言,公共资源主要用于重点学校[③]和城市学校,培养了一批被人为挑选出来的城市青年,成为未来的精英,管理国家经济发展。

---

① Fu, T. M., *Unequal Primary Education Opportunities in Rural and Urban China*, *China Perspectives*, 2005, 60: 30-36.

② 集体是一种形式的公有组织。在中国农村地区,特别是在 1958—1983 年间,许多农民以联合组织的形式经营自己的财产,并在村庄内部或村庄之间合作经营农业活动,这是相当普遍的。

③ 重点学校在教师配给、设备、资金和其他资源方面享有优先权,还可以招收最好的学生进行专项培训,其中有 90% 的重点学校在城市地区(Tsang,1996)。

除了"文革"时期（1966—1976）外，中国的双轨教育制度一直存在。在"文革"的前两年，由于各级教育被暂停，城乡教育之间的不平等也被动地消失了一段时间。而1968年后，农村和城市儿童接受相同的小学教育（5年小学教育）；中等和高等教育的入学筛查是基于申请人的工作经验和政治倾向，而不是教育经历。这一政策有利于工人和农民，而不是有文化基础的知识分子。[①]"文革"之后，双轨教育制度也恢复了，教育体系中重现了由政府资助的城市学校和民办的农村学校。

特别是自1980年以来，中国进行了财政制度改革，城乡教育之间的差距进一步加大。中央财政仍是城市教育经费的主要来源，而农村教育经费大部分由乡或县级政府代替地方集体承担。然而，由于地方政府财政能力有限，部分教育支出需要由农村家庭自己承担。

2.九年义务教育实施

1986年，中国颁布了正式的第一部《义务教育法》，义务教育阶段包括了小学六年和初中三年。这项法律最初在城市实施，然后逐渐推广到农村地区。2014年，国家统计局宣布九年义务教育已几乎覆盖全国所有地区。[②]

3.城乡间基础设施及教学资源依然不均衡

从20世纪90年代末起，中国政府开始进行教育制度改革，其目标为消除农村和城市地区之间明显的教育不平等。例如，国家试图减少甚至取消九年义务教育费用（比如"一费制""义务教育免费"[③]）。尽管如此，改革后的城乡教育差距仍然很大。由于农村教育经费大部分来自地方政府（县/乡级），而地方政府的财政能力相当有限，远低于中央政府，因此，城市学校往往配备着更好的基础设施与教学资源。根据全国的统计数据，王德文（2003）计算出2001年城市地区小学师生比[④]为19.7[⑤]，中学师生比为17.9；

---

① Lo，B. L.，Primary Education：A Two-track System for Dual Tasks，in *Contemporary Chinese Education*，London：Routledge，2017：47-237.

② 国家统计局2014年关于《中国儿童发展纲要（2011—2020年）》实施情况统计报告，由国家统计局于2015年发布。

③ "一费制"即中央政府对城乡义务教育实行统一定价。"义务教育免费"政策指的是到2009年，这一政策已在全国范围内实施，实现了义务教育全部免费。

④ "师生比"指的是一位教师所教学生的平均人数。在其他条件不变的情况下，师生比的数值越高，说明教育系统的预期质量越低。

⑤ 王德文：《中国农村义务教育：现状、问题和出路》，《中国农村经济》2003年第11期，第4~11页。

而农村地区的数据则明显高出很多,小学师生比为 22.7,中学师生比为 19.9。此外,城市地区初中的持证专职教师约占92%,而农村地区的持证专职教师仅占85%左右。在持证专职教师中,有至少24%在城市工作的教师获得了大学学历,而在农村地区这一数字只有9%。教师的素质在农村和城市之间存在很大的差异,城乡间存在的基础设施和教学资源不均衡,导致农村学生获得有效学习的途径存在短板。根据第七次全国人口普查数据,2020年,农村地区15岁以上人口的文盲率为5.53%,而城市地区仅为1.26%。即使在今天,城乡间的教育水平仍然差异巨大,这显然是双轨制教育体系所遗留下的问题。

(二)医疗保健体系

同样,中国的城乡卫生体制在卫生政策、卫生服务管理和资源管理等方面也存在巨大鸿沟。

1.城市职工健康计划与城镇职工医疗保险计划的建立

城市职工健康计划的建立。在城市地区,医保制度一开始就得到了国家的资金支持。中央政府在1951年和1952年分别建立了两大与就业有关的健康计划,即国家劳动保险计划和公共服务医疗计划。[①] 政府工作人员和国有企业员工的所有医疗支出都由国家和国有企业支持。[②] 不仅如此,他们的直系亲属还可以享受50%的常规医疗费用减免。而对大多数私营部门雇员而言,其医疗保健计划是由许多私营和国有公司统筹安排。除少数小型私营企业的雇员和自营职业者外,所有城市工人都参加了职工健康计划,他们的医疗费用也是免费的。

城镇职工医疗保险计划的建立。为了使医疗保险计划覆盖所有城镇职工,中国1998年建立了"城镇职工基本医疗保险",用其取代之前以工作单位为基础的医疗保险计划,覆盖了所有私营和公共部门的职工。2007年,作为一项补充计划,政府继续出台了"城镇居民基本医疗保险",将个体经营者、退休人员、儿童和其他受抚养人等所有城镇居民纳入其中。

---

① Knight, J., Song, L., *The Urban-Rural Divide: Economic Disparities and Inter-actions in China*, New York: Oxford University Press, 1999.

② Shi, L., Health Care in China: A Rural-urban Comparison after the Socioeconomic Reforms, *Bulletin of the World Health Organization*, 1993, 71(6): 723.

2.农村地区的合作医疗制度

直到 20 世纪 60 年代中期,农村地区还没有建立有效的医疗保险系统。大多数农村居民没有享受任何医疗保险制度的保障,主要依靠个人自付费用。1965 年,中央政府建立了由公社管理和资助的合作医疗制度。为农村地区提供卫生保健的基础是"赤脚医生"。所谓的"赤脚医生",是一批由城市医生培训,并被派到农村诊所,向农民提供医疗服务的医生群体。到 1970 年,有 120 万名"赤脚医生"完成了培训并来到农村。农村家庭可以报销部分医疗费用,但不同地区的报销水平各不相同。

合作医疗制度的崩溃。1979 年后至 20 世纪 90 年代间,中国社会经济发生了巨大的变化。当时,中国经济政策由计划经济转变为市场经济为主,农村的生产责任制也从集体转移到家庭。这一变革是为了强调个人的努力和责任,以保持中国经济的持续增长。而随着以公社为中心的管理体制的瓦解,农村医疗保健体系也发生了巨大的裂变:由于政府对农村医疗保健体系的财政补贴相当有限,公社不再能够维持 1965 年建立的合作医疗制度并支付"赤脚医生"的费用。因此,合作医疗制度面临崩溃,大量乡村诊所关闭。农村个人参加合作医疗的比例从 1978 年的 90% 快速下降到 1986 年的 9.5%。此后,收费服务制度出现,过去的"赤脚医生"变成了付费服务的私人医生。1978 年以前,中央政府会拨出一定比例的资金给地方政府,以支持公社的合作医疗制度。而 1978 年以后,由于财政政策改革,地方政府(县和乡镇政府)全权负责管理和资助当地的医疗保健系统,而国家则负责资助城市地区的公立医院、研究机构和医学院。[①]

新型合作医疗的出现。2000 年以后,中央政府开始更加注重建设农村地区的医疗保健体系。例如,政府提供更多的财政补贴,以减少农村居民的医疗自付费用。2003 年,政府推出了"新型合作医疗",以实现农村居民医疗卫生全覆盖。一开始,在部分城市试点进行;2010 年起,开始在全国范围内推广新型合作医疗。

医疗服务资源分配的巨大差异导致中国城乡人口的健康状况存在差距。尽管政府一直在努力缩小城乡间医疗服务的差距,但到了 2016 年,城市新生儿死亡率为 2.90‰,而农村的却是 5.70‰,农村地区新生儿死亡率比

---

① Liu, Y., et al., Transformation of China's Rural Health Care Financing, *Social Science & Medicine*, 1995, 41(8): 1085-1093.

城市地区高了近一倍;城市地区 5 岁以下儿童死亡率为 5.20‰,而农村地区的是 12.40‰,高了足足一倍多。

3.老年人及残疾人的健康服务

尽管中国已经存在正规护理组织和机构,诸如养老院、敬老院、社区服务中心等,但在为老年人和残疾人提供公共长期照护服务方面仍有待加强。人社部于 2016 年 6 月 27 日印发了《关于开展长期护理保险制度试点的指导意见》,确定 13 个试点城市和 2 个重点试点省份开展长期护理保险的试点工作,又于 2020 年印发了《关于扩大长期护理保险制度试点的指导意见》,新增了 14 个试点城市继续开展试点工作。但是,目前在中国提供长期护理的主要来源仍然是家庭成员。[1] 城市地区的长期护理服务较为发达,而农村地区则非常有限。[2] 迄今为止,大多数的正规护理机构主要是由政府资助和经营,非政府组织或私人投资者资助的机构非常少。

近年来,政府开始着手完善老年人及残疾人的长期护理体系,并鼓励私人资本在城市地区进行相关投资。显然,医疗机构的供应已无法满足中国人民日益增长的长期卫生保健需求,特别是在中国还没有任何公费长期护理保险计划来覆盖长期护理支出的情况下。[3]

目前而言,绝大部分老年人的长期护理支出主要还是只能依靠自付费用、养老金、家庭或其他私人资助资源。中国的长期医疗保健体系建设仍任重而道远。

(三)收入保障体系

中国城乡间的收入保障体系存在差距且依然处于不断完善中。

1.城市户口居民的保险与最低生活保障计划

城市户口居民的保险计划。中国的失业保险制度仅面向拥有城市户口

---

① Zeng Y.(曾毅), et al., Associations of Environmental Factors with Elderly Health and Mortality in China, *American Journal of Public Health*, 2010, 100(2): 298-305.Wu, B, Mao, Z.F.(毛宗福), Zhong, R.Y.(钟仁耀), Long-term Care Arrangement in Rural China: Review of Recent Development, *Journal of the American Medical Directors Association*, 2009, 10(7): 472-477.

② Chu, L., Chi, I., Nursing Homes in China, *Journal of the American Medical Directors Association*, 2008, 9(4): 237-243.

③ Feng, X.T.(风笑天), et al., An Industry in the Making: The Emergence of Institutional Elder Care in Urban China, *Journal of the American Geriatrics Society*, 2011, 59 (4): 738-744.

的公民。最早的失业保险制度要追溯到 1986 年出台的《国营企业职工待业保险暂行规定》。根据规定,国营企业将对失业工人的福利保障负全责,工人无须缴纳任何款项。该规定在 1993 年继续延续,直至 1999 年出台了最新的《失业保险条例》,并沿用至今。新规指出,企业、个人和政府财政补贴是失业保险的三个主要支持来源,其覆盖范围扩大到所有城市工人。然而,除了那些被城市企业录用的农民工外,农村户口的个人没有相关的失业保险计划。[①]

城市户口居民的最低生活保障计划。由于 20 世纪 90 年代早期的失业、低工资、养老金缺口和通货膨胀等现象,中国城市地区的贫困人口数量快速增长。[②] 为了支持这部分人群的基本生活,上海于 1993 年最早推行了"最低生活标准保障计划"(简称"低保"),这一政策于 1999 年在全国进行推广。低保的目标人口包括长期和暂时贫穷的群体,如失业者、老年人、病人和残疾人。低保的目的是为所有收入低于市级最低标准的城镇登记家庭[③]提供财政支持。[④] 1999 年之前,低保计划仅由当地政府出资施行。自 1999 年起,中央政府也开始通过财政补贴,支持地方的低保计划。

2.农村户口居民的最低生活保障计划

根据 1999 年的规定,只有月收入低于地方规定标准的家庭才有资格申请低保。不仅如此,只有拥有城市户口,并且居住地与户口地一致的个人才能申领低保补贴,个人申领情况还会记录在整个家庭的福利保障中。而拥有农村户口,或居住在其他城市或省份的流动人口则无法申领当地的低保补贴。不同于城市地区,农村地区的低保计划始于 2003 年。农村地区的地方政府可以根据是否有足够的财政资源,自愿选择是否建立低保体系。农

---

① 沃德匹维克(M. Vodopivec)和宋(M. H. Tong)(2008)对这一内容进行了详细讨论。

② Saunders, P., Shang, X., Social Security Reform in China's Transition to a Market Economy, *Social Policy & Administration*, 2001, 35(3): 274-289. Gao, Q., The Social Benefit System in Urban China: Reforms and Trends from 1988 to 2002, *Journal of East Asian Studies*, 2006, 6(1): 31-67.

③ 城镇登记家庭指的是拥有城市户口的家庭,不包括具有农村户口但居住在城市的流动人口。

④ Ravallion, M., Chen, S.(陈少华), Wang, Y., Does the Di Bao Program Guarantee a Minimum Income in China's Cities?, in *Public Finance in China*, Washington, D.C.: World Bank, 2006.

村户口持有者每月可获得的低保补贴通常低于城市户口持有者,最低收入标准由各地政府自行规定,各不相同。例如,2015年天津市农村居民可获得540元/人的补贴,而城市居民将获得705元/人;2015年郑州市农村居民月最低收入标准为290元/人,而城市居民为520元/人。[①] 中国政府近期的一项目标是将低保体系推广到全国范围,以缩小城乡差距。

政府通过多层次、多渠道努力实现低保体系全国范围全覆盖,以期调整城乡居民间的收入,提高居民的生活水平,进一步完善收入保障体系,这也是确保老年人晚年生活获得幸福感的重要指标之一。

(四)住房政策

研究发现,城市户口和农村户口持有者面临的住房政策也不尽相同。

1.城市住房制度的演变

在城市地区,住房制度经历了计划经济到市场化的巨大变革。在计划经济时期,中国没有私人住房市场。国家按照规划承担住房投资的主体责任,并将住房设施的建设、分配、管理和维护委托给各企业单位。此时,房屋的产权归国家所有,并以较低的价格出租给个人,以补偿住房的日常维护费用。房屋质量由国家提供保障。[②]

1978—1998年间,原有住房制度与市场经济发展进程之间的冲突促使中国住房制度大幅市场化。然而,由于国有土地和企业单位住房之间的交接存在争议,这一过程仍非常缓慢。[③] 从1998年开始,住房制度的市场化进程开始加速:社会住房的分配政策(例如由市政当局或工作单位低价提供的租赁住房)取消,社会住房设施被转换为私有财产。[④]

如今越来越多的城市住宅是由房地产开发公司按照合规标准建造的。

---

① 李俊玲:《2015年城乡主要地区低保水平概况表》,http://www.chinanews.com/gn/2015/07-08/7390743.shtml,2015年7月8日。

② Zhang, X. Q., The Restructuring of the Housing Finance System in Urban China, *Cities*, 2000, 17(5): 339-348.

③ Wu, F., Changes in the Structure of Public Housing Provision in Urban China, *Urban Studies*, 1996, 33: 1601-1627.

④ Deng, W., et al., *Urban Housing Policy Review of China: From Economic Growth to Social Inclusion*, in Proceedings of New Researchers Colloquium ENHR 2014 Conference, Beyond Globalisation: Remaking Housing Policy in a Complex World, Edinburgh(United Kindom): New Researchers Colloquium ENHR 2014 Conference, 1-4 July, 2014.

从 2008 年开始,城市住房制度开始更加关注负担能力问题,并朝着混合所有制的住房制度发展。由于城市土地属于国家所有,因此居民只有财产权和土地使用权,通常为 70 年。[①] 此外,在 1986 年中国发行了第一笔抵押贷款,资金主要来自零售存款。自 1998 年取消社会保障住房制度以来,住房抵押贷款已成为城市家庭购买住房的重要金融工具。

2.农村住房制度的演变

由于中国户籍制度独特的区隔设计,没有城市户口的流动人口无法享有城市中大部分的住房和设施服务。许多流动人口被迫生活在城郊,住房和生活质量相对较差,均低于城市户口持有者的平均标准。

与城市住房制度的快速市场化相反,农村住房制度并没有随着时间的推移发生太大的变化。换句话说,农村地区从来没有形成正式的住房市场:根据政府规定,每个农村家庭都会拥有分配的住房用地,但土地的所有权属于当地集体。一旦接受了分配的住房用地,农村家庭就需要自己融资、建设和维护自己的住房。尽管农民拥有房屋的产权和土地使用权,但非商品房不能出售或租赁,农村土地也不能进行质押。

奈特等人(1999)发现,1978—1995 年间,农村家庭的人均居住空间是城市家庭的两倍。他们认为,由于城市地区住房供给短缺,因此城市的居住空间是相对有限的。当然,我们不能简单地得出农村住房优于城市住房的结论,因为住房质量仍然是一个很重要的衡量维度。农村的房屋主要是农民自己建造的,因此,拥有不同社会经济地位和经济能力的家庭建造的住房质量差异是很大的。

与城市不同,农村地区既不享有政府的住房补贴,也没有金融中介机构通过抵押贷款等形式来支持住房市场。

(五)养老保险制度

面对老龄化快速发展的趋势,养老保险制度还不成熟。

根据联合国 2019 年预测,中国 65 岁及以上人口的比例将从 2000 年的 7% 迅速增加到 2030 年的 16.5%,最终在 2050 年达到 26.1% 左右。因此,

---

① Yang, Z.(杨赞), Chen, J.(陈杰), Housing Reform and the Housing Market in Urban China, in *Housing Affordability and Housing Policy in Urban China*, Berlin/Heidelberg:Springer,2014.

如何保障老龄化人口的福利将是中国最重要的政策问题之一。[1] 与城市老年人相比,农村老年人处于严重的劣势地位,不仅收入较低,并且福利制度相对不完善。

正如前几节所讨论的那样,中国的城乡差距在很大程度上源于户籍制度的引入。在养老金制度上,同样存在明显的城乡差距。

1.养老金制度的发展

1950—1978 年间,公共养老金制度只针对在工作期间为社会保障制度做出贡献的个人,即城市的工业和公共部门的工人。尽管它已经覆盖了大多数城市居民,但城市里的农村户口持有者却被排除在外。

中国第一个正式的养老保险制度——"职工基本养老保险制度"于1951 年出台,同样是仅针对城镇职工设计的。随后,1952 年又出台了"公务员基本养老金制度",是一项专门针对公务员和军人的养老金制度。国有企业承担了为其员工出资的主要责任,但整个养老保险制度的覆盖率很低,并且行政程序效率低下。例如,当工人改变居住城市时,他们必须先取消原地址的养老保险账户,再到新定居地重新办理手续。个人账户的转移过程比较复杂和困难,养老保险替代率[2]不仅很低,并且随着时间推移出现了持续下降的趋势。

1978 年改革开放后,中国经济实现了从计划经济向市场经济的转变,国有企业的市场份额和利润均出现了下降。因此,它们为城市劳动力提供养老金保障的财政能力愈发有限。为了减轻国有企业的财政负担,让民营企业也参与到养老保险制度的筹资中来,国务院于 1991 年发布了《关于企业职工养老保险制度改革的决定》。

企业职工基本养老保险制度于 1995 年正式建立,最初仅针对公务人员,并于 1997 年扩展到各私营部门。在企业职工基本养老保险制度下,各行业各部门都参与到养老保险制度的筹资中来。

由于企业职工基本养老保险制度只涵盖了城市户口人群,所以农村户口的流动人口是不符合申保资格的。截至 2011 年,约有 2.157 亿人参与了

---

① Lu,Q.,*Analysing the Coverage Gap in China*,London:HelpAge International,2012.

② 养老保险替代率指的是国际上通用的衡量养老金水平的一个指标,简单说就是养老金与工资的比例。

企业职工基本养老保险。为进一步扩大保障范围,16 岁及以上没有资格参加企业职工基本养老保险的非就业城市居民在 2011 年后可以参加"城市居民社会养老金计划"。

2.农村地区的养老保险制度变化

针对农村户口人群,政府在 1956 年推出了"五保"计划[①],作为农村贫困人口的兜底政策。其目标人群包括 60 岁以上、"无收入、无劳动能力、无家庭支持资源"的残疾人和 16 岁以下儿童。[②] 农村老年人直到 20 世纪 80 年代都未享有除"五保"计划外的任何其他法定福利。

1986—1991 年间,中国政府率先在农村地区试行了"县级农村基本养老保险制度"。一开始只在少数省份试点,并由民政部进行管理。随后,该制度逐步推广到了所有的农村地区。

养老保险制度的资金来源主要有三个渠道:地方政府、地方集体和个人。其普及不到位主要有以下几方面的原因。首先,由于政策制定的责任主体是各地方政府,这导致各地在养老保险体系上的财政投入区别很大。总的来说,富裕地区的保障较完备,而贫困地区的保障建设较为落后。此外,20 世纪 90 年代地方企业的私有化导致企业主体的利益受害,随即也减少了对退休人员的福利补助。

根据蔡昉等人(2012)的研究,截至 1998 年,基本养老保险制度几近覆盖了 31 个省级行政区,全国 75% 的区县。此后,养老保险制度的覆盖人数却有所下降,从 1999 年的 8000 万下降到 2004 年的 5378 万。大多数的农村老年人没有得到农村养老金计划的保障,直到 2009 年,政府才在试点后推出了第一个全国性农村养老金制度。这一制度被称为"新型农村社会养老保险制度",所有符合条件的农村居民都可以自愿参加,缴费年限达到 15 年后可以领取养老金。

三、研究的主要讨论

(一)回顾了中国户籍制度从无到有的发展历史

自 20 世纪 50 年代后半期以来,中国开始控制国内的农村人口向城市

---

① "五保"指的是依照《农村五保供养工作条例》规定,在吃、穿、住、医、葬方面给予村民的生活照顾和物质帮助,即保吃、保穿、保住、保医、保葬。

② Cai, F.(蔡昉), et al., *The Elderly and Old Age Support in Rural China*, Washington, D.C.: World Bank, 2012.

流动,并设计出户籍制度将中国公民分为城市户口和农村户口。中国公民属于城市户口还是农村户口,这个关键属性将决定公民能否享受到社会福利政策的红利,产生巨大的鸿沟。

尽管中国在近几年进行了大量的制度改革与完善,但除了少数特殊情况,公民依旧无法自由改变自己的户口类型。

本节梳理了城市户口和农村户口持有者在享受国家的教育、医疗保健、收入保障、住房和养老金制度等方面的区别和差异,如表 2-2 所示的二者在教育政策上的差别。不难发现,为城市户口持有者设计的社会福利政策有着更多财政资源的支持,而农村户口持有者获得的公共服务水平相对更低。

表 2-2 中国农村户口和城市户口人群的教育政策变化

时间	农村户口	城市户口
1966 年以前	a.由农村家庭自主负责。 b.地方集体和农村家庭是农村教育管理和融资的主要来源。	a.城市教育由政府公办。 b.国家负责城市教育。
1966—1976 年	"文革"时期双轨教育制度中断,造成了人力资本的流失。	
1977 年及之后	"文革"后,双轨教育制度恢复。地方政府和农村家庭负责农村教育。	国家在城市教育中起主要作用。
1986 年	九年义务教育法先在城市推行,后在农村推广。	
20 世纪 90 年代末至今	政府通过引入新的改革来减少城乡教育不平等,如减少和取消九年义务教育费用或减少其他费用和税收。	

本节阐明了中国的二元户籍制度直接导致城乡居民间健康与福祉的巨大差异,对整体的经济发展与城乡融合也造成了许多负面作用。社会政策设计之初的差异同时也造就了不同个体的社会经济表现。以往研究表明,农村居民教育水平较低[1]、健康状况较差[2]、收入较低,并且生活满意度也比

---

[1] Liu, Z., Institution and Inequality: The Hukou System in China, *Journal of Comparative Economics*, 2005, 33(1): 133-157.

[2] Zurlo, K. A., Hu, H., Huang, C.C., The Effects of Family, Community, and Public Policy on Depressive Symptoms among Elderly Chinese, *Journal of Sociology and Social Work*, 2014, 2(2): 1-23.

城市人群更低[①]。Lu 和 Song（2006）发现，在同一个区域，城市户口的工人的时薪远高于农村户口的工人。[②] 正是由于这些不平等的社会经济政策，农村户口人群的幸福感往往更低。

(二)主要结论

户籍制度是一项基本的社会制度，其设计受历史因素所限制，受当时国民经济社会发展水平所制约，直接造成了"城里人"和"乡下人"的这种对人的身份的歧视和偏见，继而发展成为城乡居民间的一条巨大的鸿沟。有人统计，城乡户籍制度所带来的在教育、医疗、养老、社会保险等政策方面的福利差别高达 30 多项。

尽管这是有历史原因的，但本质上有悖于社会公平原则，是城乡老年人整体福利和健康差异的主要因素之一。

(三)提出的改革设想

户籍制度成为深化改革进程中的一块坚冰。

我国的户籍制度设计是一种"一揽子"工程：表面上户籍是公民的身份属性，但实际上户籍附带着各种经济利益和社会福利待遇，而这些利益和待遇牵涉到诸如卫生健康、养老保险、考试招生、住房保障等方方面面的制度，并且已经沿用多年，早已盘根错节。加之，改革开放这些年来，地区间的经济发展相当不均衡，城乡人口无论在数量还是质量上都呈现出结构不合理的现象，彼此间诉求的通道极为不畅，对农村居民的情感造成了一些伤害。

户籍制度的改革步伐已经迈出。

简单消除户口类型的差异是否可行？为了应对日益严峻的人口流动问题，中国政府尝试着对严格实行了五十余年的户籍制度进行改革。例如，有的观点提出，应当对所有公民实行统一的户籍制度，消除户口类型的差异，以减少对农村户口持有者的政策歧视。事实上，只有在取消城乡户口分类的同时重新设计社会政策架构，户籍制度改革才能在推动城乡社会经济一体化进程中取得突破。如果只是简单地赋予农村户口持有者迁移到城市并且拥有城市公民的福利待遇的权利，将会在移民率、农村地区人口减少、城

---

① Ren，Q.(任强)，Treiman，D. J.，Living Arrangements of the Elderly in China and Consequences for Their Emotional Well-being，*Chinese Sociological Review*，2015，47(3)：255-286.

② Lu，Z.，Song，S.，Rural-Urban Migration and Wage Determination：The Case of Tianjin，China，*China Economic Review*，2006，17(3)：337-345.

市地区移民流入和城市社会政策的长期财政可持续性等方面造成新的严重问题。因此,简单消除户口类型是不利于国民经济社会可持续和健康发展的。

真正能有效促进经济社会可持续发展的政策应当聚焦于:提高农村的公共服务和基础设施质量。实现这一政策目标并不简单,因为大约有 7 亿人(约占中国总人口的 50%)居住在农村地区。为如此大规模的人口提供福利保障,国家需要投入大量的资源。资源的整合则需要战略层面的设计与考量,可能的方式包括中央和地方政府共同对公共资源进行再次分配,同时积极鼓励私人经济和公私合营经济对贫困地区进行投资与扶持,这些帮助都属于外部因素,可能是一时的,不是长久之计。

调动内部因素才是核心问题。充分调动农村居民的内部积极性,让外部帮助搭建农村大舞台,而剧本、情节、内容以及演员的表演都由农村内部来解决。为了完成这一系列的工程,习近平总书记提出的乡村振兴战略尤为及时。

2014 年 7 月底国务院印发《关于进一步推进户籍制度改革的意见》,标志着户籍制度改革的步伐在不断加快,截至 2020 年底有 1 亿左右的农村户口人群新落户城镇,而这些有资格落户城镇的居民不是高技能人才,就是中小型企业家,把这些资本再引回农村,建设农村,使农村人实现"新型农民职工"的转变,也能像城里职工一样享受公共卫生健康、养老保险等福利和待遇,实现城里人和农村人之间的自由的相对平衡的流动。

第三章　早期环境:成长教育认知与老年人健康和福祉

第一节　童年时期成长环境对晚年认知功能的影响

一、健全的个人认知是衡量健康老龄化的基本要素

(一)概念

1.个人的认知功能

个人的认知功能通常包括感知、记忆、思考和想象力。[1] 学界普遍认为,良好的认知功能对个人和整个社会都具有重要意义。对于个人而言,认知功能与处理日常生活中的问题、独立生活的能力以及做出储蓄、健康和退休等决定息息相关。认知功能受损不仅是造成阿尔茨海默病的高危诱因,更显著地提升了老年人失能甚至死亡的风险,且大大降低老年人及其家人的生活质量。[2] 对于整个社会而言,健全的认知功能是健康老龄化的基本要素,而在中国当前老龄化程度持续提升的背景下,这个要素更是显得尤为重要。第六次全国人口普查数据显示,中国 60 岁及以上人群中超过 1.8 亿

---

[1]　Levy, R., Aging-Associated Cognitive Decline, *International Psychogeriatrics*, 1994,6:63-68.

[2]　刘晓婷、陈铂麟:《中国老年人认知功能状态转移规律及风险因素研究》,《人口研究》2020 年第 4 期,第 18～32 页。

患有慢性病,其中阿尔茨海默病患者约有 1507 万。[1] 据《认知症老年人照护服务现状与发展报告》预测,2030 年中国阿尔茨海默病患者人数将达到 2220 万,预计在 2050 年达到 2898 万,可见中国失智老年人的规模之大是进入老龄化社会中后期不得不面临的严峻社会挑战。[2] 因此,如何通过早期干预降低失智风险、延缓老年人认知衰退、提升中国老年人口健康水平、减轻养老负担和医疗负担,是推进健康中国战略亟须解决的重要问题。

2.认知功能的衰退与投资

认知功能会随着年龄的增长而自然衰退。从经济学理论的角度,基于格罗斯曼(M. Grossman,1972)提出的健康资本模型[3],马宗纳(F. Mazzonna)和佩拉基(F. Peracchi)(2012)把一个人的认知功能积累和衰退的过程类比成个人终生认知效用[4],认知效用取决于认知投资和认知消费,同时受到认知预算的约束。在给定的一段时期内,认知投资的增加将提高整个生命周期的认知资本存量。但由于缺乏对任何认知效用修复活动的投入,认知资本将随着时间的推移而自然衰退,具体表现为认知随增龄而衰退的进程。

认知的投资,比如早期的教育投入或者一系列早期干预因素可以降低认知功能的衰退速度。托德(P. E. Todd)和沃尔平(K. I. Wolpin)(2003,2007)提出的技能生产函数模型强调儿童认知发展是一个逐渐累积的过程:早期的家庭和学校投入以及基因遗传将影响初始水平,童年时期家庭教育投资的增加会更进一步认知效用的积累。而在这一系列的积累之后,人们

① Huang, K. W.(黄克武), et al., Prevalence, Risk Factors, and Management of Asthma in China: A National Cross-sectional Study, *The Lancet*, 2019, 394(10196):407-418.

② 彭希哲等:《中国失能老人问题探究:兼论失能评估工具在中国长期照护服务中的发展方向》,《新疆师范大学学报(哲学社会科学版)》2018 年第 5 期。

③ Grossman, M., On the Concept of Health Capital and the Demand for Health, *Journal of Political Economy*, 1972, 80(2):223-255.

④ Mazzonna, F., Peracchi, F., Ageing, Cognitive Abilities and Retirement, *European Economic Review*, 2012, 56(4):691-710.

在成年时期才将获得更高的认知资本存量和更慢的衰退速度。[①] 库尼亚（F. Cunha）等人在 2010 年的模型中通过研究儿童在生命周期不同阶段的认知和非认知技能的演变过程，表明早期生活干预对于生命周期中后段的认知技能的发展具有重要的影响，其中家庭投入和父母特征被视为影响孩子认知技能积累的直接因素，早期获得的认知技能不仅增加了认知存量，而且可以提高后续认知技能的生产力。[②]

（二）研究具有积极的现实的意义

换言之，一个人现在的认知技能越高，认知技能产生的效率就越高，在未来会获得更高的认知水平和更慢的衰退速度。研究者还指出，童年时期的成长环境和投入对于成年时期认知技能的形成尤为重要。根据库尼亚和赫克曼（J. J. Heckman）（2010）的预测，在孩子 10 岁之前，父母的投入对儿童认知功能的影响最大。[③] 因此，本节将进一步聚焦在童年时期成长环境与认知功能的关系上。

基于以上的理论研究，童年时期成长环境不仅可以通过整个生命历程中认知技能总量的积累来影响晚年认知功能与认知成就，还可以通过影响认知技能的效率以及随增龄而衰退的速度来影响认知总量。也就是说，对于童年时期成长环境较好，父母的教育投入更多的人群而言，当他们到老年时期认知功能的衰退速度可能比经历较差的童年时期成长环境的人群更慢，认知水平更高。那么，较好的童年时期成长环境可能可以提高一个社会的整体认知水平，也可以减轻对认知障碍个体的护理的压力。通常来说，对于认知障碍的群体的护理成本相对较高，且在未来几十年内，认知障碍群体预计还会继续增长。

本节研究的重点是认知的衰退轨迹。目前，基于现有的理论（Schaie，1989），将从实证的角度出发，研究并论证随着年龄不断增长，人的自然衰退

[①] Todd, P. E., Wolpin, K. I., On the Specification and Estimation of the Production Function for Cognitive Achievement, *The Economic Journal*, 2003, 113(485). Todd, P. E., Wolpin, K. I., The Production of Cognitive Achievement in Children: Home, School, and Racial Test Score Gaps, *Journal of Human Capital*, 2007, 1(1): 91-136.

[②] Cunha, F., Heckman, J. J., Schennach, S., Estimating the Technology of Cognitive and Noncognitive Skill Formation, *Econometrica*, 2010, 78(3): 883-931.

[③] Cunha, F., Heckman, J. J., *Investing in Our Young People*, Cambridge, M. A.: National Bureau of Economic Research, 2010.

的认知功能是如何受到童年时期成长环境的影响。[1] 具体来说,本节重点研究的是:经历不同童年时期成长环境的个体的认知功能衰退的过程是否遵循不同的衰退轨迹(即更平滑或更陡峭)。

本节研究的主要贡献如下:首先,强调改善个人福祉的公共政策的代际效应,以弥补现有研究的空缺。其次,研究问题对如何提升中国老年人的健康和福祉具有重要意义。中国正面临不断加剧的人口老龄化和高龄化,以及认知功能衰退群体的不断涌现,家庭在承担老年人照料和医疗保障中扮演的角色日益减弱,而政府支持的医疗保险和养老金制度还不够成熟,覆盖人群有限,个体通常会在缺乏专业指导的情况下做出影响健康要素的决策。

近几年来,伴随着经济学数据收集方法和渠道的改进及不断完善,尽管学界对于中国老年人认知研究的逐渐增多,然而对于如何延缓或减轻认知功能的衰老速度的相关研究仍然少之又少。本节使用 CHARLS 在 2011年、2013年和2015年的数据以及 2014 年生命史问卷中提取的部分数据,探究童年时期成长环境和个人认知功能衰退的关系;并选择将重点放在人的生命周期中的早期阶段,也就是童年时期,因为现有研究表明童年时期对认知技能的发展影响远大于生命周期的后期阶段。研究发现,在控制了个体固定效应后,童年时期成长环境较好的个体的认知功能(通过情景记忆来衡量)在晚年下降更晚且下降速度更慢。

二、童年时期对老年时期认知功能的影响

(一)文献研究尚有不足

现有研究中已有大量实证类文献探讨了童年时期成长环境与成年时期认知和幸福感的关系。[2] 但关于儿童时期的特征对老年时期认知功能的影

---

① Schaie,K. W., The Hazards of Cognitive Aging,*The Gerontologist*,1989,29(4): 484-493.

② Cerhan, J. R., et al., Correlates of Cognitive Function in Middle-aged Adults,*Gerontology*,1998,44(2):95-105. Kaplan, G. A., et al., Childhood Socioeconomic Position and Cognitive Function in Adulthood, *International Journal of Epidemiology*, 2001, 30 (2):256-263. Aizer, A.,et al., The Long-run Impact of Cash Transfers to Poor Families, *The American Economic Review*, 2016, 106(4): 935-971. Hoynes, H., et al., Long-run Impacts of Childhood Access to the Safety Net, *The American Economic Review*, 2016, 106(4):903-934. Almond, D.,et al., Childhood Circumstances and Adult Outcomes, *Journal of Economic Literature*,2018,56(4):1360-1446.

响的文献并不多，且两者之间的关系并不明确。

疾病暴露风险与认知关系。凯斯（A. Case）和帕克森（C. Paxson）（2009）研究了童年时期疾病暴露风险是否与老年人的认知功能有关，将 20 世纪上半叶的区域死亡率数据，与 1996—2004 年间的美国健康与退休研究项目（Health and Retirement Study，HRS）中美国老年人个人认知功能和个人信息数据相匹配，证实了早期疾病暴露的环境对老年人晚年认知功能有显著影响，其中认知功能即时（延迟）使用字词回忆和简单计算进行测度。①

经济条件对认知功能有影响。范登堡（Van den Berg）等人（2010）的文章用出生时的商业周期来衡量早期生活经济条件对于老年人认知功能的影响，并分析在早期生活经济条件较好的情况下，是否可以减少晚年遭遇不幸事件对认知的负面影响。该文使用荷兰 1992—2006 年的追踪调查数据，结果证实遭遇中风和家庭成员死亡对认知功能具有负面影响，并且对于出生在经济衰退期的老年人，这种负面影响会愈加强烈。②

儿童时期家庭环境与晚年认知有关系。马宗纳在 2014 年发表的文章中使用了欧洲健康、老龄化和退休追踪调查问卷的数据（Survey of Health，Aging and Retirement in Europe，SHARE），发现欧洲 11 个国家中，儿童时期的家庭社会经济地位（social economical status，SES）与晚年生活质量和认知功能之间存在密切关系，其中社会经济地位指标是由人均住房房间数、童年时期家庭设施、书籍数量和父母职业进行衡量的。③

此外，来自其他领域的研究也发现，越有有利的社会经济地位和认知条

---

①　Case，A.，Paxson，C.，Early Life Health and Cognitive Function in Old Age，*The American Economic Review*，2009，99（2）：104.

②　Van den Berg，G. J.，et al.，The Role of Early-life Conditions in the Cognitive Decline due to Adverse Events Later in Life，*The Economic Journal*，2010，120（548）.

③　Mazzonna，F.，The Long-lasting Effects of Family Background：A European Cross-country Comparison，*Economics of Education Review*，2014，40：25-42.

件,或较好的童年经历,晚年认知技能的水平就会越高。[1] 迪尔里(I. J. Deary)等人(2009)研究发现,儿童智力占未患阿尔茨海默病老年人认知功能差异约 50%。[2] 刘霖等人(2021)发现中国老年人的生理、心理健康与童年逆境密切相关。[3]

(二)提出研究的必要性

探究童年时期成长环境与认知衰退速度的关系。每个个体在年老时都会经历认知功能的自然衰退,然而人们对影响认知功能衰退的决定性因素尚缺全面研究。根据早期的理论,儿童时期成长环境对老年认知功能的长期影响体现在以下两方面:认知功能水平的差异和衰退速度的差异。

大多数实证类文献只是证明了早年生活环境与晚年认知水平之间的直接关系,缺乏对于那些经历过较好童年状况和经历过较差童年状况的人群的认知衰退路径的差异的研究。

因此,本节主要贡献是弥补这部分的研究空白,探究童年时期成长环境与认知功能和认知衰退速度的关系。在此基础上,还考虑不同类型的认知功能的异质性,将认知功能分为两类,分别进行研究。除此之外还加入更丰富的童年时期成长环境维度来构建童年时期成长环境指数。

三、研究方法、研究过程及实证结果

(一)数据来源及样本选择

1.数据来源

本研究使用 CHARLS 前 3 轮追踪调查数据(2011 年、2013 年、2015 年),以及 2014 年生命史问卷的数据。CHARLS 是一项全国性的追踪调查

---

① Everson-Rose, S. A., et al., Early Life Conditions and Cognitive Functioning in Later Life, *American Journal of Epidemiology*, 2003, 158(11): 1083-1108. Wilson, R. S., et al., Socioeconomic Characteristics of the Community in Childhood and Cognition in Old Age, *Experimental Aging Research*, 2005, 31(4): 393-407. Aas, M., et al., Is There a Link between Childhood Trauma, Cognition, and Amygdala and Hippocampus Volume in First-episode Psychosis?, *Schizophrenia Research*, 2012, 137(1-3): 73-79.

② Deary, I. J., et al., Age-associated Cognitive Decline, *British Medical Bulletin*, 2009, 92(1): 135-152.

③ 刘霖等:《童年逆境与中老年人健康关系的研究进展》,《解放军护理杂志》2021 年第 12 期,第 73～75 页。

数据,采用多级分层概率与规模成比例的全国代表性抽样,目标人群为我国45岁及以上的城乡社区居民。2011年的基线调查覆盖了全国28个省、150个区县、450个社区和17706名45岁及以上的受访者,收集了基本人口学特征、家庭结构与经济支持、个人健康和行为以及养老保障和医疗服务等方面的信息。

2.样本选择

这些信息在后续跟踪调查中也进行了收集。考虑到中国的死亡率,书中剔除了年龄较大的个体(80岁以上),除此之外,还剔除了非受访者本人回答的样本,最终样本包括在3轮追踪调查均接受访问的受访者。每个模型中最终样本量会根据因变量的缺失值而变化,即以情景记忆作为因变量的模型的样本量为18519个观测值,以心智完整性作为因变量的模型的样本量为13878个观测值。

(二)研究方法中变量的选择

1.认知功能的测度(被解释变量)

两种类型的认知功能的定义。按照霍恩(J. L. Horn,1985)的研究,认知功能一般分为流体认知和晶体认知两种。[①] 前者很大程度上是由生理决定的,包括和记忆、处理速度、推理相关的学习能力。后者涉及一个人从社会环境和文化经验中获取的知识和技能,例如数学问题、绘画能力。[②] 一般而言,流体认知从60岁及以后开始下降,有些人群甚至更早出现衰退,而晶体认知即使在80岁也仅显示出非常微弱的下降趋势。[③]

两种类型的认知功能的测度代表。索尔特豪斯(T. Salthouse,2000)建议在研究中使用不同类型的认知功能来衡量个人的认知功能,因为不同类型的认知功能导致的结果可能会有所不同。按照索尔特豪斯的建议,本

[①] Horn, J. L., Remodeling Old Models of Intelligence, in B. B. Wolman (ed.), *Handbook of Intelligence: Theories, Measurements, and Applications*, New York: John Wiley & Sons, 1985:59-118.

[②] Peterson, M., et al., *Contextual Guidance of Attention in Younger and Older Adults*, Atlanta: Cognitive Aging Conference, GA, 2002. Bäckman, L., et al., Cognitive Impairment in Preclinical Alzheimer's Disease: A Meta-analysis, *Neuropsychology*, 2005, 19(4): 520.

[③] Schaie, K. W., The Course of Adult Intellectual Development, *American Psychologist*, 1994, 49(4): 304.

研究将包括两种类型的认知功能,分别使用情景记忆来测度的流体认知以及用心智完整性代表的晶体认知。个人认知功能的数据来自 CHARLS 在 2011 年、2013 年和 2015 年的主要调查问卷的个人健康部分。

在 CHARLS 中,个人认知功能主要通过简单的测试题来衡量,例如字词回忆、算术题、画图等,每位受访者每两年将进行一次认知功能测试。

测度认知功能的第一个变量是"情景记忆"。该变量作为流体认知中的一种,大多数研究都使用字词回忆来代表个人的情景记忆。[1] 受访者将听到一次完整的单词列表,接着要求受访者立即以任意顺序重复 10 个单词(即时字词回忆),几分钟后受访者被要求再次回忆相同的单词列表(延迟字词回忆)。根据之前的研究(Mazzonna,2014),情景记忆计算为即时和延迟字词回忆分数的总数,取值范围为 0 到 20。

测度认知功能的第二个变量是"心智完整性"。该变量是晶体认知中的一种,主要基于 CHARLS 设计的认知状态电话访谈(TICS)[2]中的关于心理状态和心智完整性的问题。基于雷晓燕等人(2014)的研究,心智完整性是由 7 个问题加总后的总得分决定。[3] 这 7 个问题包括 5 个简单的数学问题(例如从 100 中连续减去 7,最多减 5 次),接下来的问题是关于受访者是否使用纸和铅笔或任何其他辅助工具的问题,以及最后一个问题是关于受访者是否可以重绘展示给受访者的简单图形。心智完整性取值范围在 0 到 7 之间。平均而言,样本中的受访者可以在 20 个单词中回忆 7 个单词,而心智完整性的平均分数约为 5。

2.童年时期成长环境指数的设定(主要的解释变量)

童年时期成长环境信息来源。个人童年时期成长环境的信息是从关于儿童社会经济背景的回顾性问题,以及 CHARLS 在 2014 年关于生命史问卷中收集的有关其他儿童时期的问题中提取而来。

---

[1] 根据托尔文(E. Tulving,1972),情景记忆被定义为一种大脑的信息处理系统,它接收和存储短暂时间内的情景或事件,并根据大脑的指令将特定的保留信息传输到其他系统。

[2] TICS(telephone interview for cognitive status)被广泛用作认知功能的测量方法,可以通过电话或面对面访谈进行数据搜集[布兰特(J. Brandt)等人,1988]。

[3] Lei, X.(雷晓燕),et al., Gender Differences in Cognition in China and Reasons for Change over Time:Evidence from CHARLS, *The Journal of the Economics of Ageing*,2014,4:46-55.

童年时期的时间段设定。童年没有确切的定义,常指幼年到少年之间的时间段,本书中童年的设定为 16 岁及以下。

构建童年时期成长环境指数。个人的童年时期成长环境指数主要基于四个维度:一是父母的特征;二是童年时期家庭的经济状况;三是童年时期健康状况和医疗保健;四是社区环境。

第一个维度是父母的特征。它包括了父亲和母亲的教育水平,童年时期父母的就业状况,童年时期父亲或母亲是否患有抑郁症,以及童年时期父亲或母亲是否有不良习惯(饮酒、抽烟、吸毒、赌博)。父母的特征反映了童年时期家庭的收入水平和文化背景,而父母的习惯和精神疾病会影响孩子的行为。[①]

第二个维度为童年时期家庭的经济状况。它主要的观察指标包括 16 岁前是否经历过挨饿,以及关于童年时期家庭住房设施的 4 项指标(饮用水、抽水马桶、独立的厕所、电)。故此,家庭住房设施指标通常被用来衡量家庭资产和家庭长期财富。[②]

第三个维度是童年时期健康状况和医疗保健。该维度基于 5 个指标:童年时期的自评健康状况,受访者是否因童年健康问题而卧床或在家超过一个月,受访者是否因为健康问题在医院住院超过一个月,受访者在童年时期是否接种过任何疫苗,以及受访者童年时期在生病或需要有关儿童健康建议时是否有稳定的医疗保健来源。

根据哈登(K. P. Harden)等人(2007)的研究,认知功能是由环境与基因相互作用产生的。[③] 第四个维度是社区环境。该维度包括了社区环境的安全性、社区环境的整洁度,以及与社区邻里间的关系。社区环境的维度代表了父母对孩子的早期投资以及童年时期的成长环境。

---

① Everson-Rose, S. A., et al., Early Life Conditions and Cognitive Functioning in Later Life, *American Journal of Epidemiology*, 2003, 158(11): 1083-1108. Bharadwaj, P., et al., Smoking Bans, Maternal Smoking and Birth Outcomes, *Journal of Public Economics*, 2014, 115: 72-93.

② McKenzie, D. J., Measuring Inequality with Asset Indicators, *Journal of Population Economics*, 2005, 18(2): 229-260.

③ Harden, K. P., et al., Genotype by Environment Interaction in Adolescents' Cognitive Aptitude, *Behavior Genetics*, 2007, 37(2): 273-283.

童年时期成长环境指数的构建方法。该指数的构建方法主要参考之前的研究,基于现有的方法,文中包含了更丰富的维度,可以更全面地衡量童年时期成长环境的方方面面。鉴于所考虑的维度与指标种类繁多,如果将每一个指标单独包含在每一个回归分析中,则可能会产生不精确的系数估计。因此,我们构建多维度指数来衡量童年时期成长环境。

首先,对于每个维度,都选取多个指标,所有的指标都被定义为一个虚拟变量,其中 1 表示状态良好,0 表示状态不佳。

其次,童年时期成长环境指数是基于个人层面的,因此,需要对上述一系列维度和指标进行加权求和。对于书中使用的基本实证分析模型,每个维度下的每个指标都被赋予了相同的权重,即每个维度权重为 1/4。

最后,将该指数进一步标准化。由于权重的标准化和指标的二元性质,该指数取值范围介于 0 和 1 之间。1 代表童年时期成长环境最好,0 代表童年时期成长环境最差。

3.其他变量的选定

对于其他重要的控制变量,本研究加入年龄和年龄的平方用来代表认知功能的非线性年龄分布现象。[①] 此外,孩子数量、是否有配偶、世代效应、性别、婚姻状况、教育水平、饮酒习惯和生活地区,以及可能影响晚年认知功能的其他家庭特征和个人社会经济地位等变量被用作控制变量。

鉴于中国在 20 世纪 50 年代初开始实施的户籍制度,决定了城乡户口持有者一生受益的社会经济政策;还考虑到中国在福祉的各个方面均存在巨大的城乡差距,因此,书中还加入不同的户口类型(农村或城市户口)作为控制变量。

表 3-1 显示了使用情景记忆和心智完整性作为因变量的每个样本的描述性统计数据。样本的平均年龄约为 59 岁。

---

① Ramscar, M., et al., The Myth of Cognitive Decline: Non-linear Dynamics of Life-long Learning, *Topics in Cognitive Science*, 2014, 6(1): 5-42.

表 3-1 描述性统计

变量	情景记忆		心智完整性	
	均值	标准差	均值	标准差
认知功能				
情景记忆	7.383	3.368	—	—
心智完整性	—	—	5.399	1.798
童年时期成长环境指数	0.683	0.096	0.691	0.095
年龄	58.896	8.217	58.660	8.175
年龄的平方	3536.198	983.541	3507.774	976.104
户口				
农村	0.796	0.403	0.752	0.432
城市	0.204	0.403	0.248	0.432
性别				
男性	0.488	0.500	0.579	0.494
女性	0.512	0.500	0.421	0.494
婚姻状况				
已婚	0.911	0.285	0.921	0.269
分居	0.003	0.050	0.002	0.045
离异	0.006	0.079	0.006	0.078
鳏寡	0.079	0.270	0.069	0.254
未婚	0.001	0.037	0.002	0.039
孩子数量	2.562	1.269	2.482	1.244
配偶	0.869	0.338	0.882	0.322
是否饮酒	1.727	0.445	1.687	0.464
生活地区				
西部	0.324	0.468	0.306	0.461
东部	0.310	0.462	0.317	0.465
中部	0.290	0.454	0.296	0.457
北部	0.077	0.266	0.081	0.273

续表

变量	情景记忆		心智完整性	
	均值	标准差	均值	标准差
出生年份				
<1939	0.044	0.205	0.040	0.196
1940—1949	0.250	0.433	0.248	0.432
1950—1959	0.407	0.491	0.397	0.489
1960+	0.299	0.458	0.315	0.464
教育水平				
文盲	0.208	0.406	0.090	0.286
初等教育	0.416	0.493	0.436	0.496
中等教育	0.356	0.479	0.446	0.497
高等教育	0.020	0.141	0.028	0.164

注:情景记忆的观测值为18519,心智完整性的观测值为13878。

(三)研究模型与实证方法

1.研究模型选择

书中首先使用普通最小二乘法(ordinary least squares,OLS)估计,然后使用CHARLS三期数据来检验童年时期成长环境指数对晚年认知水平的影响。

OLS方法是计量方法中的一种回归参数估计方法,就是通过最小化残差平方和的方法去寻找回归方程中参数 β_1、β_2……的估计值。通过 OLS 方法可以算出计量模型中的参数,即研究兴趣所在,它也是计量经济学中使用最多的最基本的方法之一。

实证模型如方程式(1)所示:

$$Y_{it} = \alpha + age'_{it}\beta_1 + age_{it}^{2'}\beta_2 + child'_i\beta_3 + z'_{it}\gamma_1 + w'_i\gamma_2 + c_i + \varepsilon_{it} \tag{1}$$

Y_{it} 代表的是被解释变量(即情景记忆和心智完整性);$child_i$ 的斜率参数代表童年时期成长环境对晚年认知的影响;模型中加入年龄(age_i)以及年龄的平方;z_{it} 代表随时间变化的控制变量;w_i 代表不随时间变化的控制变量;c_i 是不可观测的个人固定效应。在 OLS 中,c_i 假定与其他解释变量不相关(即合并至随机误差项中)。

OLS方法的估计解释。各个截面估计方程的截距项和斜率项都一样,也就是说回归方程估计结果在截距项和斜率项上是一样的。

方程式（1）可以告诉我们，童年时期成长环境指数是怎样影响晚年的认知水平，然而无法告诉我们认知功能随着年龄下降的速度是否受到童年时期成长环境的影响。换句话说，OLS 方法具有一定的局限性。

因此，我们需要使用下面的方程式（2），探究年龄多项式和童年时期成长环境指数之间的交互作用，以进一步评估在保持其他变量不变的情况下，相同的年龄变化是否会对认知产生不同的影响，是否会随着童年时期成长环境的不同而不同。

$$Y_{it} = \alpha + \text{age}'_{it}\beta_1 + \text{age}^{2'}_{it}\beta_2 + \text{child}'_i\beta_3 + \text{age}'_{it} \times \text{child}'_i\beta_4 + \text{age}^{2'}_{it} \times \text{child}'_i\beta_5 + z'_{it}\gamma_1 + w'_i\gamma_2 + c_i + \varepsilon_{it} \tag{2}$$

方程式（2）中的 Y_{it}、child_i、z_{it}、w_i、c_i 与方程式（1）中的内容一致。

2.实证方法

在实证方法中，本研究使用面板数据，采用 OLS 方法分析上文提及的童年时期成长环境指数如何影响晚年的认知功能。

关于面板数据的解释。面板数据（panel data）是英文的直译，也译成综列数据或平行数据等。面板数据分析方法是近几十年来发展起来的一种新的统计方法，它可以克服时间序列分析受多重共线性的干扰以及横截面遗漏变量的问题，提供更少的共线性、更多的信息、更多的变化、更多的自由度和更高的估计效率。因此，面板数据分析方法广泛应用于经济学和社会学研究中。

为了克服 OLS 方法的局限，文中接着使用固定效应模型（fixed effect model，FE）对面板数据进行分析。

关于固定效应模型的解释。固定效应模型也叫固定效应回归模型，是一种面板数据分析方法，属于方差分析中的一种。这种方法需要假设特异性误差与所有时期的每个解释变量都无关，但允许无法观测的个体效应与任何时期的解释变量任意相关。因此，凡是在时间上恒定的解释变量都会随着固定效应的转化而消失。在固定效应模型中，童年时期成长环境的变量是不会随着时间的变化而变化，尽管固定效应模型不允许识别此变量的参数［即方程式（2）中的 β_3］，但它不影响文中的研究重点，即年龄变化对认知功能产生影响是否取决于童年时期成长环境，研究中通过估计该变量与年龄的平方之间的交互作用进行估计，而该交互项并不会随着固定效应的转化而消失。然而，在固定效应模型中，教育和性别之类不随时间变化而变化的解释变量则会被自动删除,并且假设 c_i 与其他解释变量是任意相关。

(四)实证结果

图 3-1 显示了两种认知方法,即流体认知和晶体认知会随着年龄的增长出现下降趋势。其中,情景记忆在 45~80 岁之间下降速度更快。而与情景记忆不同的是,随着年龄的增长,心智完整性表现出更稳定的趋势。图中所示的现象与之前的研究一致,即不同类型的认知功能的衰退随着年龄的增长具有不同的规律。

根据研究所需的计量模型,文中使用 OLS 和固定效应模型两种对样本开展进一步的分析,以此来检验童年时期成长环境对晚年认知水平的影响,以及相同的年龄变化对认知衰退速度的影响是否会因为童年时期成长环境的不同而不同。

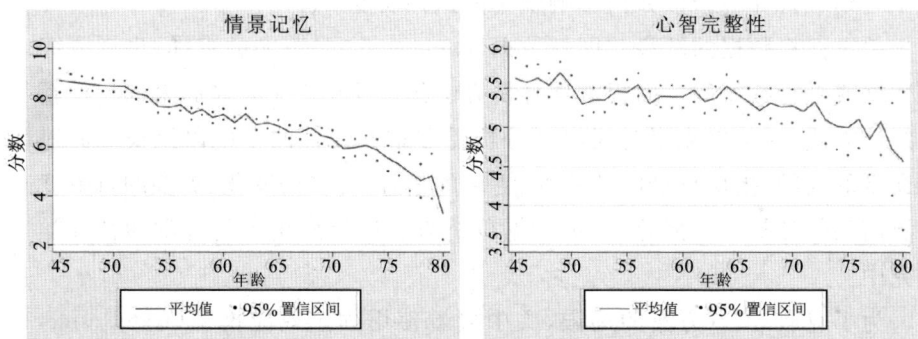

图 3-1 45~80 岁之间情景记忆和心智完整性的平均值

注:情景记忆的观测值为 18519,心智完整性的观测值为 13878。

1.OLS 方法

首先,检验童年时期成长环境对晚年认知水平的影响。

表 3-2 显示了 OLS 回归结果。其中,模型 1 和模型 2 是未加入任何控制变量的结果,模型 3 和模型 4 是加入了完整控制变量后所呈现的结果。

结果均发现:童年时期成长环境对情景记忆和心智完整性在 5% 的显著性水平下都有积极影响。

假设一个极端情况,即童年时期成长环境指数从 0(最坏的状态)提高到 1(最好的状态),即平均每个人可以提高情景记忆约 2 分,提高心智完整性约 0.48 分。换言之,情景记忆的平均分将提高约 27%(＝2/7.38),而心智完整性的平均分可提高 9%(＝0.48/5.4)。平均来看,好的童年时期成长环境可以提高情景记忆得分的幅度是心智完整性的 3 倍。

另外,我们在分析中设定控制教育水平项,以此评估的童年时期成长环境对晚年认知的影响是在消除了教育效果之后的结果。

故此,对于情景记忆来说,童年时期成长环境指数每增加 1,其对认知功能的正面影响相当于将平均教育水平从文盲提高到中学教育水平,这个效果还是相当可观的。

表 3-2　OLS 回归结果

变量	模型 1 情景记忆	模型 2 心智完整性	模型 3 情景记忆	模型 4 心智完整性
年龄	0.106**	0.041	0.239***	−0.050
	(0.049)	(0.028)	(0.061)	(0.039)
年龄的平方	−0.002***	−0.0004*	−0.003***	0.0003
	(0.0004)	(0.0002)	(0.001)	(0.0003)
出生年份 1940—1949			−0.259	0.134
			(0.194)	(0.130)
出生年份 1950—1959			−0.477*	0.053
			(0.245)	(0.165)
出生年份 1960＋			−0.390	−0.216
			(0.279)	(0.186)
童年时期成长环境指数	5.346***	1.337***	2.094***	0.476**
	(0.345)	(0.205)	(0.318)	(0.195)
城市户口			0.879***	0.137***
			(0.081)	(0.046)
初等教育			1.236***	0.746***
			(0.081)	(0.072)
中等教育			2.386***	1.159***
			(0.093)	(0.075)

续表

变量	模型 1 情景记忆	模型 2 心智完整性	模型 3 情景记忆	模型 4 心智完整性
高等教育			3.948***	1.452***
			(0.233)	(0.112)
女性			0.351***	−0.276***
			(0.065)	(0.042)
分居			0.280	−0.493
			(0.440)	(0.444)
离婚			0.255	0.0369
			(0.380)	(0.216)
鳏寡			0.103	0.0748
			(0.159)	(0.111)
未婚			−0.628	−0.792*
			(0.868)	(0.480)
孩子数量			−0.028	−0.021
			(0.028)	(0.017)
配偶			0.205*	0.226***
			(0.121)	(0.085)
饮酒			−0.007	−0.027
			(0.064)	(0.040)
东部			0.392***	0.405***
			(0.078)	(0.047)
中部			0.056	0.336***
			(0.078)	(0.047)
北部			0.551***	0.221***
			(0.117)	(0.073)
常数项	3.326**	3.593***	−0.382	5.911***
	(1.476)	(0.856)	(1.767)	(1.134)

续表

变量	模型 1	模型 2	模型 3	模型 4
	情景记忆	心智完整性	情景记忆	心智完整性
R 方	0.088	0.009	0.190	0.074
年龄、年龄平方的联合检验	0	0	0	0.002
婚姻状况虚拟变量 F 检验的 p 值	—	—	0.802	0.264
生活地区虚拟变量 F 检验的 p 值	—	—	0	0
教育水平虚拟变量 F 检验的 p 值	—	—	0	0

注:1.情景记忆的观测值为 18519,心智完整性的观测值为 13878。

2.括号内为稳健标准误,标准误被聚类修正以解释误差项中的家庭内部相关性。

3. *** 指 $p < 0.01$, ** 指 $p < 0.05$, * 指 $p < 0.1$。

接着,需要了解不同年龄段的认知功能的轨迹。选择 45 岁、50 岁、55 岁、60 岁、65 岁、70 岁、75 岁、80 岁这些不同的年龄档次,以此计算出不同年龄对情景记忆和心智完整性的边际影响。

情景记忆结果显示:年龄在 50 岁时对情景记忆的边际效应约为 −0.029,这就意味着在 50 岁时,每增加一岁(从 50 岁到 51 岁)情景记忆将下降 0.029。在 55 岁时,每增加一岁将导致情景记忆下降 0.056。可以看出:每增加一岁对情景记忆的影响从 50 岁时的 −0.029 逐渐上升到 80 岁时的 −0.190,出现了负边际效应递增的现象。

本研究实证的发现与理论模型的结果具有一致性,即认知功能随着年龄增加而衰退,且衰退的速度越来越快。

又假如,把童年时期成长环境指数从 0.6(儿童指标分布的第一个四分位数)调整为 0.7(第三个四分位数),结果会使得情景记忆分数提高约 0.2,边际效应为正向。这个效果相当于弥补了 80 岁时,年龄每增加一岁所带来的认知功能的衰退。

心智完整性结果显示:年龄的负边际效应仅在 45~65 岁之间在统计意义上显著。在不同总体之间的差异比较研究中,由于各个总体存在内在变异性,而只有在当两个总体之间的差异超过单个总体内部这类变异性时,它们间的差异才具有统计上的显著性;否则,当单个总体的内在变异性超过两个总体之间的差异性时,我们就称两个总体之间的差异不具有统计意义上的显著性。

相比之下,心智完整性似乎在老年初期略有下降,然后保持稳定,这与理论预测的晶体认知功能几乎不随年龄增长而下降一致。

表 3-3　年龄的边际效应

年龄	模型 3 情景记忆	模型 4 心智完整性
45	−0.002	−0.026**
	(0.016)	(0.010)
50	−0.029**	−0.024***
	(0.012)	(0.008)
55	−0.056***	−0.021***
	(0.009)	(0.006)
60	−0.082***	−0.018***
	(0.009)	(0.006)
65	−0.109***	−0.016**
	(0.011)	(0.007)
70	−0.136***	−0.013
	(0.015)	(0.009)
75	−0.163***	−0.010
	(0.019)	(0.012)
80	−0.190***	−0.008
	(0.024)	(0.015)

注:1.情景记忆的观测值为 18519,心智完整性的观测值为 13878。

2.括号内为稳健标准误,标准误被聚类修正以解释误差项中的家庭内部相关性。

3.*** 指 $p<0.01$,** 指 $p<0.05$,* 指 $p<0.1$。

其次,需要探究交互项的结果。为了进一步探究童年时期成长环境与认知衰退速度之间的关系,研究中添加了年龄多项式和童年时期成长环境指数之间的交互项。

表 3-4 为包含年龄与童年时期成长环境指数交互项的 OLS 回归结果。第一步,模型 5 和模型 6 未添加任何控制变量,而模型 7 和模型 8 则添加了完整的控制变量。第二步,表 3-5 检验了童年时期成长环境较好的人群和童年时期成长环境较差的人群相同的年龄变化是否会导致认知衰退出现不同的速度。

表 3-5 则展示了两种情况下的年龄边际效应以及两种人群认知衰退速度的差异。根据表 3-5,在童年时期成长环境较好的情况下,年龄的边际效应从 50 岁开始出现下降趋势,且在 5% 的临界水平上具有统计显著性。在童年时期成长环境较差的人群中,在 60 岁后出现显著的下降,但是该人群下降速度远远超过童年时期成长环境较好的人群。

例如,当年龄从 60 岁增长至 80 岁时,对于童年时期成长环境较差的人群,年龄增长对情景记忆的边际效应从 -0.073 直接跳到 -0.32(上升了约 4.4 倍),而对于童年时期成长环境较好的人群来说,边际效应仅从 -0.085 变化为 -0.13(约 1.5 倍)。

在表 3-5 的"差别"栏目下,本研究检验了两种情况下每个年龄的边际效应之间差异的统计显著性。但是,没有发现任何显著的结果。这与表 3-4 中检验年龄多项式和童年时期成长环境指数的联合显著性时的结果一致,均未发现任何统计显著性。

表中数值也说明,对于心智完整性,仅发现童年时期成长环境较好的人群在刚开始时略有所下降,但两种情况下年龄的边际效应并没有显著性差异。因此,心智完整性通常对与年龄相关的自然衰退现象不太敏感。

最后,看其他项变量是否产生影响。

研究显示,在控制变量中还发现性别、教育、户口状况和地区对晚年认知功能有显著性影响。

例如,女性在情景记忆方面的表现往往优于男性,而在心智完整性方面则相反。雷晓燕等人(2014)使用 CHARLS 的 2011 年数据也发现类似的结果,一旦控制了其他社会经济特征,中国女性在情景记忆方面的得分略高于中国男性,但在心智完整性上表现比中国男性差很多。此外还发现,教育水平更高的人往往在晚年认知得分更高,城市户口持有者和已婚人士在这两个认知指标方面的表现都比其他同龄人更好。

总体看来,以上的实证结果与理论模型的结论一致。也就是说,童年时期成长环境较好的人群,在晚年时期的认知功能水平将比童年时期成长环境较差的人群高。这就充分说明:童年时期成长环境对认知的正向效应的幅度远远超过年龄对认知功能的负面影响幅度。

但根据 OLS 分析的结果,年龄增长对晚年认知衰退速度的影响在经历不同童年时期成长环境的人群中没有显著性差异。

表 3-4 包含年龄童年时期成长环境指数交互项的 OLS 回归结果

变量	模型 5 情景记忆	模型 6 心智完整性	模型 7 情景记忆	模型 8 心智完整性
年龄	0.290	0.096	0.674**	0.092
	(0.316)	(0.187)	(0.285)	(0.187)
年龄的平方	−0.003	−0.001	−0.006***	−0.001
	(0.003)	(0.002)	(0.002)	(0.002)
出生年份 1940—1949			−0.287	0.124
			(0.195)	(0.130)
出生年份 1950—1959			−0.499**	0.046
			(0.245)	(0.165)
出生年份 1960＋			−0.397	−0.217
			(0.280)	(0.186)
童年时期成长环境指数	14.20	3.70	20.59*	6.328
	(13.56)	(7.69)	(11.81)	(7.524)
童年时期成长环境指数×年龄	−0.249	−0.078	−0.617	−0.201
	(0.459)	(0.261)	(0.399)	(0.256)
童年时期成长环境指数×年龄的平方	0.002	0.001	0.005	0.002
	(0.004)	(0.002)	(0.003)	(0.002)
城市户口			0.879***	0.137***
			(0.081)	(0.046)
初等教育			1.238***	0.747***
			(0.081)	(0.073)
中等教育			2.387***	1.161***
			(0.093)	(0.075)
高等教育			3.943***	1.452***
			(0.233)	(0.112)
女性			0.350***	−0.276***
			(0.065)	(0.042)
分居			0.284	−0.484
			(0.439)	(0.446)
离婚			0.255	0.038
			(0.381)	(0.216)

续表

变量	模型 5 情景记忆	模型 6 心智完整性	模型 7 情景记忆	模型 8 心智完整性
鳏寡			0.101	0.075
			(0.159)	(0.111)
未婚			−0.636	−0.794*
			(0.871)	(0.479)
孩子数量			−0.028	−0.021
			(0.028)	(0.017)
配偶			0.203*	0.226***
			(0.121)	(0.085)
饮酒			−0.006	−0.027
			(0.064)	(0.040)
东部			0.392***	0.405***
			(0.076)	(0.048)
中部			0.057	0.337***
			(0.078)	(0.047)
北部			0.552***	0.221***
			(0.117)	(0.073)
常数项	−3.15	1.92	−13.43	1.758
	(9.38)	(5.54)	(8.458)	(5.532)
R 方	0.088	0.009	0.190	0.074
年龄、年龄平方的联合检验	0.073	0.758	0	0.435
童年时期成长环境指数×年龄、童年时期成长环境指数×年龄平方的联合检验	0.369	0.948	0.282	0.731
婚姻状况虚拟变量 F 检验的 p 值	—	—	0.803	0.268
生活地区虚拟变量 F 检验的 p 值	—	—	0.099	0.002
教育水平虚拟变量 F 检验的 p 值	—	—	0	0

注:1.情景记忆的观测值为18519,心智完整性的观测值为13878。

2.括号内为稳健标准误,标准误被聚类修正以解释误差项中的家庭内部相关性。

3.*** 指 $p < 0.01$,** 指 $p < 0.05$,* 指 $p < 0.1$。

表 3-5 年龄的边际效应对经历不同童年时期成长环境人群的影响

年龄	模型 7 情景记忆			模型 8 心智完整性		
	CC＝0	CC＝1	差别	CC＝0	CC＝1	差别
45	0.114	−0.050	−0.164	0.009	−0.040*	−0.049
	(0.076)	(0.035)	(0.104)	(0.049)	(0.020)	(0.066)
50	0.052	−0.061**	−0.113	−0.001	−0.032**	−0.032
	(0.054)	(0.025)	(0.074)	(0.035)	(0.015)	(0.046)
55	−0.010	−0.073***	−0.063	−0.01	−0.025**	−0.015
	(0.035)	(0.017)	(0.047)	(0.022)	(0.010)	(0.029)
60	−0.073***	−0.085***	−0.012	−0.019	−0.017*	0.002
	(0.025)	(0.014)	(0.035)	(0.017)	(0.009)	(0.023)
65	−0.135***	−0.096***	0.039	−0.029	−0.009	0.019
	(0.034)	(0.020)	(0.049)	(0.023)	(0.013)	(0.033)
70	−0.197***	−0.109***	0.088	−0.038	−0.001	0.036
	(0.053)	(0.029)	(0.076)	(0.036)	(0.019)	(0.051)
75	−0.259***	−0.120***	0.139	−0.047	0.006	0.053
	(0.075)	(0.039)	(0.107)	(0.050)	(0.026)	(0.071)
80	−0.322***	−0.132***	0.189	−0.056	0.014	0.070
	(0.097)	(0.050)	(0.138)	(0.065)	(0.032)	(0.091)

注:1.“CC＝0”代表童年时期成长环境指数为 0,即童年时期成长环境最差;“CC＝1”代表童年时期成长环境指数为 1,即童年时期成长环境最好。情景记忆的观测值为 18519,心智完整性的观测值为 13878。

2.括号内为稳健标准误,标准误被聚类修正以解释误差项中的家庭内部相关性。

3.*** 指 $p<0.01$,** 指 $p<0.05$,* 指 $p<0.1$。

2.固定效应模型

解决内生性问题。前面我们已经通过 OLS 估计得出方程式(2),但 OLS 可能会存在内生性的问题。

首先,控制变量中包括教育水平项,考虑到个体的先天技能,这有可能是导致认知功能出现内生性的原因之一。

通常来说,拥有更好童年时期成长环境或更好认知技能的个体可能会获得更高的教育成就,并在晚年保持更高的认知水平。这些技能很有可能是来自父母的基因遗传。技能具有代际遗传的特点,在教育和就业相关领域与父母特征之间产生相关性,而这些特征又被包含在童年时期成长环境指数中,更进一步影响到受访者的认知水平。

其次,基因遗传可能是构成童年时期成长环境指数内生性的另一个来源。

假设,受访者的父母更健康的话,那么父母健康的基因可能会对受访者童年时期的健康状况产生积极影响,这也是童年时期成长环境中的一个不可忽视的维度,而童年时期的健康状况会影响生命历程中认知功能的发展。[1]

接着,在现有数据中还可能存在一些不可观测的父母特征(如先天技能和基因),这些特征也会通过父母的实际状况而影响受访者童年时期的健康。[2]

基于以上理由,方程式(2)中包含的不可观测因素的 c_i 可能与模型中其他影响认知功能的主要的解释变量相关而造成内生性问题。如果忽视这个问题,在估计童年时期成长环境对认知功能的影响上会产生向上偏误,所以很有必要使用面板数据中的固定效应模型来解决以上假设的内生性问题。

最后,样本选择可能具有内生性。

考虑到受访者生命周期的问题,CHARLS 的参考人群仅包括 45 岁及以上的个体,在 45 岁前去世的个体不纳入受访者的样本中。如果样本中幸存者的寿命与一些不可观测因素(例如遗传禀赋)相关,这些因素也可能会影响到整个生命周期的认知功能的发展,因此样本的选择可能是内生的,使用固定效应模型可以更进一步帮助我们解决这个内生性问题。

---

① Stern, Y., What Is Cognitive Reserve? Theory and Research Application of the Reserve Concept, *Journal of the International Neuropsychological Society*, 2002, 8(3): 448-460.

② Case, A., et al., Parental Behavior and Child Health, *Health Affairs*, 2002, 21(2): 164-178. Sonchak, L., Medicaid Reimbursement, Prenatal Care and Infant Health, *Journal of Health Economics*, 2015, 44: 10-24.

根据表 3-6 固定效应模型回归结果,分别计算出在 45 岁、50 岁、55 岁、60 岁、65 岁、70 岁、75 岁、80 岁时,最坏情况（CC＝0）和最好情况（CC＝1）下不同年龄的边际效应,如表 3-7 所示。

表 3-6　固定效应模型回归结果

变量	模型 9 情景记忆	模型 10 心智完整性
年龄	0.407	0.291
	(0.509)	(0.336)
年龄的平方	-0.007^*	-0.003
	(0.004)	(0.003)
童年时期成长环境指数×年龄	0.117	-0.298
	(0.709)	(0.488)
童年时期成长环境指数×年龄的平方	0.003	0.002
	(0.006)	(0.004)
分居	0.101	-0.472
	(0.600)	(0.521)
离异	-0.758	-0.593
	(0.592)	(0.391)
鳏寡	-0.582^{***}	-0.254
	(0.204)	(0.156)
未婚	-0.846	-0.415
	(0.816)	(0.774)
饮酒	0.115	-0.055
	(0.084)	(0.059)
常数项	-3.582	4.164^{***}
	(2.306)	(1.396)
R 方	0.018	0.005
年龄、年龄平方的联合检验	0	0.648
童年时期成长环境指数×年龄、童年时期成长环境指数×年龄平方的联合检验	0	0.740
婚姻状况虚拟变量 F 检验的 p 值	0.040	0.298

注:1.情景记忆的观测值为18519,心智完整性的观测值为13878。

2.括号内为稳健标准误,标准误被聚类修正以解释误差项中的家庭内部相关性。

3.***指 $p<0.01$,**指 $p<0.05$,*指 $p<0.1$。

表 3-7　年龄的边际效应对经历不同童年时期成长环境人群的影响

年龄	情景记忆			心智完整性		
	CC＝0	CC＝1	差别	CC＝0	CC＝1	差别
45	−0.234*	0.165***	0.399**	0.060	−0.042	−0.101
	(0.138)	(0.053)	(0.189)	(0.094)	(0.042)	(0.133)
50	−0.305***	0.125***	0.430***	0.034	−0.046	−0.079
	(0.105)	(0.042)	(0.143)	(0.072)	(0.032)	(0.102)
55	−0.376***	0.085**	0.461***	0.008	−0.050*	−0.058
	(0.080)	(0.035)	(0.112)	(0.057)	(0.026)	(0.081)
60	−0.447***	0.045	0.492***	−0.018	−0.053**	−0.036
	(0.075)	(0.038)	(0.110)	(0.054)	(0.027)	(0.078)
65	−0.519***	0.005	0.524***	−0.043	−0.057*	−0.014
	(0.092)	(0.049)	(0.137)	(0.064)	(0.034)	(0.095)
70	−0.590***	−0.035	0.555***	−0.069	−0.061	0.008
	(0.122)	(0.064)	(0.182)	(0.083)	(0.044)	(0.124)
75	−0.661***	−0.075	0.586**	−0.095	−0.065	0.030
	(0.156)	(0.081)	(0.234)	(0.106)	(0.056)	(0.159)
80	−0.732***	−0.115	0.617**	−0.120	−0.069	0.052
	(0.198)	(0.099)	(0.289)	(0.132)	(0.069)	(0.196)

注：1. "CC＝0"代表童年时期成长环境指数为 0，即童年时期成长环境最差；"CC＝1"代表童年时期成长环境指数为 1，即童年时期成长环境最好。情景记忆的观测值为 18519，心智完整性的观测值为 13878。

2. 括号内为稳健标准误，标准误被聚类修正以解释误差项中的家庭内部相关性。

3. ***指 $p<0.01$，**指 $p<0.05$，*指 $p<0.1$。

对于童年时期成长环境较差的群体来说，情景记忆从 45 岁开始下降，而对于童年时期成长环境较好的群体，情景记忆开始下降的时间要晚很多。对于童年时期成长环境较差的群体而言，每增加一岁对情景记忆的负面影响从 45 岁的−0.234 增加到 80 岁的−0.732。换言之，年龄越大认知衰退速度越快。相反，对于童年时期成长环境较好的群体来说，并未发现如此快的衰退速度。在统计意义上，两种情况之间，年龄的边际效应的差异显著，并且随着年龄的增长，这种差异似乎变得更大。这与表 3-6 中年龄多项式和童年时期成长环境指数的联合显著性结果一致。

可见,童年时期成长环境较差的群体比童年时期成长环境较好的群体情景记忆下降的时间更早,速度更快。而心智完整性与之前的研究结果一致,也就是说,心智完整性没有表现出类似规律,并且不随年龄的增长而下降。

综上所述,用 OLS 方法和固定效应模型演示分析,我们发现在不同童年时期成长环境下,认知水平随年龄下降的衰退速度方面存在一些不同的实证证据。然而,正如开头所讨论的,OLS 方法可能存在严重的内生性问题,而固定效应模型则可以克服这些问题。

总体显示,在控制了不可观测的个体固定效应后,童年时期成长环境较好的群体,在情景记忆上往往比童年时期成长环境较差的群体下降的时间更晚,且速度更慢。故此,心智完整性则更稳定,对与年龄相关的认知功能衰退不太敏感。

此外,鉴于我国特殊的户籍政策设置,兼顾城市或农村户口类型,即更好或更差的社会政策很可能会产生增强或减弱的影响。因此,非常有必要对农村和城市户口的样本进行相同回归,以此通过使用整个样本并加入户口与其他协变量之间的交互作用,分别检验结果对于农村户口和城市户口的差异是否显著。最后发现结果是不显著的。

3.敏感性分析

本研究在使用了 OLS 方法和固定效应模型时,加入了年龄和童年时期成长环境指数的交互项,以此检验在不同的童年时期成长环境下,年龄增长对晚年认知水平和衰退速度的影响。为了检验结果是否具有稳健性,需要考虑以下三种不同的情况,对结果进行敏感性分析。三种情况分别为:(1)使用不同的阈值构建童年时期成长环境指数;(2)使用不同的加权方法;(3)加入其他的控制变量。

(1)相对童年时期成长环境指数检验

本研究使用的基本模型分析和研究,考虑的是童年时期成长环境最好(CC=1)以及童年时期成长环境最差(CC=0)两种极端情况,但是个体可能会将自己的实际状况与周围的人(通常居住在同一个城市或省份)进行比较,而不是像基本模型中只考虑最坏和最好两种情况。因此,需要设定一个虚拟变量,即相对童年时期成长环境指数。该指数的取值主要以是否高于全省平均水平来判断。

首先,研究选定年龄段时产生的边际效应。

文中先采用固定效应模型进行数据分析,然后比较"高于省平均水平"

的人群和"低于省平均水平"的人群在选定年龄段时产生的边际效应。

在控制不可观测的个体固定效应的影响后，相对童年时期成长环境指数和年龄之间的交互作用对于情景记忆的影响，在1%的水平上显著；但对于心智完整性而言，则没有发现相关显著性结果。

接着，分别计算"高于省平均水平"和"低于省平均水平"情况下，年龄对于认知功能的边际效应。

根据表3-8和表3-9，对于"低于省平均水平"的群体来说，自50岁开始时，年龄增长对情景记忆的边际影响是负的，且在5%的临界水平上具有统计显著性。而对于"高于省平均水平"的群体，则情景记忆的下降比另一组晚10年。鉴于影响效用的大小，"低于省平均水平"的群体下降幅度大，衰退速度更快。

表3-8　高于和低于省平均水平的情景记忆和心智完整性的固定效应模型估计

变量	模型11 情景记忆	模型12 心智完整性
年龄	0.451***	0.150**
	(0.134)	(0.070)
年龄的平方	−0.005***	−0.002***
	(0.001)	(0.001)
童年时期成长环境指数×年龄	0.152	−0.465
	(0.596)	(0.521)
童年时期成长环境指数×年龄的平方	−0.740	−0.589
	(0.596)	(0.391)
分居	−0.586***	−0.251
	(0.204)	(0.156)
离异	−0.872	−0.421
	(0.805)	(0.776)
鳏寡	0.113	−0.055
	(0.084)	(0.059)
未婚	0.099	−0.111
	(0.155)	(0.095)
饮酒	−0.0001	0.001
	(0.001)	(0.001)
常数项	−3.991*	3.983***
	(2.280)	(1.399)

续表

变量	模型 11	模型 12
	情景记忆	心智完整性
R 方	0.018	0.005
年龄、年龄平方的联合检验	0	0
童年时期成长环境指数×年龄、童年时期成长环境指数×年龄平方的联合检验	0	0.218
婚姻状况虚拟变量 F 检验的 p 值	0.037	0.309

注:1.情景记忆的观测值为18519,心智完整性的观测值为13878。

2.括号内为稳健标准误,标准误被聚类修正以解释误差项中的家庭内部相关性。

3.＊＊＊指 $p<0.01$,＊＊指 $p<0.05$,＊指 $p<0.1$。

表 3-9　高于和低于省平均水平的情景记忆和心智完整性的年龄边际效应

年龄	情景记忆			心智完整性		
	低于	高于	差异	低于	高于	差异
45	−0.004	0.078＊＊＊	0.082＊	0.013	−0.028	−0.041
	(0.037)	(0.019)	(0.042)	(0.019)	(0.016)	(0.025)
50	−0.055＊＊	0.025＊	0.080＊＊	−0.002	−0.036＊＊＊	−0.033
	(0.028)	(0.015)	(0.031)	(0.015)	(0.012)	(0.019)
55	−0.105＊＊＊	−0.027＊	0.078＊＊＊	−0.018	−0.043＊＊＊	−0.025
	(0.020)	(0.013)	(0.023)	(0.011)	(0.011)	(0.016)
60	−0.156＊＊＊	−0.080＊＊＊	0.076＊＊＊	−0.033＊＊＊	−0.051＊＊＊	−0.018
	(0.016)	(0.016)	(0.022)	(0.011)	(0.012)	(0.016)
65	−0.206＊＊＊	−0.132＊＊＊	0.074＊＊＊	−0.048＊＊＊	−0.058＊＊＊	−0.010
	(0.018)	(0.027)	(0.027)	(0.013)	(0.016)	(0.020)
70	−0.257＊＊＊	−0.185＊＊＊	0.072＊＊	−0.063＊＊＊	−0.065＊＊＊	−0.002
	(0.026)	(0.027)	(0.037)	(0.017)	(0.020)	(0.026)
75	−0.308＊＊＊	−0.237＊＊＊	0.070	−0.078＊＊＊	−0.073＊＊＊	0.006
	(0.035)	(0.034)	(0.048)	(0.022)	(0.025)	(0.033)
80	−0.358＊＊＊	−0.290＊＊＊	0.069	−0.094＊＊＊	−0.080＊＊＊	0.013
	(0.046)	(0.041)	(0.060)	(0.027)	(0.031)	(0.041)

注:1.情景记忆的观测值为18519,心智完整性的观测值为13878。

2.括号内为稳健标准误,标准误被聚类修正以解释误差项中的家庭内部相关性。

3.＊＊＊指 $p<0.01$,＊＊指 $p<0.05$,＊指 $p<0.1$。

此外，两组之间边际效应的差异，在45～70岁之间具有统计显著性，且差距越来越大。在心智完整性方面，两组之间边际效应没有显著性差异。

因此，结果也与在基本模型中发现的结果一致，本节主要结论再次得到了证实。

（2）指数的加权方式检验

文中在基本模型中使用等权重方法来构建童年时期成长环境指数。

为了检验结果是否与加权的方法有关，文中使用频率加权法来验证结果是否在使用不同的加权方式下仍然保持不变。

根据德赛（M. Desai）和沙阿（A. Shah）（1988）的研究，频率加权法中每个指标获得的权重等于样本中在该指标下取值为1的样本所对应的比例。[①]

固定效应模型的结果参见表3-10，在最差和最好情况下年龄的边际效应见表3-11。正如在基本模型中发现的那样，对于最差的情况，情景记忆往往比最好的情况下降得早，且下降的路径比另一种情况更陡峭。两种情况下年龄边际效应的差异在统计上具有显著性，而心智完整性则没有发现显著性结果。

由此得出，无论使用哪种加权方法，主要结论都保持不变。

表3-10　使用频率权重的情景记忆和心智完整性的固定效应模型分析

变量	模型 13 情景记忆	模型 14 心智完整性
年龄	0.866	0.708
	(0.702)	(0.514)
年龄的平方	-0.011^*	-0.006
	(0.006)	(0.004)
童年时期成长环境指数×年龄	0.084	-0.481
	(0.604)	(0.519)
童年时期成长环境指数×年龄的平方	-0.757	-0.594
	(0.594)	(0.391)
分居	-0.570^{***}	-0.253
	(0.204)	(0.156)

---

① Desai，M.，Shah，A.，An Econometric Approach to the Measurement of Poverty，*Oxford Economic Papers*，1988，40(3)：505-522.

续表

变量	模型 13 情景记忆	模型 14 心智完整性
离异	−0.862	−0.409
	(0.800)	(0.779)
鳏寡	0.113	−0.056
	(0.084)	(0.059)
未婚	−0.430	−0.746
	(0.818)	(0.617)
饮酒	0.008	0.006
	(0.007)	(0.005)
常数项	−4.318*	3.996***
	(2.370)	(1.403)
R 方	0.018	0.005
年龄、年龄平方的联合检验	0	0.387
童年时期成长环境指数×年龄、童年时期成长环境指数×年龄平方的联合检验	0	0.383
婚姻状况虚拟变量 F 检验的 p 值	0.045	0.296

注:1.情景记忆的观测值为18519,心智完整性的观测值为13878。

2.括号内为稳健标准误,标准误被聚类修正以解释误差项中的家庭内部相关性。

3.*** 指 $p<0.01$,** 指 $p<0.05$,* 指 $p<0.1$。

表 3-11　使用频率权重的情景记忆和心智完整性的年龄边际效应

年龄	情景记忆			心智完整性		
	CC＝0	CC＝1	差别	CC＝0	CC＝1	差别
45	−0.163	0.088**	0.251	0.184	−0.049	−0.233
	(0.191)	(0.036)	(0.220)	(0.142)	(0.030)	(0.169)
50	−0.277*	0.050*	0.327**	0.126	−0.050**	−0.176
	(0.143)	(0.027)	(0.165)	(0.107)	(0.023)	(0.127)

续表

年龄	情景记忆			心智完整性		
	CC＝0	CC＝1	差别	CC＝0	CC＝1	差别
55	−0.392***	0.011	0.403***	0.067	−0.051***	−0.118
	(0.106)	(0.022)	(0.124)	(0.079)	(0.017)	(0.094)
60	−0.506***	−0.028	0.478***	0.009	−0.052***	−0.061
	(0.0953)	(0.024)	(0.115)	(0.068)	(0.017)	(0.083)
65	−0.621***	−0.067**	0.554***	−0.049	−0.053**	−0.004
	(0.118)	(0.031)	(0.144)	(0.082)	(0.022)	(0.101)
70	−0.735***	−0.105***	0.630***	−0.107	−0.055*	0.052
	(0.160)	(0.041)	(0.194)	(0.112)	(0.030)	(0.138)
75	−0.849***	−0.144***	0.705***	−0.166	−0.056	0.110
	(0.210)	(0.052)	(0.253)	(0.148)	(0.038)	(0.182)
80	−0.964***	−0.183***	0.781**	−0.224	−0.057	0.167
	(0.264)	(0.064)	(0.317)	(0.187)	(0.048)	(0.229)

注:1."CC＝0"代表童年时期成长环境指数为0,即童年时期成长环境最差;"CC＝1"代表童年时期成长环境指数为1,即童年时期成长环境最好。情景记忆的观测值为18519,心智完整性的观测值为13878。

2.括号内为稳健标准误,标准误被聚类修正以解释误差项中的家庭内部相关性。

3.*** 指 $p<0.01$, ** 指 $p<0.05$, * 指 $p<0.1$。

(3)加入年龄和其他控制变量的交互项检验

在进一步控制固定效应模型中的一些社会经济特征下,在原有模型基础上加入年龄和教育、户口状况、地区等其他协变量之间的交互项验证。验证结果见表3-12和表3-13。

情景记忆的主要结果仍然显著,而心智完整性则没有发现相关的显著性结果。即使在控制了这些社会经济特征之后,主要模型的结论也得到了进一步的证实。

表 3-12 加入童年时期成长环境的固定效应模型分析

变量	模型 15 情景记忆	模型 16 心智完整性
年龄	0.587	0.275
	(0.502)	(0.331)
年龄的平方	−0.009**	−0.002
	(0.004)	(0.003)
分居	0.0448	−0.351
	(0.607)	(0.528)
离异	−0.792	−0.497
	(0.596)	(0.406)
鳏寡	−0.554**	−0.101
	(0.240)	(0.186)
未婚	−1.062	−0.271
	(0.772)	(0.767)
饮酒	0.115	−0.056
	(0.084)	(0.059)
童年时期成长环境×年龄	−0.0645	−0.215
	(0.692)	(0.477)
童年时期成长环境×年龄的平方	0.004	0.002
	(0.006)	(0.004)
年龄和其他变量的交互项		
出生年份(1940—1949)×年龄	−0.0244***	−0.004
	(0.008)	(0.005)
出生年份(1950—1959)×年龄	−0.028***	−0.009
	(0.009)	(0.007)
出生年份(1960+)×年龄	−0.038***	−0.013
	(0.011)	(0.008)
城市户口×年龄	0.003	−0.0003
	(0.005)	(0.003)

续表

变量	模型 15 情景记忆	模型 16 心智完整性
孩子数量×年龄	−0.001*	0.0003
	(0.001)	(0.001)
东部×年龄	0.036	−0.025
	(0.027)	(0.019)
中部×年龄	0.061**	−0.046**
	(0.026)	(0.019)
北部×年龄	0.119***	−0.0003
	(0.042)	(0.031)
女性×年龄	0.004	−0.001
	(0.007)	(0.004)
配偶×年龄	−0.0003	0.002
	(0.002)	(0.002)
初等教育×年龄	0.011**	0.001
	(0.004)	(0.003)
中等教育×年龄	0.018***	0.003
	(0.006)	(0.004)
高等教育×年龄	0.019	0.004
	(0.013)	(0.008)
常数项	−5.66**	3.80***
	(2.32)	(1.43)
R 方	0.022	0.006
年龄、年龄平方的联合检验	0	0.707
童年时期成长环境指数×年龄、童年时期成长环境指数×年龄平方的联合检验	0	0.834
婚姻状况虚拟变量 F 检验的 p 值	0.112	0.762

注:1.情景记忆的观测值为18519,心智完整性的观测值为13878。

2.括号内为稳健标准误,标准误被聚类修正以解释误差项中的家庭内部相关性。

3.***指 $p<0.01$,**指 $p<0.05$,*指 $p<0.1$。

表 3-13　加入童年时期成长环境的情景记忆和心智完整性的年龄边际效应

年龄	情景记忆			心智完整性		
	CC＝0	CC＝1	差别	CC＝0	CC＝1	差别
45	−0.200	0.118**	0.318*	0.062	−0.014	−0.076
	(0.138)	(0.056)	(0.187)	(0.092)	(0.043)	(0.130)
50	−0.286***	0.075*	0.361**	0.039	−0.022	−0.061
	(0.105)	(0.045)	(0.142)	(0.071)	(0.034)	(0.100)
55	−0.371***	0.032	0.403***	0.016	−0.029	−0.045
	(0.081)	(0.039)	(0.111)	(0.057)	(0.030)	(0.081)
60	−0.457***	−0.011	0.446***	−0.007	−0.037	−0.030
	(0.075)	(0.041)	(0.107)	(0.054)	(0.031)	(0.079)
65	−0.542***	−0.054	0.488***	−0.030	−0.044	−0.014
	(0.090)	(0.051)	(0.133)	(0.065)	(0.037)	(0.097)
70	−0.628***	−0.097	0.531***	−0.053	−0.052	0.001
	(0.119)	(0.065)	(0.175)	(0.084)	(0.047)	(0.125)
75	−0.713***	−0.140*	0.573**	−0.076	−0.060	0.017
	(0.155)	(0.080)	(0.225)	(0.107)	(0.059)	(0.016)
80	−0.799***	−0.183*	0.616**	−0.099	−0.067	0.032
	(0.193)	(0.097)	(0.278)	(0.132)	(0.071)	(0.196)

注:1.“CC＝0”代表童年时期成长环境指数为 0,即童年时期成长环境最差;“CC＝1”代表童年时期成长环境指数为 1,即童年时期成长环境最好。情景记忆的观测值为 18519,心智完整性的观测值为 13878。

2.括号内为稳健标准误,标准误被聚类修正以解释误差项中的家庭内部相关性。

3.＊＊＊指 $p<0.01$,＊＊指 $p<0.05$,＊指 $p<0.1$。

四、研究的主要结论

(一)探究的目的

本研究基于 CHARLS 在 2011 年、2013 年和 2015 年收集的数据,结合多种基本模型和方法,研究了童年时期成长环境对晚年认知功能的影响。

文中设定认知功能主要采用情景记忆和心智完整性两个显现指标,而童年时期成长环境则通过构建多个维度指数来测度。主要研究问题是在其他变量不变,早年生活环境不同的情况下,年龄相同的变化是否会对晚年认知水平和衰退速度产生影响以及有什么样程度的影响。

文中使用的 CHARLS 数据的一个优点是每两年对同样的样本进行一次追踪调查,该数据可以考虑进影响认知功能和早期生活条件的那些不可观测因素。例如,健康和技能的代际传递效应,从父母到孩子的代际传递可能会导致受访者当前的认知功能与童年时期成长环境指数的几个维度之间存在的相关性,譬如受访者童年时期的健康状况和父母教育水平。[①]

在进一步的实证分析中,加入教育水平这一控制变量,以此来排除早期生活条件对晚年认知功能的影响是否会通过教育水平来进行传递。然而,教育水平可能会造成内生性的问题。为了解决这个矛盾,文中使用 OLS 方法之后,又利用固定效应模型解决了一系列的内生性问题。

(二)主要结论

研究结果表明,童年时期成长环境会影响晚年的流体认知水平和流体认知衰退的速度。

在其他因素不变的情况下,相比童年时期成长环境较好的老年人来说,相同的年龄变化对童年时期成长环境较差的老年人来说,认知功能衰退的时间更早且速度更快,并且这种差距随着年龄的增长而增加。这也充分说明,即使在老年时期,更好的早期生活条件的投入所带来的收益也是长期的且是非常可观的。

在研究中并未发现童年时期成长环境对晶体认知水平随增龄而衰退的影响。这一结果与心理学研究描述一致,即晶体认知功能不会随着年龄的增长而下降。[②]

综上所述,如果在生命周期的早年阶段对认知功能进行投资,如父母特征、家庭财富、医疗保健和社区环境等,对于年龄的增长的回报具有长期的

---

①　Currie，J.，Moretti，E.，Biology as Destiny? Short-and Long-run Determinants of Intergenerational Transmission of Birth Weight，*Journal of Labor Economics*，2007，25 (2)：231-264.Coneus，K.，Spiess，C. K.，The Intergenerational Transmission of Health in Early Childhood—Evidence from the German Socio-Economic Panel Study，*Economics & Human Biology*，2012，10(1)：89-97.Anger，S.，Heineck，G.，Do Smart Parents Raise Smart Children? The Intergenerational Transmission of Cognitive Abilities，*Journal of Population Economics*，2010，23(3)：1105-1132.

②　Horn，J. L.，Cattell，R. B.，Age Differences in Fluid and Crystallized Intelligence，*Acta Psychologica*，1967，26：107-129.

效果,可以有效地减缓老年人认知技能在后期的衰退速度。

研究结果在经过一系列的稳健性方法检验后得到证实。也就是说,那些童年时期成长环境较好(即更高质量的父母投资、更好的医疗保健系统、更完善的家庭设施、更宜居的社区环境)的个体的认知功能比那些童年时期成长环境较差的个体的认知功能时间下降得更晚且下降速度更慢。研究结果可以为政策研制提供如何提高个体的社会地位、经济包容性以及政策的代际影响的实证证据。

(三)展望

伴随着中国人口老龄化、高龄化的发展速度加剧,未来对认知功能存在障碍的老年群体的护理,无论是家庭还是社会的成本和投入无疑是剧增的,本书根据实证结果提出以下建议。

一是可以识别且帮助当前这一代童年时期成长环境较差的个体,提高他们在未来老年时期的认知功能,减缓他们的认知衰退速度。

二是对于当前的年轻一代,政策中则考虑提高对童年时期成长环境较差的个体的社会包容性,从长远来看可能会提高他们的认知功能,并在未来的几十年中减少对认知障碍个体的护理和支持服务的需求。

不论是对于哪一代的儿童还是老年人,在明确了研究结果是有现实意义的基础上,应尽可能完善现有的措施,尽可能去创造改变,哪怕是细微的,通过几年,甚至是未来十几年和几十年的不懈努力,将可能影响老年时期认知衰退的现象,甚至可以逐步缓解这一现象,并且将其控制在一定的区间范围内,这将是利国利民的。

第二节　教育与老年人晚年幸福的关系: 来自中国的实证

一、探究提高老年人健康和福祉影响因素的意义

在过去的二十年里,中国经历了非常快速的老龄化和高龄化进程。这种人口老龄化和高龄化速度加剧的原因:一是快速持续的经济发展和医疗设施设备不断完善带来的人均预期寿命的延长;二是自1980年出台的独生子女政策带来的生育率急剧下降。

根据联合国 2019 年的报告，中国 65 岁及以上人口的比例将会从 2000 年的 7％迅速增加至 2030 年的 16.5％，到 2050 年全国将近四分之一的人口将达到 65 岁及以上。[①] 因此，随着老年人口的不断增加，如何提升老年人的健康与福祉成为一项民生工程，是值得全体国人思考和关注的，并且已经成为中国社会最具挑战的任务之一。

因此，探究和深入了解哪些因素有利于老年人的健康并对幸福感起决定性作用，可以帮助我们不断完善政策的制定和实施，以此促进全社会提高对老年群体的社会包容度，不断提高他们的福利。建立以健康为根本，幸福感为依托，获取中国式的老年人福祉为目标，最终形成中国和谐社会中老年人的幸福路径闭环。

本节探究中国老年群体中不同教育[②]水平群体的幸福感差异。数据来自 CHARLS 在 2011 年、2013 年针对中国 45 岁及以上中老年人群及其配偶的全国抽样数据。

二、教育与老年人晚年幸福感的关系

(一)概念解释

1. 人力资本

人力资本(human capital)是西方经济学概念，亦称非物质资本，与物质资本相对，主要为体现在劳动者身上的资本，如劳动者的知识技能、文化技术水平与健康状况等。其主要特点在于它与人身自由联系在一起，不随产品的出卖而转移，通过人力投资形成。主要包括：(1)用于教育的支出；(2)用于卫生保健的支出；(3)用于劳动力国内流动的支出；(4)用于移民入境的支出。

其中最重要的是教育支出，教育支出形成教育资本，而教育支出的增长是经济增长的源泉之一。通过教育可以提高劳动力的质量、劳动者的工作能力和技术水平，从而提高劳动生产率。

2. 健康资本

健康资本是一种重要的人力资本形式，因为人力资本与人具有不可分

---

① United Nations, *World Population Prospects*：*The 2010 Revision*，*Volume 1*：*Comprehensive Tables*，New York：United Nations，Department of Economic and Social Affairs，Population Division，2010.

② 根据教育的对象、任务、内容和形式的特征，教育可分为家庭教育、学校教育和社会教育 3 种类型。本节中的教育指学校教育。

割性,如人的体能、精力及健康状况与生命长短将会直接影响一个人的人力资本投资与收益。

主要通过医疗、保健、营养和身体锻炼以及闲暇和休息等途径获得健康资本。健康资本是人力资本存在和效能发挥作用的前提。例如,在精力旺盛、身体健康的条件下,一个人获得的教育资本才能最大限度地发挥作用,而良好的体质是一个人积累知识和获取技能的基础。

一般来说,健康资本存量的变化最终受到人的年龄变化的影响,一个人的健康资本存量与年龄的关系呈现一种倒"U"形分布。一个人在壮年之后,随着年龄的增长健康资本存量将逐渐减少。

(二)理论基础教育与人力资本和健康资本的关系

1.教育与人力资本和健康资本的联系

根据相关理论,教育可以通过与人力资本和健康资本相关的不同渠道影响老年人晚年的幸福感。例如,在人力资本生产理论中,教育在解释个人收入分配方面的重要性最早可以追溯到明瑟(J. Mincer,1958)的理论,他认为教育水平的差异是解释整个生命周期中劳动收入不平等的重要的早期因素。[1] 按照本-波拉斯(Y. Ben-Porath,1967)提出的模型,教育被视为人力资本生产的一种投入形式,同时也可以作为其他早期投入(如先天能力)的边际产量的决定因素。[2] 已有大量研究试图评估教育对收入的影响。[3] 尽管教育的影响可能会对处于经济周期不同阶段、不同行业和不同的社会经济群体造成差异性,但对于教育可以提高个人收入的假设在学界是达成共识的。

2.教育与健康生产的联系

教育对老年人晚年幸福感的影响绝不仅限于人力资本积累这一渠道。格罗斯曼(1972)表明,教育至少以两种方式进入个人健康生产函数中:一方面,教育水平较高的人群可以通过增加医疗保健投入来提高健康生产的生

---

[1] Mincer,J.,Investment in Human Capital and Personal Income Distribution,*Journal of Political Economy*,1958,66(4):281-302.

[2] Ben-Porath,Y.,The Production of Human Capital and the Life Cycle of Earnings,*Journal of Political Economy*,1967,75(4):352-365.

[3] Card,D.,Estimating the Return to Schooling:Progress on Some Persistent Econometric Problems,*Econometrica*,2001,69(5):1127-1160.Heckman,J.J.,et al.,Earnings Functions,Rates of Return and Treatment Effects:The Mincer Equation and Beyond,in E. Hanushek and F. Welch (eds.),*Handbook of the Economics of Education*,Amsterdam:Elsevier,2006.

产效率。在其他因素不变的情况下,由于教育带来的正面效应,教育水平越高,生产特定健康存量的成本也就越低。另一方面,教育会提高个人工资水平,个人的工资越高,健康资本的边际产品价值就越高。在其他因素不变的情况下,教育水平越高越会增加产生健康资本的动力,以便有更多的健康时间用于劳动力市场活动。

3.教育与健康和福祉的联系

对于教育与老年人的健康和福祉的关系的探究,无论是现在还是未来,对于中国来说,都具有积极的、重要的政策意义。赫克曼(2002)指出,20世纪末21世纪初,中国政府对教育的投入相对较低,约占其国内生产总值(gross domestic product,GDP)的2.5％。[①] 图3-2显示,在接下来的十几年中,政府加大了对教育的投资。到了2012年,教育支出占GDP的百分比达到了4.3％。

本节通过实证研究,得出的结果将有助于人们去深刻了解教育的投入给国民福祉带来的长期影响,以及现有的教育投入将如何影响在享受现今教育政策红利下成长的年轻一代的晚年时期的健康和幸福感。

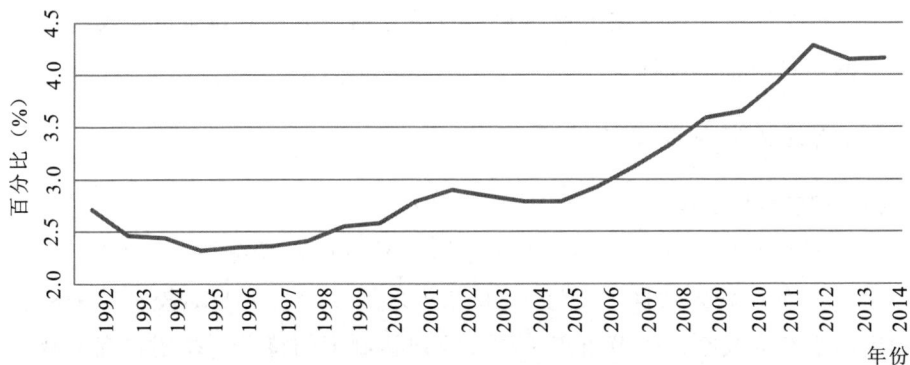

图 3-2　政府教育支出占 GDP 的百分比

注:政府教育支出包括教育公共预算资金、各级政府征收的用于教育的税费、用于办学的企业拨款、校办企业收入、用于教育的社会服务收入和其他国家教育拨款。

数据来源:国家统计局:《中国统计年鉴 2015》,北京:中国统计出版社,2015 年。

[①] Heckman, J. J., *China's Investment in Human Capital*, Working Paper 9296, Cambridge, M. A.: National Bureau of Economic Research, 2002.

4.教育与户籍制度的联系

除了关注教育的长期影响以外,本节依然重点关注户口政策带来的长期效应。农村户口与非农村户口的划分对中国居民的福祉尤为重要。已有研究在评估农村和城市居民幸福感差异的时候,发现与城市地区的同龄人相比,农村户口持有者普遍更贫穷、幸福感更低以及抑郁风险更高。[①] 在第二章中已详细讨论过造成城乡居民幸福感与健康差异的政策原因。

现有的户籍制度的存在,可能会对不同的教育群体的健康和幸福感造成差异。因为它会影响个体在其生命周期中的生活水平,并有可能影响其享受更高的教育水平的机会。即使获得相同的教育水平,城市居民也更有可能受益于更好的教育基础设施和训练有素的教师;在更好的工作环境中度过更有利的职业生涯;生活在更整洁便捷的居住环境下,可获得更好的生活保障,可享受到更高质量的医疗服务与保障。相反地,生活在不利的社会经济环境中可能会降低更高的教育水平对个人健康和福祉所产生的积极影响,因为增加的人力资本与能够产生福祉回报的制度和市场特征不匹配。在研究中,若忽视户籍制度的影响,可能会高估更高的教育水平对农村户口持有者的福祉影响。因此本节通过户口身份分别评估农村和城市居民晚年幸福感的教育回报率差异。

三、研究数据及变量的选择使用

(一)研究数据选用

本研究使用 CHARLS 已经公布的其中两轮追踪调查数据(2011 年、2013 年),仅使用两轮数据主要考虑 2015 年之后户口政策变动较多带来的不确定因素较为复杂。本节重点关注二元户籍制度的特点。在删除变量缺失值后,本研究最终获得样本为 31239 个观测值。

---

① Asadullah, M. N., Xiao, S., Yeoh, E., Subjective Well-being in China, 2005-2010: The Role of Relative Income, Gender, and Location, *China Economic Review*, 2018, 48: 83-101. Sicular, T., et al., The Urban-rural Income Gap and Inequality in China, *Review of Income and Wealth*, 2007, 53(1): 93-126. Sun, Q., Liao, W., Depression among Middle Aged and Elderly People in China—Evidence from CHARLS, *Asian Journal of Humanities and Social Studies*, 2016, 4(2): 151-160. Zurlo, K. A., Hu, H., Huang, C.C., The Effects of Family, Community, and Public Policy on Depressive Symptoms among Elderly Chinese, *Journal of Sociology and Social Work*, 2014, 2(2): 1-23.

(二)变量的选取

1.户口

本研究中,个人当前的户口类型分为农村户口和非农村户口。在样本中,约 78% 的人拥有农村户口,而 22% 的人拥有城市户口。

2.教育水平

本研究将受访者获得的最高教育水平定义为虚拟变量。其中取值为 1,表示教育水平高于小学学历;取值为 0,则表示教育水平低于或等于小学学历。之所以选择将小学学历作为区分低学历和高学历的门槛,是因为样本选择的年龄较大,其中大多数样本的教育水平相对较低,三分之二的样本最多获得小学学历。因此,选择小学学历作为划分的门槛,便于每组样本均获得足够的观测值。

就 CHARLS 调查数据总体而言,农村样本(即拥有农村户口的人)中 25% 的人获得了小学学历,在城市样本(即拥有城市户口的人)中,这一百分比跃升至 65%。

如图 3-3 所示,无论是农村户口还是城市户口持有者,越年轻的群体(即出生年份越靠后的人群)的教育水平高于小学学历变得更为普遍。尽管城市居民与农村居民的教育水平相差较大,但其幅度相对而言有所下降。比如,出生在 1939 年或更早的人群中,农村地区的获得小学学历及以上的比例大约是城市地区的十分之一(3.4% 对 35.2%)。但对于出生在 1960 年或更晚的人群来说,这一比例上升为二分之一(43.7% 对 87%)。

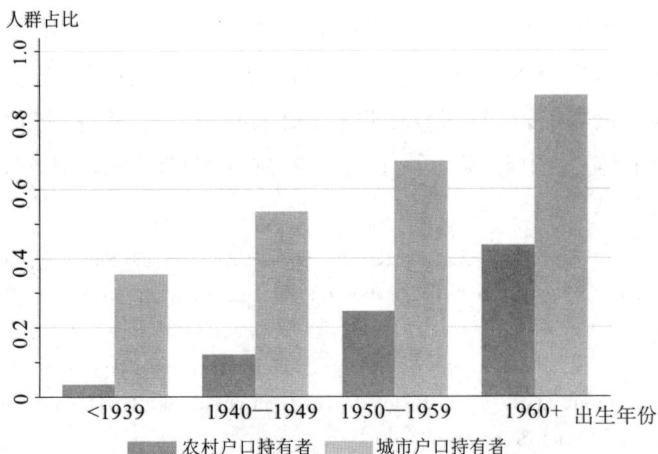

图 3-3 样本中获得小学学历及以上人群占比

3.多维幸福指数

（1）维度的选取

个人幸福感和福祉的衡量办法。因为个人幸福感和福祉的概念是多方面的，所以很多相关研究通过构建多维幸福指数来衡量一个人的幸福感和福祉。[①]

幸福感是指人类基于自身的满足感与安全感而主观产生的一系列欣喜与愉悦的情绪。经济学家加入幸福感研究的行列，使得幸福感的丰富内涵和表现形式得到了更多的揭示。例如，幸福感受到诸多复杂因素的影响，如经济因素、社会因素等。

福祉，释义为幸福、利益、福利，也代表美满祥和的生活环境、稳定安全的社会环境、宽松开放的政治环境。

根据定义，一个人的幸福感和福祉反映了人们在各种经济和非经济方面的成就，因此，在选择衡量幸福感的维度的时候还应该考虑到这些方面。

在本研究中，个人幸福感是通过构建多维指数的方式来衡量的。幸福感概念本身具有多维性质，而选择教育这个变量可以观察老年人在多种渠道的影响下获得的幸福感程度。

多维幸福指数的选择。本研究选择物质剥夺和健康两个维度来构建幸福指数。根据森（A. Sen，2004）的建议，多维指数的指标与维度的选取要以公共政策为目标以及与政策的目标人群的福利和幸福感息息相关。[②]

第一个维度是物质剥夺。用来描述个人的经济状况及其满足人类基本需求的能力。该维度通过 6 个与住房设施设备相关的指标来衡量，即是否具备冲水马桶、电、自来水、室内淋浴和洗浴设施、燃气、暖气。每个指标都被定义为虚拟变量，具备该住房设施设备，则取值为 1，不具备则为 0。对于样本中的每个个体，文中相应计算了物质未被剥夺的指标的比例，比例越

---

① Bellani, L., D'Ambrosio, C., Deprivation, Social Exclusion and Subjective Well-being, *Social Indicators Research*, 2011, 104：67-86. Bossert, W., et al., Multidimensional Poverty and Material Deprivation with Discrete Data, *Review of Income and Wealth*, 2013, 59：29-43. Decancq, K., Lugo, M.A., Inequality of Wellbeing: A Multidimensional Approach, *Economica*, 2012, 79：721-746. Stiglitz, J.E, et al., Report by the Commission on the Measurement of Economic Performance and Social Progress, 2009：1-292.

② Sen, A., Capabilities, Lists, and Public Reason: Continuing the Conversation, *Feminist Economics*, 2004, 10(3)：77-80.

高,则代表个人居住的住房质量越高,经济状况越好。

如表 3-14 显示,数据列项 A 标明,不论是在农村还是在城市样本中,教育水平高的个体,平均拥有更高的住房质量;教育水平低的群体中,报告的个人物质剥夺维度中没有被剥夺的平均百分比为农村的 37.3% 和城市的 57.9%,而在教育水平高的群体中,这一比例增加到农村的 43.1% 和城市的 70.7%。

表 3-14　物质剥夺和健康两个维度下平均个人未被剥夺比例

数据列项	农村			城市		
	低教育水平	高教育水平	差别	低教育水平	高教育水平	差别
数据列项 A:物质剥夺	0.373	0.431	0.058***	0.579	0.707	0.128***
数据列项 B:日常生活活动能力(ADL)	0.841	0.916	0.074***	0.843	0.921	0.079***
数据列项 C:工具性日常生活活动能力(IADL)	0.892	0.960	0.068***	0.894	0.962	0.068***
数据列项 D:慢性病	0.895	0.915	0.020***	0.864	0.891	0.027***

注:*** 指 $p < 0.01$,** 指 $p < 0.05$,* 指 $p < 0.1$。

第二个维度是健康。用来评估个人健康状态,包括日常生活活动能力(activity of daily living,ADL)、工具性日常生活活动能力(instrumental activity of daily living,IADL)和慢性病。

日常生活活动能力包括是否在以下几个指标执行中存在困难:能够步行 1 公里,能够从椅子上站起来,能够爬楼梯,能够弯腰、跪下、蹲下,能够伸手、举起、捡硬币,能够穿衣、洗澡、上/下床,能够吃饭、如厕、排尿/排便。工具性日常生活活动能力包括是否在以下几个指标执行中存在困难:做家务,煮饭,买菜,会吃药,会理财。将以上罗列的每一个指标分别定义为虚拟变量,取值为 1,代表没有困难,否则取值为 0。日常生活活动能力一共选择了 13 个指标,工具性日常生活活动能力一共选择了 5 个指标。

同时,在研究中还考虑了以下 14 种常见的慢性疾病,它们是:高血压、高血脂、糖尿病、癌症、慢性肺炎、肝病、心脏病、中风、肾病、胃病、精神疾病、记忆相关疾病、关节炎和哮喘。对于这些慢性疾病中的每一种项目,分别定义一个二元指标,在没有该病的情况下取值为 1,否则为 0。

表 3-14 中的数据列项 B、C 和 D 表明,无论是城市还是农村样本,教育

水平较高的个体的平均分值较高,即代表更健康,且在统计上显著。

然而,与物质剥夺维度不同的是,农村和城市样本之间的差异并不大。例如,在日常生活活动能力方面,在农村和城市样本中,无论教育水平是低还是高,结果极为接近:教育水平低的个体平均没有被剥夺的比例约为84%,而教育水平高的约占92%。

当然,这一数据并不会影响将健康领域纳入本实证研究的重要性,因为这种结果可能是由农村和城市样本的年龄差异导致。

表3-15显示,农村样本的平均年龄明显较低,即使在控制出生队列和一系列个人及家庭特征后,农村和城市样本的年龄差异仍然具有统计显著性,并且查看年龄分布的第二个四分位数、第三个四分位数,包括第一个四分位数的差异,均发现了相同的结果。这一描述性证据说明,农村个体比城市个体处在生命周期更早的阶段,但农村个体已经与城市个体经历着相似的健康状况,更进一步表明城乡死亡率存在差异。

表 3-15　农村与城市户口持有者的年龄分布特征

户口类别	平均年龄	第一个四分位数	第二个四分位数	第三个四分位数
农村	58.91	51	58	65
城市	60.22	52	59	67
差别	1.31***	1	1***	2***

注:*** 指 $p<0.01$,** 指 $p<0.05$,* 指 $p<0.1$。

（2）指数的加权方法

为了将物质剥夺和健康这两个维度汇总到一个总指数中,需要选择一个合适的指数加权方法。

指数的加权方法是构建多维指数的关键组成部分,它为每个维度分配一个权重,量化其对多维指数的贡献,并隐含着对维度之间替代性的价值判断。换句话说,权重定义了在一个维度上,每增加一个单位可以在多大程度上弥补另一个维度上的减少。

加权指数的选择。加权的方法是多种多样的,由于对如何定义维度之间的替代性并没有达成共识,因此,德肯克（K. Decancq）和卢戈（M. A. Lugo）

(2013)对加权方法进行了严格分类。[①] 他们认为第一种权重方法来自数据驱动,并且取决于维度是如何在参照群体中分布的。第二种叫作规范性权重法,明确反映研究人员对维度之间的可替代性的主观价值判断。第三种是混合权重法,来自价值判断和数据证据的组合方法。他们强调,关于哪种权重方法更好,学界并没有统一说法,建议加入敏感性分析以检验权重并不会影响主要实证结果。本节遵循这一建议,采用四种加权方案以检验结果的稳健性。

第一种等权重法。无论是物质剥夺还是健康维度,均赋予每个指标相同的权重。其中,物质剥夺总共有 6 个指标,而健康维度有 32 个指标。由于文中的研究使用了大量的健康指标,这种加权方案赋予健康维度更高的比重。于是,为了重新构建幸福指数,重新调整分配给物质剥夺和健康的比重,所以提出了等权重法。

第二种维度等权重法。为每个维度分配相同的权重,然后在每个维度中赋予每个指标相同的权重。这样,无论有多少指标,物质剥夺和健康在幸福指数中的重要性均相等。

第三种频率加权法。该方法主要参考德赛和沙阿(1988)提出的频率加权法。[②] 每个维度的权重等于样本中非剥夺者的相应比例。

德肯克和卢戈(2013)根据多伊奇(J. Deutsch)和西尔伯(J. Silber)(2005)的观点,认为在大多数人都没有被剥夺的情况下,个体可能会更加重视在该维度下的不足。[③] 通常来说,个体在较少人达不到要求的维度上被剥夺会感觉更加沮丧。频率加权法基于以上的考虑,在被剥夺人数较少的维度分配更高的权重。

第四种加权方法基于主成分分析(principal component analysis, PCA),每个维度的权重等于第一主成分中相应的因子载荷。因子载荷被定义为将指标聚合在一个单一的线性指数中,该指数能够解释所考虑的维度组合产生的总方差的最高比例。所有的权重方法都被标准化后,总和为 1。

---

① Decancq, K., Lugo, M.A., Weights in Multidimensional Indices of Well-being: An Overview, *Econometric Reviews*, 2013, 32: 7-34.

② Desai, M., Shah, A., An Econometric Approach to the Measurement of Poverty, *Oxford Economic Papers*, 1988, 40(3): 505-522.

③ Deutsch J., Silber J., Measuring Multidimensional Poverty: An Empirical Comparison of Various Approaches, *Review of Income and Wealth*, 2005, 51(1): 145-174.

根据下文的实证结果,无论考虑何种加权方案,所有主要结果都保持不变,因此将在正文中显示基于 PCA 的权重的结果。

根据 PCA 方法,第一个主成分能够解释所考虑维度总方差的 19.01%。如果查看其他主成分,解释方差的下降幅度特别大,如第二个主成分只能解释总方差的 6.45%(为第一个成分解释的方差的三分之一),按照该方法这一百分比随着主成分增加而下降。尽管 PCA 方法保证第一个主成分对解释总方差的贡献率最大,但其他的证据也表明第一个主成分也是对于其他信息最有效的统计量。

表 3-16 显示了四种权重方法中每个维度下每个指标所对应标准化后的权重。

表 3-16   四种权重方法中每个维度下每个指标所对应标准化后的权重

指标	权重			
	1	2	3	4
MD:冲水马桶	0.026	0.083	0.014	0.013
MD:电	0.026	0.083	0.029	0.005
MD:自来水	0.026	0.083	0.022	0.009
MD:室内淋浴和洗浴设施	0.026	0.083	0.014	0.015
MD:燃气	0.026	0.083	0.005	0.007
MD:暖气	0.026	0.083	0.004	0.005
ADL:能够步行 1 公里	0.026	0.016	0.027	0.045
ADL:能够从椅子上站起来	0.026	0.016	0.023	0.040
ADL:能够爬楼梯	0.026	0.016	0.019	0.039
ADL:能够弯腰、跪下、蹲下	0.026	0.016	0.022	0.041
ADL:能够伸手	0.026	0.016	0.029	0.039
ADL:能够举起	0.026	0.016	0.028	0.046
ADL:能够捡硬币	0.026	0.016	0.031	0.037
ADL:能够穿衣	0.026	0.016	0.031	0.048
ADL:能够洗澡	0.026	0.016	0.030	0.053
ADL:上/下床	0.026	0.016	0.030	0.048
ADL:能够吃饭	0.026	0.016	0.031	0.042

续表

指标	权重			
	1	2	3	4
ADL:如厕	0.026	0.016	0.028	0.049
ADL:排尿/排便	0.026	0.016	0.031	0.035
IADL:做家务	0.026	0.016	0.029	0.054
IADL:煮饭	0.026	0.016	0.029	0.053
IADL:买菜	0.026	0.016	0.029	0.049
IADL:会吃药	0.026	0.016	0.028	0.042
IADL:会理财	0.026	0.016	0.030	0.036
CD:高血压	0.026	0.016	0.024	0.014
CD:高血脂	0.026	0.016	0.029	0.007
CD:糖尿病	0.026	0.016	0.030	0.008
CD:癌症	0.026	0.016	0.032	0.003
CD:慢性肺炎	0.026	0.016	0.029	0.012
CD:肝病	0.026	0.016	0.031	0.004
CD:心脏病	0.026	0.016	0.028	0.013
CD:中风	0.026	0.016	0.031	0.019
CD:肾病	0.026	0.016	0.030	0.008
CD:胃病	0.026	0.016	0.025	0.009
CD:精神疾病	0.026	0.016	0.032	0.008
CD:记忆相关疾病	0.026	0.016	0.032	0.018
CD:关节炎	0.026	0.016	0.021	0.017
CD:哮喘	0.026	0.016	0.031	0.010

注:"1"表示"等权重法","2"表示"维度等权重","3"表示"频率加权法","4"表示"PCA加权法"。对于每个变量,表中显示了每一种权重方法下每个指标所对应的权重。MD(material deprivation)代表物质剥夺,ADL代表日常生活活动能力,IADL代表工具性日常生活活动能力,CD(chroinc disease)代表慢性病。对于MD的维度,如果家中有此设施,则指标取值为1,否则为0。对于ADL、IADL和CD的维度,如果个人没有遇到问题,则指标取值为1,否则为0。

（3）个体幸福指数计算

个人幸福指数首先是在个人层面上进行计算的，方法是根据物质剥夺和健康两个维度定义的一系列指标，对个体经济与非经济成就进行加权求和。由于权重标准化和所用指标的二元性质，构建的幸福指数介于 0 和 1 之间。

表 3-17 为多维幸福指数分布的结果，总结了所考虑的四分位数下幸福指数分布的特征。

在农村和城市样本中，平均而言，教育水平较高人群的排名高于受教育程度较低的人群，农村样本的幸福感在教育水平上的差异为 6.5 个基点，城市样本为 7.3 个基点。所有这些差异在统计上都具有显著性。

对于其他四分位数也发现类似的结论。在城市和农村样本中，教育水平较高的个体的幸福感分布的第一、第二和第三个四分位数显著较高。接下来，将通过回归方法评估这些差异在控制个体和家庭特征后是否仍然显著。

表 3-17　多维幸福指数分布

幸福感分布	农村			城市		
	低教育水平	高教育水平	差别	低教育水平	高教育水平	差别
平均	0.835	0.900	0.065***	0.843	0.916	0.073***
第一个四分位数	0.783	0.881	0.099***	0.797	0.899	0.102***
第二个四分位数	0.893	0.939	0.046***	0.903	0.954	0.052***
第三个四分位数	0.948	0.965	0.017***	0.958	0.983	0.025***

注：*** 指 $p < 0.01$，** 指 $p < 0.05$，* 指 $p < 0.1$。

四、模型验证过程和实证结果

(一)描述性统计

本节用 OLS 回归模型进行分析，该模型中的因变量是多维幸福指数，并对其取对数，主要解释变量是以小学学历作为界限区分高学历和低学历，其他控制变量还包括出生队列、年龄多项式、性别、婚姻状况、孩子数量、家庭成员数、生活地区和常数项。

如表 3-18 所示，首先，数据列项 A 说明了回归中使用的所有变量的描述性统计结果。接着，我们按照户口类型分别对农村和城市样本估计回归模型,以探究教育对幸福的回报率在两个群体中的差异是否显著。由于样本可能包括同居伴侣,我们通过在家庭层面对标准误进行聚类,以解释误差项中的家庭内部相关性。

表 3-18　描述性统计表

变量	定义	农村		城市	
		观测值	平均	观测值	平均
数据列项 A:在所有回归分析均加入的控制变量					
学历	变量=1,当受访者教育水平高于小学学历	24233	0.253	7006	0.649
出生队列 1	变量=1,当受访者在 1940—1949 年之间出生	24233	0.224	7006	0.248
出生队列 2	变量=1,当受访者在 1950—1959 年之间出生	24233	0.371	7006	0.347
出生队列 3	变量=1,当受访者在 1960 年及以后出生	24233	0.301	7006	0.266
年龄	年龄	24233	58.909	7006	60.218
年龄^2	年龄的平方	24233	3568.188	7006	3728.949
女性	变量=1,当受访者为女性	24233	0.531	7006	0.481
已婚	变量=1,当受访者有同居伴侣	24233	0.877	7006	0.884
孩子数量	孩子数量	24233	2.716	7006	2.10
家庭成员数	家庭成员数	24233	4.276	7006	3.781
西部	西部地区	24233	0.338	7006	0.284
东部	东部地区	24233	0.321	7006	0.276
中部	中部地区	24233	0.290	7006	0.278
数据列项 B:早期成长环境					
母亲是否健在	变量=1,当受访者 5 岁时母亲健在	15144	0.973	4047	0.984

续表

变量	定义	农村		城市	
		观测值	平均	观测值	平均
父亲是否健在	变量＝1,当受访者5岁时父亲健在	15144	0.954	4047	0.964
母亲学历	变量＝1,当受访者母亲教育水平高于小学学历	15144	0.098	4047	0.232
父亲学历	变量＝1,当受访者父亲教育水平高于小学学历	15144	0.358	4047	0.552
饥饿	变量＝1,当受访者0～5岁间没有经历过饥饿	15144	0.619	4047	0.710
饮用水	变量＝1,当受访者0～5岁间家里有干净的水	15144	0.010	4047	0.138
电	变量＝1,当受访者0～5岁时家里有电	15144	0.057	4047	0.290

(二)OLS回归模型分析

1. PCA方法

PCA即主成分分析,又称主分量分析。在统计学中,PCA是一种简化数据集的技术,是一个线性变换。它是指通过正交变换将一组可能存在相关性的变量转换为一组线性不相关的变量,转换后的这组变量就叫主成分。这种方法普遍使用。这个变换把数据变换到一个新的坐标系中,使得任何数据投影的第一大方差在第一个坐标(称为第一主成分)上,第二大方差在第二个坐标(第二主成分)上,以此类推。

2. 基于OLS的结果

如表3-19显示,在农村和城市样本中,教育水平高的个体,预计在晚年会拥有更高的幸福感。基于PCA加权法,在农村样本中,接受更高的教育可以增加幸福指数约2.33%[＝exp(0.023)−1]。而对于城市样本来说,接受同等教育对幸福指数的影响,则比农村样本多了一倍,达到了5.23%[＝exp(0.051)−1]。两个样本均具有统计显著性。

总体而言,通过研究,个体对更高的教育水平的投资会增加个体晚年的幸福感(也即幸福指数)。更进一步地说,假如个体能够从更具包容性的社会政策中受益的话,则教育水平的提高对幸福指数的回报会更高。

表 3-19　城乡户口持有者的教育水平对晚年幸福感的影响:高教育水平对比低教育水平

户口类别	OLS 回归	第一个四分位数回归	第二个四分位数回归	第三个四分位数回归
城市	0.051***	0.055***	0.029***	0.016***
	(0.007)	(0.008)	(0.004)	(0.002)
农村	0.023***	0.029***	0.014***	0.007***
	(0.004)	(0.004)	(0.002)	(0.001)
差别	0.028***	0.026***	0.015***	0.009***
	(0.008)	(0.010)	(0.004)	(0.003)

注:1.回归分析控制了年龄及年龄的平方、性别、同居伴侣的存在、孩子数量、家庭成员数和生活地区等变量。

　　2.括号内为稳健标准误,标准误被聚类修正以解释误差项中的家庭内部相关性。

　　3.*** 指 $p<0.01$,** 指 $p<0.05$,* 指 $p<0.1$。

(三)分位数回归方法检验

为了更进一步探究教育水平的高低与老年人幸福感的关系,文中使用分位数回归方法(quartile regression)来检验该关系。

1. 释义

所谓的分位数回归方法是指:给定回归变量,估计响应变量条件分位数。它不仅可以度量回归变量在分布中心的影响,而且可以度量在分布上尾和下尾的影响,因此较之经典的 OLS 回归具有独特的优势。它是计量经济学的研究前沿方向之一,利用解释变量的多个分位数(例如四分位、十分位、百分位等)来得到被解释变量的条件分布的相应的分位数方程,可以更详细地描述变量的统计分布。

使用该方法的主要目的是探究教育与晚年幸福感之间的关系是否随着幸福感分布而发生变化。在幸福感分布中,排名不同的个体可能在父母背景、先天能力、家庭关系和社交网络方面具有不同的特征,而这些特征可能会影响教育与幸福感之间的关系。例如,父母背景比较丰富,或者父母教育水平高,可能会降低教育对其晚年幸福感的影响程度。相反,对于来自弱势家庭的个体来说,教育可能是改变他们一生幸福的主要工具。

2. 基于分位数回归的结果

分数位回归方法对同一组解释变量进行了第一个四分位数、第二个四分位数和第三个四分位数回归,其结果见表3-19。

之前发现的规律再次得到证实,即教育水平高与城乡户口持有者晚年的幸福感有着显著的正向关系。此外,城市样本中高学历人群的幸福感分布右移,在第一个四分位数、第二个四分位数和第三个四分位数中,教育对幸福的回报率比低学历人群高,分别是5.65%、2.94%和1.61%。

在农村样本中也发现了类似的规律。与OLS方法显示结果一致,城市户口持有者从教育中获得的收益明显更高。

鉴于CHARLS参考人群(45岁或以上的个体)的性质,我们样本中大约25%的样本至少是65岁,10%的样本至少是75岁。样本中年龄最大的个体,由于死亡风险可能较大,会导致估计中产生选择性偏误。因此,在排除了65岁及以上的样本之后,进行同样的回归分析,所有的验证结果均成立。

使用分位数回归方法可以检验不可观测的个体特征的异质性,即:教育对于个人幸福感的作用是否会以及如何沿着幸福分布的变化而变化。这些个体特征包括社会经济和健康状况相关的因素,例如遗传、技能和社交网络。

检验结果清楚地指出,当我们考虑幸福分布的不同分位数时,随着分位数变高,幸福感的教育回报会降低。无论是农村还是城市样本中,幸福指数分布的第三个和第一个四分位数之间的教育系数差异为负的值,且在任何显著性水平上都具有统计显著性。在农村户口和城市户口持有者中,均发现第一个四分位数的教育回报率明显高于第三个四分位数的教育回报率。在农村和城市样本中,在幸福指数分布中排名较差的人群,也是那些预计会从更高的教育水平中受益更多的人群。

(四)教育水平的不同定义方法

1. 城乡户口持有者的差异

图3-4显示,城乡户口持有者的教育水平分布存在明显差异。在农村样本中,小学学历及以下的个人比例比城市样本多了一倍左右。农村户口持有者拥有初中学历的比例约为城市样本比例的二分之一,高中学历及以上的比例约为城市样本比例的六分之一。

基于此,有可能存在以下情况,即:城市户口持有者幸福的教育回报率更高,与他们的户口类型无直接关联。因为根据现有的教育水平虚拟变量,城市户口持有者被分配到教育水平更高的组,会比农村户口持有者更有可能享受到更高的教育水平的机会。

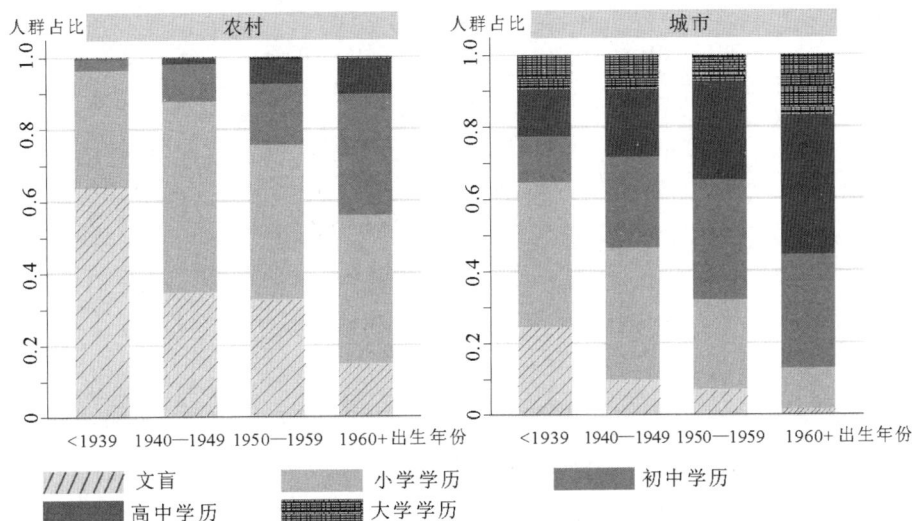

图 3-4 教育水平在样本中的分布情况

2. 验证结果是否具有影响

为了检验结果是否受以上问题的影响,文中定义了一组更精细的教育水平虚拟变量,区分了四种级别的教育水平,它们是:文盲(即没有受过任何教育)、小学学历、初中学历和高中学历及以上。这种分类方法可以显著降低同一类别的户口持有者在每个教育水平分类下的异质性,并且能更细致地比较城乡之间的幸福指数差异。

在回归模型中,我们将至多获得小学学历群体作为基准组。表 3-19 的"OLS 回归"一列显示,在农村和城市样本中,拥有初中学历或高中学历及以上的老年人的幸福感更高。但对比不同户口类型持有者,城市户口持有者的幸福感提升明显更多。例如,在城市样本中,拥有初中学历的人比小学学历的人幸福感多了 3.46％,而在农村样本中,这一比例仅为 1.11％,二者均在统计意义上显著。相反,对比基准组,文盲组的幸福感水平则更低,但在不同户口类型之间没有发现显著差异。

表 3-19　城乡户口持有者的教育水平对晚年幸福感的影响：
文盲、小学学历、初中学历和高中学历及以上

变量	OLS 回归	第一个分位数回归	第二个分位数回归	第三个分位数回归
文盲				
城市	−0.019	−0.034	−0.017*	−0.008*
	(0.015)	(0.029)	(0.009)	(0.004)
农村	−0.039***	−0.042***	−0.024***	−0.009***
	(0.005)	(0.006)	(0.003)	(0.001)
差别	0.020	0.008	0.007	0.001
	(0.016)	(0.027)	(0.009)	(0.004)
初中学历				
城市	0.034***	0.041***	0.024***	0.012***
	(0.009)	(0.010)	(0.004)	(0.002)
农村	0.011**	0.016***	0.008***	0.004***
	(0.004)	(0.004)	(0.002)	(0.001)
差别	0.023**	0.025**	0.016***	0.007***
	(0.010)	(0.010)	(0.005)	(0.003)
高中学历及以上				
城市	0.059***	0.056***	0.030***	0.015***
	(0.008)	(0.009)	(0.004)	(0.002)
农村	0.018***	0.030***	0.011***	0.007***
	(0.006)	(0.005)	(0.002)	(0.001)
差别	0.041***	0.025**	0.019***	0.009***
	(0.010)	(0.011)	(0.005)	(0.003)

注：1.回归分析控制了年龄及年龄的平方、性别、同居伴侣的存在、孩子数量、家庭成员数和生活地区等变量。

2.括号内为稳健标准误，标准误被聚类修正以解释误差项中的家庭内部相关性。小学学历作为基准组。

3.*** 指 $p<0.01$，** 指 $p<0.05$，* 指 $p<0.1$。

表 3-20 也对幸福分布的第一个、第二个和第三个四分位数进行检验。研究结果说明，通过更严格的教育变量分类方法得到的结果与主要模型中

更简洁的二元变量的结果一致。也即在农村和城市样本中,教育水平更高的个体在晚年幸福感水平更高。故此,更高的教育水平给城市户口持有者带来的幸福感的回报率更大,特别是在第一个和第二个四分位数上。

(五)户口类型

CHARLS 数据记录了受访者在生命周期历程中户口的变化,问卷中的问题包含现在的户口类型和人生第一个户口类型。数据显示,样本户口类型有变化的比例并不高。只有11%的受访者的农村户口转为城市户口,几乎所有城市户口持有者户口类型都没有发生变化。截止到 2013 年,只有2%的样本(38 人)由城市户口转变为农村户口。

有的人可能会认为,在其他一切不变的情况下,对于那些一直持有农村户口的人来说,教育的幸福回报可能会比那些在他们生命的某个阶段成为或从出生开始就是城市户口持有者来说更低。为了检验这个问题,我们将样本分为三组:一是长期持有农村户口的人;二是农村户口转城市户口的人;三是长期持有城市户口的人。鉴于将户口从城市转移到农村的人群样本量非常小,可以忽略不计。

在三个子样本中分别估计 OLS 回归和分位数回归的结果。表 3-20 表明,教育水平高的个体总是与更高的幸福感相关。即使在长期持有农村户口的人中,幸福感的教育差异也相当大,且具有统计意义,但这一群体的教育回报率总体上明显低于其他群体。例如,表中"OLS 回归"一列显示,教育水平高且一直拥有城市户口的个体的幸福指数平均比教育水平低的人高出 5.2%。不难发现,在农村户口转城市户口的样本中,教育的幸福回报率与长期持有城市户口的人持平,但对于一直持有农村户口的人来说,教育对幸福指数的增长作用仅为其他两组的二分之一不到。

简而言之,无论哪种户口类型的群体,幸福分布的第三个四分位数的教育幸福回报率再次显著地低于第一个四分位数回归的结果。

表 3-20 城市、农村、农村转城市户口持有者的教育水平对晚年幸福感的影响:高教育水平对比低教育水平

户口类别	OLS 回归	第一个四分位数回归	第二个四分位数回归	第三个四分位数回归
城市—城市	0.052***	0.057***	0.029***	0.014***
	(0.010)	(0.012)	(0.006)	(0.003)

续表

户口类别	OLS 回归	第一个四分位数回归	第二个四分位数回归	第三个四分位数回归
农村—城市	0.053***	0.049***	0.031***	0.018***
	(0.012)	(0.013)	(0.006)	(0.003)
农村—农村	0.023***	0.029***	0.014***	0.007***
	(0.004)	(0.004)	(0.002)	(0.001)
差别：城市—城市对比农村—农村	0.029***	0.027**	0.015**	0.008**
	(0.011)	(0.012)	(0.006)	(0.003)
差别：农村—城市对比农村—农村	0.030**	0.020	0.017***	0.011***
	(0.012)	(0.013)	(0.006)	(0.003)

注：1.回归分析控制了年龄及年龄的平方、性别、同居伴侣的存在、孩子数量、家庭成员数和生活地区等变量。

2.括号内为稳健标准误，标准误被聚类修正以解释误差项中的家庭内部相关性。

3.*** 指 $p<0.01$，** 指 $p<0.05$，* 指 $p<0.1$。

(六)控制早期生活条件的影响

1. 财富与时间投资对早期生活的影响

大量的实证证据表明早期生活条件对晚年的社会经济结果会产生影响。[①] 父母在孩子身上投入的财富与时间会影响到孩子的健康和人力资源生产函数，更进一步会影响孩子的生命历程的成就。

例如，受过高等教育的父母可能会通过将优秀的基因传递给后代或者有效地利用与孩子在一起的时间来激发他们的能力使得他们获得更高的教育成就。[②] 此外，当父母的财富水平越高，孩子在教育和医疗保健需求方面越容易得到满足。布鲁内罗（G. Brunello）等人（2017）使用 SHARE 的数据

---

① Cunha，F.，Heckman，J. J.，Schennach，S.，Estimating the Technology of Cognitive and Noncognitive Skill Formation，*Econometrica*，2010，78(3)：883-931.

② Leibowitz，A.，Parental Inputs and Children's Achievement，*The Journal of Human Resources*，1997，12(2)：242-251.

来检验在 9 个欧洲国家中，教育对老年男性的生活和终生收入的影响。[①]
他们发现，教育的回报率因儿童时期的条件不同而有很大差异，特别是对于
童年时期家中几乎没有书籍的人来说，回报率较低。而拥有更多书籍的家
庭（这一点通常表示父母受过更多、更丰富的教育），可以通过对个体技能的
形成产生积极影响而增加教育对终生收入的积极影响。

马宗纳（2014）同样使用 SHARE 的数据，调查儿童时期社会经济地位
对晚年健康、认知和家庭收入的作用。他的结论表明更好的早期生活条件
可以改善老年人的福祉。因为好的认知功能可以使个人能够更好地借助金
融产品创造价值[②]，在生命周期中更聪明地管理自己的资产[③]以及避免出现
财务方面的问题[④]。

因此，根据马宗纳（2014）的观点，更富裕和受过更多教育的家庭背景可
以促进医疗保健投资（例如疫苗接种、定期就诊），从而养成更加健康的生活
方式，并且这些生活方式会对健康产生持久的影响。这也与格罗斯曼
（1972）提出的健康生产模型一致，模型主要结论就是：在给定时期，对健康
生产的更多投资，会增加未来所有时期的健康存量。[⑤]

基于以上的实证经验，早期生活条件可能是文中回归方程中很重要的
控制变量，并且会揭示教育和幸福之间的关系。

在富裕和受过良好教育家庭中长大的个体，可能会通过减少接受教
育的金钱约束，或通过对个体能力形成过程中产生积极影响，继而来影响
教育的程度。但是，早期生活条件对幸福感的影响不仅仅是通过教育
发生。

2. 设定虚拟变量验证

从上文得知，城乡户口持有者在社会政策之间存在着巨大的差异。

---

①　Brunello，G.，et al.，Books are Forever：Early Life Conditions，Education and Life-time Earnings in Europe，*The Economic Journal*，2017，127(600)：271-296.

②　Jappelli，T.，Padula，M.，Investment in Financial Literacy and Saving Decisions，*Journal of Banking & Finance*，2013，37：2779-2792.

③　Van Rooij，M. C. J.，et al.，Financial Literacy and Retirement Planning in the Netherlands，*Journal of Economic Psychology*，2011，32：593-608.

④　Lusardi，A.，Tufano，P.，Debt Literacy，Financial Experiences，and Overindebted-ness，*Journal of Pension Economics & Finance*，2009，14(4)：332-368.

⑤　Grossman，M.，On the Concept of Health Capital and the Demand for Health，*Journal of Political Economy*，1972，80(2)：223-255.

由此,按户口类型划分样本符合控制早期生活条件的必要性。然而,为了更好地控制早期生活条件,文中利用的 CHARLS 数据加入了受访者在 0~5 岁之间的一系列社会经济特征。

首先,文中定义两个虚拟变量,分别是受访者的父亲和母亲在其 5 岁时是否还健在。接着,继续加入两个虚拟变量,表明受访者父亲和母亲的教育水平是否高于小学学历。然后,再定义了一个虚拟变量,代表受访者在其 5 岁之前是否经历过饥饿。最后,定义了两个虚拟变量,分别是在受访者 5 岁之前居住的屋子里是否有干净的水和电。

如表 3-18 所示,其中一些指标的分布在不同户口类型之间存在显著差异。例如,在农村样本中,5 岁之前居住的屋子里有干净的水的样本仅占 1%,在城市样本中为 14%。只有 10% 的农村受访者的母亲拥有小学或更高学历,而在城市样本中,这一百分比跃升至 23%。农村样本中的受访者在生命的前 5 年经历饥饿的比例比城市样本高出约 10 个百分点。

为了更进一步验证,设定的变量来自 CHARLS 第三轮关于受访者生命的回顾性调查的数据。该数据通过人生中主要事件发生的节点重建个人生命历史的信息表,由于某些变量的数据缺失,加入早期生活条件后的样本量比主要回归略微减少。

表 3-21 显示了回归后的结果。从中发现,在控制早期生活条件之后,教育水平高的个体在晚年时也享有更高的幸福指数。而不同教育水平的群体的幸福感差异总是显著的,并且在城乡户口持有者中教育水平带来的幸福感差异会更大。

研究结果表明,比较具有相同户口类型的个体时,一旦消除了早期生活条件的异质性,则拥有较高教育水平的老年人在其晚年的幸福指数更高。但这并不意味着教育在决定老年人幸福指数方面就优于户口类型和早期生活条件,而是当户口类型和早期生活条件的异质性得到控制后,晚年的幸福指数仍然会受益于高教育水平带来的投资。

研究结果还表明,比较第三个和第一个四分位数回归的教育的幸福回报率差异得出的结论,与主要模型研究结果是完全一致的。

对于幸福感分布中排名较差的个体,教育的幸福回报率明显更高,即对于处于弱势的城乡老年人而言,教育投资的回报收益更高。

综上可得,在控制早期生活条件情况下,教育的晚年幸福回报仍然显著。

表 3-21 控制早期因素下城乡户口持有者的教育水平对晚年幸福感的影响：
高教育水平对比低教育水平

户口类型	OLS 回归	第一个分位数回归	第二个分位数回归	第三个分位数回归
城市	0.058***	0.062***	0.032***	0.016***
	(0.009)	(0.011)	(0.005)	(0.003)
农村	0.022***	0.034***	0.014***	0.007***
	(0.005)	(0.005)	(0.002)	(0.001)
差别	0.036***	0.028**	0.018***	0.009***
	(0.011)	(0.012)	(0.005)	(0.003)

注：1.回归分析控制了年龄及年龄的平方、性别、同居伴侣的存在、孩子数量、家庭成员
数和生活地区等变量。

2.括号内为稳健标准误，标准误被聚类修正以解释误差项中的家庭内部相关性。

3. *** 指 $p < 0.01$， ** 指 $p < 0.05$，* 指 $p < 0.1$。

五、研究的主要结论

中国人口正在经历老龄化的浪潮，预计到 2050 年，65 岁及以上人口的
比例将达到 26.1%，如何增加老年人的健康与幸福也成为国家政策的重点
之一。

由于我国户口政策的二元性特质，在评估中国教育差异时理应考虑这
一特殊的背景。20 世纪 50 年代末，中国政府开始实施户籍制度。该制度
将居民分别划分为农村户口持有者和城市户口持有者两类。户籍制度涉及
教育、住房、养老金制度和医疗保健等多方面的政策制定，这些政策的制定
和运用对于城市户口持有者更有利。直到近些年来，户口政策不断改革，二
元制的特性也在悄然变化中，或许有一天会完全变化。

教育可以通过多种渠道影响人们的幸福感。例如，教育水平更高的个
体可以改善人力资本和健康资本的形成，进而有利于幸福指数的建设。但
是有一个现象值得关注，那就是个人生活的社会经济环境可能会放大或减
少教育对其幸福指数回报率。

个体生活在不利的社会经济环境中，可能会削弱由高教育水平带来的
幸福指数收益。因为，这种环境可能无法提供所必需的制度和市场特征。

类似的问题已经在劳动经济学中得到研究,例如,基梅尔(J. Kimmel,1997)表明,在美国印第安男性和黑人女性的农村工人中,教育回报率较低。[①] 阿默尔穆勒(A. Ammermüller)和韦伯(A. M. Weber)(2005)发现,1985—2002 年间,东德的教育回报率略低于西德。[②] 布鲁内罗等人(2017)表明,对于家中书籍较少的个人,教育对其终生收入的影响较低,这与父母的文化和经济条件以及他们对孩子技能形成的投资有关。

本研究主要基于 CHARLS 在 2011 年和 2013 年的数据,这些样本涉及的是中国 45 岁及以上大多数人的生活轨迹,他们的成长期完全受到严格的户籍制度所产生的二元社会政策的影响。

文中通过 OLS 回归和分位数回归法来检验中国老年人幸福感与教育的回报率间的差异,以及这些差异是否或如何随户口类型不同而不同。

研究结果表明,教育水平越高的个体,其晚年的幸福指数也越高,充分说明了教育的投资对幸福的积累有着长期的积极影响。诚然,教育的投资给城市户口持有者带来的幸福回报率更高。

这一验证与上面的假设一致,即国家在社会政策方面提供的机会越多,个人从高教育水平中获得的收益就越高,投资产生的资源带来的福祉回报就越高。也就是说,中央和地方政府在改善教育机会方面,当提高教育水平与工作机会和医疗保健机会相匹配时,教育对福祉的回报就可以进一步提高,是一种正向关系。

在比较幸福感分布的分位数回归法中看到,在比较了教育水平高低与幸福指数回报率的差异时,教育在影响晚年幸福感方面的作用对于排名较差的个体来说更强。幸福感的教育回报率总体上在幸福感分布的第一个四分位数比在第三个四分位数更大。

这也进一步表明,通过教育资源的再合理分配,积极资助和帮助那些家庭背景较差的个体的教育,完全可以提高他们的教育回报率且效果更好。

研究结果最终表明,教育机会的公共投资是保护中国人晚年福祉的重要手段之一,同时若能够创造条件努力消除城乡户口持有者之间的社会政

① Kimmel, J., Rural Wages and Returns to Education: Differences between Whites, Blacks, and American Indians, *Economics of Education Review*, 1997, 16(1): 81-96.

② Ammermüller, A., Weber, A. M., *Educational Attainment and Returns to Education in Germany*, ZEW-Centre for European Economic Research Discussion Paper, No.05-017, 2005.

策的二元性，那么，每个个体的教育幸福指数回报可能会大大增强。

　　过去 20 年中，中国政府一直在不断地增加对教育领域的投资。因此，了解改善教育机会对于个体幸福感和福祉的长期影响，对完善相关政策具有重要意义。

第四章　成年经历:城镇化变革与老年人认知机制

第一节　中国城镇化政策变革发展及其特征

一、中国城镇化概述

(一)城镇化释义

城镇化是指农村人口不断向城市或乡镇转移,继而使城镇数量不断增多,达到城镇规模扩大化,是一个社会现象。城镇化犹如城市商业综合体一样,是一个人口综合聚焦后产生裂变的过程。最显著变化是农村地区人口数量和人口密度减少,而城镇人口数量不断递增以及人口密度增大,直接导致国民经济结构发生巨大改变。这是一个崭新的、具有文明进步的历史发展现象。城镇化主要表现在:其一,人们生活的地理环境转移和职业变更,由此产生生活方式和生活理念变化;其二,城市数量、人口增加促使城市规模不断升级,从而提高城镇的经济总量和现代化程度;其三,城镇人口聚焦,国家可以有效统筹经济发展,有足够的财力和物力来提高老年人的健康和幸福指数。

(二)中国城镇化政策变革发展各个阶段的特征

1.第一阶段:2002 年以前以发展新城镇为主

1978 年改革开放后至 1984 年,在经济发展的引领下,随着城乡间壁垒松动,中国城镇化是以小城镇迅速扩张、人口就地城市化为主。在 1985 年以后,主要采取乡镇企业和城市改革双重推动城市化,这个阶段以城市建设、发展新城镇、建立经济开发区为主,首先在沿海地区建立大量新兴的小城镇,再由沿海向内地全面展开。

2.第二阶段:2002—2010 年间提出中国式的城镇化

2002 年,在党的十六大报告中首次提出"全面繁荣农村经济,加快城镇化进程"。中央无论是经济会议还是政府工作报告,9 年间有 4 个文件涉及城镇化,从提出城镇化目标到政策制定与实施,在注重经济增长时,鼓励农村富余劳动力向非农产业和城镇转移,逐步将农业现代化与城镇化、工业化联系起来,逐步从"以大带小"的理念转变为把加强中小城市和小城镇发展作为重点,并且关注农业转移人口进城落户后城乡出现的新情况新问题。

3.第三阶段:2012—2014 年间提出中国的新型城镇化

本阶段前后只有 3 年时间,但有 9 个文件提出新型城镇化目标。

这个时期的政策建立在第一阶段的基础上,提出要把生态文明理念和原则全面融入城镇化全过程,提出工业化、信息化、城镇化、农业现代化同步发展,提出有序推进农业转移人口市民化,优化城镇化空间布局和形态,关注农民工及留守儿童等的户籍问题和社会保障问题,关注土地制度改革、城镇化融资问题。

4.第四阶段:2015—2022 年间提出以人为核心的新型城镇化

8 年间共有 18 个文件着重谈到城镇化,并且提到"坚持以人为核心,推进新型城镇化"。

这个时期的政策提出以人为核心的新型城镇化,提出新型城镇化与新农村建设双轮驱动、互促共进,提出"以城市群为主体构建大中小城市和小城镇协调发展的城镇格局",提出"两横三纵"的城镇化战略格局,即以陆桥通道、沿长江通道为两条横轴,以沿海、京哈京广、包昆通道为三条纵轴,以主要的城市群地区为支撑,以轴线上其他城市化地区和城市为重要组成部分。

二、中国城镇化政策变革发展的梳理总结

城镇化从提出概念到建设已经走过了几十个年头,从初期城镇化发展不均匀,到城乡二元结构造成的长期停滞状态,从党的十六大报告提出"走中国特色的城镇化道路",到党的十七大报告的进一步补充,即"按照统筹城乡、布局合理、节约土地、功能完善、以大带小的原则,促进大中小城市和小城镇协调发展",把概念逐渐变成目标。

党的十八大报告进一步提出了"新型城镇化",把目标更具体化了。2012 年中央经济工作会议提出"把生态文明理念和原则全面融入城镇化全过程,走集约、智能、绿色、低碳的新型城镇化道路",2015 年中央经济工作会议提出"推进城镇化,要更加注重以人为核心的理念"。2016 年《国务院关于深入推进新型城镇化建设的若干意见》中总结:"要坚持走以人为本、四化同步、优化布局、生态文明、文化传承的中国特色新型城镇化道路,以人的城镇化为核心,以提高质量为关键,以体制机制改革为动力,紧紧围绕新型城镇化目标任务,加快推进户籍制度改革,提升城市综合承载能力,制定完善土地、财政、投融资等配套政策,充分释放新型城镇化蕴藏的巨大内需潜力,为经济持续健康发展提供持久强劲动力"。

党的十九大报告提出的"以人为核心的新型城镇化",则已经把具体目标细化了。提出"以城市群为主体构建大中小城市和小城镇协调发展的城镇格局,加快农业转移人口市民化",并且在实施乡村振兴战略中提出"建立健全城乡融合发展体制机制和政策体系"。

任远(2022)认为,在城乡结构、城乡关系调整变化的过程中,通过乡村振兴和新型城镇化共同推进,形成城乡整体发展的格局,促进实现共同富裕的目标,是基于中国具体国情的城镇化发展道路。城乡整体发展的城镇化超越城乡分割和城市中心主义,追求城市和乡村的共同繁荣。在城乡整体发展视野下实现乡村振兴,一方面需要通过城乡联动加强对乡村的投资,另一方面需要培育乡村内部的力量来塑造内生的发展动力。通过完善治理机制,实现城乡整体发展,要求深化城乡统一市场建设,加强城乡发展的整体规划,推进城乡整体发展的制度改革,加强城乡整体发展的法治建设,加强社会建设和城乡居民的参与。①

三、中国城镇化与经济发展的文献梳理

上文主要从政策的角度分析中国城镇化,本部分将从经济学的角度,进一步分析城镇化与个人福利和国家经济之间的关系。中国城镇化一直是经济学研究密切关注的一个问题,小到个人消费水平,大到国家经济发展均与之紧密联系。

---

① 任远:《城乡整体发展和实现共同富裕:论中国城镇化发展的道路》,《苏州大学学报(哲学社会科学版)》2022 年第 4 期,第 1～9 页。

(一)城镇化与个人消费的关系

现有文献证明城镇化影响居民的消费水平,且关系较为复杂。雷潇雨和龚六堂(2014)的研究发现城镇化会影响居民的消费率,该文通过建立一个包含多种类型消费者(城市市民、城市非市民及农民)和地方政府的理论框架,选取全国 176 个城市 2001—2010 年的数据进行了实证检验。[①] 孔祥利和周晓峰(2021)以 2005—2019 年省级数据为基础,运用面板模型,分区域研究城镇化率差异对农村居民消费结构的影响程度。[②] 徐亚东等人(2021)使用 2005—2017 年省域面板数据研究城乡收入差距与城镇化对居民总消费的影响,发现城镇化能够提高居民总消费,且降低农村居民消费占比。[③] 朱勤和魏涛远(2016)在定量测度中国城乡居民年龄别消费模式的基础上,模拟分析未来人口变动对居民消费的影响,量化人口老龄化与城镇化的贡献率。[④] 温桂荣等人(2021)运用 1998—2018 年 31 个省份面板数据,首先将时间划分为 4 个阶段,将消费分为 8 大类,基于莫兰散点图分析城乡居民消费的空间结构演变规律;其次,采用空间杜宾模型分析城镇化对城乡居民消费的影响。[⑤]

(二)城镇化与产业产能的关系

刘航和孙早(2014)使用 2001—2012 年中国省级面板数据证实了城镇化与制造业产能过剩之间的关系。[⑥] 左鹏飞等人(2020)对互联网发展、城镇化与产业结构转型升级的关系进行了实证分析,基于 2003—2018 年中国 31 个省份的面板数据,利用系统 GMM 模型分析互联网发展以及互联网与城镇化融合发展对产业结构转型升级的动态效应与区域差异,进一步以城

①　雷潇雨、龚六堂:《城镇化对于居民消费率的影响:理论模型与实证分析》,《经济研究》2014 年第 6 期,第 44～57 页。

②　孔祥利、周晓峰:《城镇化率区域差异对农村居民消费结构的影响》,《西北大学学报(哲学社会科学版)》2021 年第 3 期,第 54～68 页。

③　徐亚东、张应良、苏钟萍:《城乡收入差距、城镇化与中国居民消费》,《统计与决策》2021 年第 3 期,第 102～106 页。

④　朱勤、魏涛远:《中国人口老龄化与城镇化对未来居民消费的影响分析》,《人口研究》2016 年第 6 期,第 62～75 页。

⑤　温桂荣、黄纪强、吴慧桢:《中国城乡居民消费的空间结构演变及城镇化影响》,《经济地理》2021 年第 5 期,第 85～94 页。

⑥　刘航、孙早:《城镇化动因扭曲与制造业产能过剩:基于 2001—2012 年中国省级面板数据的经验分析》,《中国工业经济》2014 年第 11 期,第 5～17 页。

镇化水平作为门槛变量,运用门槛效应模型实证考察了互联网发展与产业结构转型升级之间的非线性关系。[①] 徐海峰和王晓东(2020)基于产城融合视角的 PVAR 模型,从全国、区域及行业层面对系统间的相互作用强度与协调发展水平进行实证,研究现代服务业对城镇化的影响。[②] 相关研究发现城镇化对各地区产业的发展有着显著的影响。

(三)城镇化与乡村振兴的关系

朱纪广等人(2022)以中国劳动力动态调查数据为基础,研究城镇化对乡村振兴的影响效应与作用机制。[③] 张博胜和杨子生(2020)利用中国省级面板数据,运用空间计量模型,重点检验了 2010—2017 年间中国省域人口城镇化、土地城镇化和经济城镇化的农村减贫及其空间溢出效应。[④] 孙文婷和刘志彪(2022)基于 2013—2018 年 106 个城市的面板数据,测度了长江经济带数字经济发展水平。在此基础上,实证分析了数字经济影响农民增收的基本传导机制和异质性传导机制,并以城镇化水平作为门槛变量考察了数字经济与农民增收之间的非线性关系。[⑤] 现有文章均发现城镇化对乡村振兴与农村减贫有着促进作用。

(四)城镇化与城乡收入差距的关系

研究发现城镇化与城乡收入差距有着相辅相成的作用。例如,尹晓波和王巧(2020)通过研究金融发展、城镇化与城乡居民收入差距相互作用的理论与机制设计,以 1985—2017 年中国金融发展指标、城乡居民人均收入比率、城镇化水平数据为考察对象,对金融发展、城镇化水平与城乡居民收入差距的相关问题进行实证分析研究。[⑥] 董洪梅等人(2020)选择 2003—

① 左鹏飞、姜奇平、陈静:《互联网发展、城镇化与我国产业结构转型升级》,《数量经济技术经济研究》2020 年第 7 期,第 71～91 页。

② 徐海峰、王晓东:《现代服务业是否有助于推动城镇化?:基于产城融合视角的 PVAR 模型分析》,《中国管理科学》2020 年第 4 期,第 195～206 页。

③ 朱纪广、侯智星、李小建等:《中国城镇化对乡村振兴的影响效应》,《经济地理》2022 年第 3 期,第 200～209 页。

④ 张博胜、杨子生:《中国城镇化的农村减贫及其空间溢出效应:基于省级面板数据的空间计量分析》,《地理研究》2020 年第 7 期,第 1592～1608 页。

⑤ 孙文婷、刘志彪:《数字经济、城镇化和农民增收:基于长江经济带的实证检验》,《经济问题探索》2022 年第 3 期,第 1～14 页。

⑥ 尹晓波、王巧:《中国金融发展、城镇化与城乡居民收入差距问题分析》,《经济地理》2020 年第 3 期,第 84～91 页。

2016 年中国东北老工业基地 34 个地级及以上城市城乡居民收入差距的面板数据,对老工业基地振兴过程中的产业结构升级和城镇化进程对于城乡居民收入差距的影响进行了实证分析。①

(五)城镇化与能源的关系

罗栋燊等人(2022)考察了城镇化、消费结构升级的碳减排效应,分析了城镇化影响消费结构升级进而影响碳排放的理论机制,构建了 STIRPAT 模型和中介效应模型,并以省级面板数据为样本进行了实证检验。② 王立平和鲍鹏程(2021)基于卫星监测的夜间灯光数据构造的夜间灯光强度表征城镇化水平及专利授权数度量区域创新能力,利用 2006—2017 年中国 286 个地级市面板数据,就城镇化水平对区域创新的影响及其作用机制进行了实证考察。③ 柳清瑞和唐璐(2022)利用 2005—2019 年省级面板数据,采用系统广义矩估计法(SYS-GMM)和门槛效应模型,分别从需求侧和供给侧检验城镇化对能源消费的推拉效应及其影响因素,分析不同阶段城镇化影响能源消费的变化规律及传导机制。④

(六)城镇化与经济增长的关系

陈俊梁等人(2022)在汇总已有学者相关研究成果的基础上,基于物质资本、人力资本、土地资本、技术水平、消费水平和产业结构共 6 个中介因素,构建了含有 8 个潜变量、21 个观测变量的 PLS 结构方程模型。然后,以长三角城市群 2010—2018 年的面板数据为基础,运用 SmartPLS 3.0 工具对长三角城市群城镇化促进经济增长的影响效应和影响路径进行了实证研究。⑤ 研究发现城镇化会促进经济发展。

---

① 董洪梅、章磷、董大朋:《老工业基地产业结构升级、城镇化与城乡收入差距:基于东北地区城市的实证分析》,《农业技术经济》2020 年第 5 期,第 107~118 页。

② 罗栋燊、沈维萍、胡雷:《城镇化、消费结构升级对碳排放的影响:基于省级面板数据的分析》,《统计与决策》2022 年第 9 期,第 89~93 页。

③ 王立平、鲍鹏程:《中国的城镇化推进与区域创新:来自卫星灯光数据的经验证据》,《技术经济》2021 年第 7 期,第 11~21 页。

④ 柳清瑞、唐璐:《城镇化对能源消费的推拉效应及其影响因素:基于门槛效应模型的实证检验》,《资源科学》2022 年第 5 期,第 1022~1035 页。

⑤ 陈俊梁、史欢欢、林影、毛丹:《城镇化对经济增长影响的路径分析:基于长三角城市群的研究》,《经济问题》2022 年第 4 期,第 49~57 页。

四、中国城镇化变革的意义

中国特色的城镇化是现代化发展的必由之路,是解决农业、农村、农民"三农"问题的基本途径之一,是推动区域经济社会协调发展的有力支持,是促进产业结构升级改造的主要路径之一,对于加快社会主义现代化建设具有重大的现实意义和深远的历史意义。

拥有十几亿人口的中国用了几十年的时间去实现城镇化,算是一个创举。城镇化的发展过程有益于劳动生产率不断提高,让一直以来困扰我国经济社会发展的城乡二元结构问题得以解决,这将有利于促进城乡共同富裕,对世界无疑是个好事。

对于个人而言,城镇化经历是人生中一个重要的阶段,城镇化带来的就业、消费水平、工资水平、生活环境、基础设施、教育、医疗服务以及其他公共服务的改变均与个人终身福祉息息相关,紧密联系,有利于提高老年人晚年的生活质量、健康水平与幸福感。

第二节　城镇化对中老年人认知功能的影响

一、城镇化与认知功能间可能存在的联系

(一)概念释义

认知功能,通常包括个体的心智完整性和情景记忆[1],与日常生活中处理信息的能力、生活质量和医疗支出密切相关[2]。

认知功能演变成认知障碍。认知功能会随着年龄的增长而衰退,形成

---

① Qin, T.(秦婷婷), et al., Association between Anemia and Cognitive Decline among Chinese Middle-aged and Elderly: Evidence from the China Health and Retirement Longitudinal Study, *BMC Geriatrics*, 2019, 19(1): 1-13.

② Liu, Y., et al., A Prospective Study on the Association between Grip Strength and Cognitive Function among Middle-aged and Elderly Chinese Participants, *Frontiers in Aging Neuroscience*, 2019, 11: 250. Alzheimer's Association, Alzheimer's Disease Facts and Figures, *Alzheimers & Dementia*, 2021, 17(3): 327-406.

认知障碍,并且在老年人群体中恶化得更快。[1] 据估计,我国 60 岁及以上人群中约有 20% 存在轻度认知障碍[2],认知障碍的年龄标准化发生率在 2014 年时约为 10.09‰[3]。研究报告称,中国老年人阿尔茨海默病患病率约为 6.19%,每年约有 6% 的轻度认知障碍老年人发展为阿尔茨海默病。[4]

认知障碍的危害。当认知功能因为衰退逐步演变成认知障碍,会影响到个体和家庭的日常生活。认知障碍(cognitive impairment,CI)将导致生活水平下降,并带来巨大的疾病负担。在快速老龄化的背景下,随着老年群体人数的不断增多,对个人和社会而言,认知相关疾病的负担无疑会增加。

识别影响认知障碍的因素亟待重视。如何预防认知障碍已成为老龄化社会需要攻克的公共健康问题。因此,识别影响认知衰退的潜在因素,寻找延缓认知衰退速度的方法对于个人和社会而言都是非常重要的,具有现实意义。

(二)城镇化与个体健康的关系

城镇化被广泛认为是一种健康转型的重要经历[5],对个体的健康起着重要作用。从生物学角度来看,早期接触城市环境可能会促进大脑前额叶灰质的发育,从而进一步影响成年人健康的执行功能。[6] 尽管城市提供了

---

[1] Prince，M.，et al.，*World Alzheimer Report*，*The Global Impact of Dementia—An Analysis of Prevalence*，*Incidence*，*Cost and Trends*，London：Alzheimer's Disease International，2015.

[2] Ding，D.，et al.，Prevalence of Mild Cognitive Impairment in an Urban Community in China：A Cross-sectional Analysis of the Shanghai Aging Study，*Alzheimer's & Dementia*，2015，11(3)：300-309.

[3] Gao，M.，et al.，The Time Trends of Cognitive Impairment Incidence among Older Chinese People in the Community：Based on the CLHLS Cohorts from 1998 to 2014，*Age and Ageing*，2017，46(5)：787-793.

[4] Ding，D.，et al.，Progression and Predictors of Mild Cognitive Impairment in Chinese Elderly：A Prospective Follow-up in the Shanghai Aging Study，*Alzheimer's & Dementia*，2016，4：28-36.

[5] Teo，K.，et al.，The Prospective Urban Rural Epidemiology (PURE) Study：Examining the Impact of Societal Influences on Chronic Noncommunicable Diseases in Low-，Middle-，and High-income Countries，*American Heart Journal*，2009，158(1)：1-7.

[6] Liu，Y.，et al.，Predicting Cognitive Function Based on Physical Performance：Findings from the China Health and Retirement Longitudinal Study，*Aging Clinical Experimental Research*，2021，33(10)：2723-2735.

经济机会、医疗保健和文化熏陶,但城市人口规模和密度的增加提高了生活的成本,带来了污染,增加了健康问题。[①]

关于城镇化对健康影响的讨论通常基于两种不同的方法,即"城市健康优势"方法和"城市健康惩罚"方法。这两种方法分别从不同的角度理解城镇化与健康的关系。"城市健康优势"方法表明,城镇化进程和城市生活意味着可以更好地享受医疗资源、教育机会、基础设施、改善的卫生条件和就业机会,这些被认为可以提高健康水平。[②] 而"城市健康惩罚"方法认为,快速发展的城镇化可能给健康带来负面的影响,主要因为它使个人暴露在不健康的环境中。例如,城镇化进展快速可能产生如下的现象:交通拥挤、传染病、失业、较高的贫困率、人口密度高、不平等的公共服务、更多的环境污染。[③] 伴随着城市人口在短时间内急剧上升,医疗资源的投入往往严重滞后,拥挤效应使获取医疗服务的成本增加。[④]

综上所述,从理论的角度来看,城镇化对个体健康水平总的影响并没有统一的结论。

(三)城镇化与认知功能的关系

1.城镇化可能与认知功能有关联

近期的实证研究表明,城镇化可能与认知功能有关,但结果并不明确。[⑤] 一些研究发现,城镇化率更高的城市地区往往伴随着较低的认知障碍风险。[⑥] 另一些研究发现在城镇化率高的地区,过度拥挤和污染暴露也

---

① Mullen, P., et al., *Urban Health Advantages and Penalties in India: Overview and Case Studies*, Washington, D.C.: World Bank, 2016.

② Galea, S., et al., Cities and Population Health, *Social Science & Medicine*, 2005, 60(5): 1017-1033.

③ Dye, C., Health and Urban Living, *Science*, 2008, 319(5864): 766-769. 黄爱群等:《城市流动儿童腹泻和咳嗽患病及影响因素分析》,《中国妇幼健康研究》2008年第19期。周宏春、李新:《中国的城市化及其环境可持续性研究》,《南京大学学报(哲学·人文科学·社会科学)》2010年第4期。

④ 吴晓瑜、李力行:《城镇化如何影响了居民的健康?》,《南开经济研究》2014年第6期,第58~73页。

⑤ Ye, X.(叶欣), et al., Direct and Indirect Associations between Childhood Socioeconomic Status and Cognitive Function in Middle-aged and Older Adults in China, *Aging & Mental Health*, 2021:1-8.

⑥ Robbins, R. N., et al., Impact of Urbanization on Cognitive Disorders, *Current Opinion in Psychiatry*, 2019, 32(3): 210.

与认知控制下降和空间记忆受损有关。[①] 在印度和中国等一些发展中国家，城镇化对认知功能的影响及其途径则显得更为复杂，因为这些地区的城镇化进展迅速，超出了正式的规划及管制，这往往会造成无序扩张。

城镇化通常可以彻底改变一个人的生活状况。根据拐点理论，城镇化被认为是生命历程中的一个重要转折点，通过提供更好的医疗保健设施、改善生活条件和提供经济机会来提高个人的认知功能。[②]

托德和沃尔平（2003）提出的技能生产函数将认知功能类比成认知流和认知资本存量。他们认为早期干预或早年生活冲击是人们在生活中积累认知技能的一种方式，从而对教育、就业和社会参与产生影响，进而获得更高水平的认知成就。与城市居民相比，农村居民通常暴露在认知刺激较少的环境中，并且通常就业机会和教育机会有限。[③]

在中国，由于长期存在的户籍制度，城乡差异则可能会更加明显。没有城市户口的非城市居民无法享受与城市居民相同的福利制度，无法享受基础设施和医疗保健方面的优势。[④] 不安全的卫生条件、过度拥挤、嘈杂和被污染的生活条件也可能对农村居民的认知功能构成威胁。[⑤]

此外，贫穷和不利的社区条件可能导致社会活动参与的机会和数量减少，这就更进一步阻碍了贫困农村居民的认知发展。[⑥]

然而，生活在城市地区也有不利的方面，比如城市生活带来的更大的社

[①] Cassarino, M., et al., Disabilities Moderate the Association between Neighborhood Urbanity and Cognitive Health: Results from the Irish Longitudinal Study on Aging, *Disability and Health Journal*, 2018, 11(3): 359-366.

[②] Spallek, J., et al., Prevention among Immigrants: The Example of Germany, *BMC Public Health*, 2010, 10(1): 56.

[③] Si, L., et al., Has Equity in Government Subsidy on Healthcare Improved in China? Evidence from the China's National Health Services Survey, *International Journal for Equity in Health*, 2017, 16(1): 6.

[④] Willmore, L., et al., Determinants of Offfarm Work and Temporary Migration in China, *Population and Environment*, 2012, 33(2-3):161-185.

[⑤] Qiu, Y.(邱筠), et al., The Impact of Indoor Air Pollution on Health Outcomes and Cognitive Abilities: Empirical Evidence from China, *Population and Environment*, 2019, 40(4): 388-410.

[⑥] Yang, F., et al., Stronger Increases in Cognitive Functions among Socioeconomically Disadvantaged Older Adults in China: A Longitudinal Analysis with Multiple Birth Cohorts, *International Journal of Environmental Research and Public Health*, 2020, 17(7): 2418.

会压力和紊乱的社交网络,与较低的认知功能有关。[①] 例如,Xu 等人(2017)发现中国老年人的居住状态与认知功能的变化之间存在关联。[②] 农村居民认知得分在初始水平上高于城市居民,但下降速度更快。一般而言,城镇化通过生活条件、就业、社会活动和卫生支出等不同机制影响个体的认知功能。

2.中国的城镇化

在过去的几十年里,中国经历了人类历史上前所未有的高速城镇化的进程。中国城市人口占比从 1987 年的 17.9%(国家统计局,2012)增长到2020 年的 63.89%。预测到 21 世纪中叶,中国城镇化率将达到 75%。[③] 中国仅仅用了 30 多年的时间,就实现了城镇化。而这一过程,英国用了 180年,美国用了 90 年,日本用了 60 年。

中国的计划城镇化。与其他发展中国家相比,中国的城镇化往往被认为是政府主导的项目,而不是无计划无监管展开的项目。[④] 因此,计划城镇化是中国最常见的城镇化类型之一,由政府主导,出于城市扩张、经济发展等目的,将城市周边的农村地区纳入城市中。与无规划的城镇化相比,计划城镇化对健康的积极影响更好,因为这一过程不会产生无规划的城镇化过程中的"副作用",如城市贫民窟。[⑤] 此外,计划城镇化通常提供了更好的设施和高质量的生活条件,这可能促使产生更高水平的认知功能。[⑥]

在城镇化的过程中,农村向城市流动的人口可分为两类。一种是非自愿重新定居群体,另一种是自愿移民群体。

① Dancygier, R. M., et al., Immigration into Europe: Economic Discrimination, Violence, and Public Policy, *Annual Review of Political Science*, 2014, 17(1): 43-64.

② Xu, H., et al., The Impact of Residential Status on Cognitive Decline among Older Adults in China: Results from a Longitudinal Study, *BMC Geriatrics*, 2017, 17(1): 1-11.

③ Van de Poel, E., et al., Is There a Health Penalty of China's Rapid Urbanization?, *Health Economics*, 2012, 21(4): 367-385.

④ Hu, Y.(胡耀月), et al., Rural-urban Disparities in Age Trajectories of Depression Caseness in Later Life: The China Health and Retirement Longitudinal Study, *PloS One*, 2019, 14(4): e0215907.

⑤ Hou, B., et al., Are Cities Good for Health? A Study of the Impacts of Planned Urbanization in China, *International Journal of Epidemiology*, 2019, 48(4): 1083-1090.

⑥ Huang, Y., Farewell to Villages: Forced Urbanization in Rural China, in Tang, Z. (ed.), *China's Urbanization and Socioeconomic Impact*, Singapore: Springer, 2017.

20 世纪 90 年代末以来，以经济发展、城市建设和土地利用为目的的城市扩张加快了城镇化的速度，导致了农村地区居民向新建城镇的非自愿迁移。[①] 虽然政府主导的城镇化进程带来了健康红利，但也会给非自愿移民带来不利的健康问题，可能导致认知功能低下。[②]

除了非自愿迁移之外，很大一部分人口从农村迁移到城市是为了追求更好的生活质量。根据健康移民效应的假设，移民过程具有健康红利，从农村迁移到城市的人会比留在农村地区的人更健康、更富有。[③] 因此，在确定城镇化对健康的影响时，很难确定在城市地区观察到的健康优势是健康移民效应的结果，还是城镇化本身所带来的结果，在大多数研究中也无法理清这两种影响。

中国的计划城镇化优势为研究城镇化对认知健康的影响提供了一个独特的机会，可以在排除掉健康移民效应影响之后单独探究城镇化本身对认知功能的影响。根据 Hou 等人（2019）的研究，可以通过识别出一个不受健康移民效应影响的城镇化人口群体（非自愿城镇化人口）来解决这个问题。这些非自愿城镇化的个体是在城市扩张过程中被城市吸收并居住在农村的人群，城镇化对这一人群的认知和健康影响几乎是外生的。此外，这些城镇化个体的早期生活体验与农村居民相似，后期生活体验与城市居民一致。

(四)研究意义

虽然越来越多的研究探讨了城镇化与健康认知的关系，但很少有研究探讨这一关系背后的机制。更重要的是，现有研究未能解决独立于健康移

---

① Duong, N., et al., Quantifying Urban Growth Patterns in Hanoi Using Landscape Expansion Modes and Time Series Spatial Metrics, *PLoS One*, 2018, 13(5): e0196940. Feng, J.(封进), et al., Balancing Act: Economic Incentives, Administrative Restrictions, and Urban Land Expansion in China, *China Economic Review*, 2015, 36: 184-197.

② Dancygier, R. M., et al., Immigration into Europe: Economic Discrimination, Violence, and Public Policy, *Annual Review of Political Science*, 2014, 17(1): 43-64.

③ Swerdlow, A.J., Mortality and Cancer Incidence in Vietnamese Refuges in England and Wales: A Follow-up Study, *International Journal of Epidemiology*, 1991, 20: 13-19. Chen, J., Internal Migration and Health: Re-examining the Healthy Migrant Phenomenon in China, *Social Science & Medicine*, 2011, 72(8): 1294-1301. Riosmena, F., et al., Explaining the Immigrant Health Advantage: Self-selection and Protection in Health-related Factors among five Major National Origin Immigrant Groups in the United States, *Demography*, 2017, 54: 175-200.

民效应的城镇化本身对认知功能的影响。因为健康移民群体的样本选择本身就是一个很大的干扰因素,可能导致研究结果的偏误,所以本节旨在探讨在排除健康移民效应影响情况下,城镇化对中国中老年人认知功能的影响及其可能的机制。

本节选用 2011 年的 CHALRS 数据,对非自愿城镇化个体与终身居住在农村和城市的个体间的认知功能进行了比较研究,调查对象为 45 岁以上的群体。

遵循之前的研究,认知功能的计算基于成人认知的两个领域:情景记忆和心智完整性。基于回归模型和路径分析模型的实证策略,通过路径分析进一步评估了这一关系背后潜在路径的直接和间接影响。研究结果可为城镇化进程中缓解认知障碍人群带来的压力和制定公共卫生政策提供一定的政策依据。

二、研究过程与实证方法

(一)数据及样本选择

本研究采用 CHALRS 的数据。基线 CHALRS 于 2011 年进行,涉及 10257 个家庭的 17708 名个人参与者,从 2013 年到 2018 年每两年随访一次。所有样本的应答率均高于 80%。

本研究使用了 CHALRS 在 2011 年的基线调查,因为 CHARLS 基线样本包含了足够多的、经历过城镇化的老年人群体,未使用 2011 年后的数据,是因为年轻群体可能没有经历过计划城镇化。CHARLS 问卷还提供了详细的移民历史、社会经济特征和认知测度等信息。参考已有研究的处理方法,为了估计计划城镇化对认知功能的影响,文中首先排除了有迁移经验的个体,然后删除了认知功能、城镇化、协变量和中介变量等信息缺失的个体。

研究对象选为 45 岁及以上的群体,因为 45 岁是预防老年认知衰退的窗口期,而这群人也见证了中国城镇化快速发展的全过程。研究中使用的最终样本包括 7807 名年龄在 45 岁或以上的中国中老年人。

(二)变量的选取

1.认知功能及认知功能计算

文中的因变量就是认知功能。认知功能通常包括记忆力、观点、心智完整性和注意力。

认知功能计算。在问卷调查的过程中，访问员使用认知状态电话访谈（TICS）、字词回忆和图形绘制等项目来测量认知功能。认知功能的计算基于三种衡量标准：心智完整性、情景记忆和总认知得分。心智完整性主要是通过 TICS 和图形绘制总分来进行测度。情景记忆是通过字词回忆来衡量的。总认知得分代表受访者的整体认知状态，为 TICS、字词回忆和图形绘制的总分，取值范围为 0～21 分。

文中的心智完整性包括定向能力①、计算能力、视觉能力和空间能力，由 TICS 和图形绘制测试综合总分构成（0～11 分）。虽然 TICS 被设计为使用电话进行，但它也可以面对面进行。CHALRS 采用面对面访谈的 TICS 方式对参与者进行调查。受访者被要求说出一年中的日期、星期、年份和季节，计算题要求受访者计算简单的数学题，比如从 100 中减去 7（最多减 5 次）。TICS 得分范围为 0～10 分。图形绘制测试要求参与者用两个重叠的五边形来绘制和复制这幅图，能复制出相似图片的人得 1 分，没有复制出图片的人得 0 分。

情景记忆法有两种表达方式：一是即时字词回忆测验，二是延迟字词回忆测验。采用这两种方式对情景记忆开展检测，具体是要求被测试者先认真听取面试官正在念的材料，完毕能立即重复面试官给出的 10 个中文字词，并在 5 分钟过后，被测试者再次回忆起 10 个中文字词（计分为 0～10 分）。

总认知得分为心智完整性的分数加上情景记忆的分数，取值范围为 0～21 分，得分越高表示认知功能越好。

2.城镇化类型群体的选择

本研究通过识别三类人群的差异来评估城镇化带来的影响：一是经历计划城镇化的居民，即在城市却拥有农村户口的人；二是城市居民，即生活在城市且一直拥有城市户口的人；三是农村居民，即拥有农村户口且一直生活在农村的人。为了区分这三类群体，首先剔除了有移民经历的人。所谓的移民是指人口在不同地区之间的迁移活动的总称，作为名词，是指人或人的集合（人群），即迁移人口的集合；作为动词，是指人口的迁移活动。移民不一定伴有国籍转变。

文中选用出生地、现居地和终身迁移记录栏目的信息来识别流动人口。所谓的流动人口，是指离开户籍所在地到其他地方居住的人口。流动人口

---

① 定向能力指一个人对时间、地点、人物和自身状态的认识能力。

是在中国户籍制度下的一个概念,但目前尚无明确、准确和统一的定义。国际上,类似的群体被称为"国内移民"(internal migration)。

流动与迁移是两种相似但又有区别的现象,流动人口与迁移人口虽然都进行空间的位移,但迁移是在永久变更居住地意向指导下的一种活动。我国的人口流动主要是由农村流向城市,由经济欠发达地区流向经济发达地区,由中西部地区流向东部沿海地区。

文中将现居地与出生地和出生地周边城镇或城市都不同的人识别为流动人口。然后,利用户口身份来识别城镇化的农村居民和城市非流动人口。

根据之前的研究,城镇化效应对经历了城镇化的群体的健康状况的影响被认为是外生的。

3.中介变量的遴选

本研究将社会参与度、生活条件、收入和医疗保健成本作为中介变量纳入研究。

选择衡量社会参与度的问题是:"你在过去的一个月里做过这些休闲活动吗?"社会参与度的指数表示从 0 到 11,共计 11 个选择题,即:(1)与朋友互动;(2)打麻将、下棋、打牌,或去社区俱乐部;(3)向家人、朋友、邻居提供帮助;(4)参加体育、社交或其他类型的俱乐部;(5)参加社区组织;(6)从事志愿、慈善工作;(7)照顾病残成人;(8)参加教育、培训;(9)进行股票投资;(10)利用互联网;(11)其他。之后对这 11 个选择题的得分进行求和。

接着,通过以下指标构建了一个家庭生活条件指数:(1)生活在混凝土、钢/砖和木材的建筑;(2)有可冲水的厕所;(3)有淋浴、沐浴设施;(4)有煤、天然气供应;(5)有电话连接;(6)宽带上网。对每个具体问题肯定回答的受访者获得 1 分,之后对得分进行求和,得出 0～6 之间的指数。

收入则以自报的家庭人均收入作为衡量依据;医疗保健成本以家庭灾难性医疗支出(catastrophic health expenditure,CHE)作为衡量依据,而 CHE 则被定义为超过某一家庭支付能力阈值的自付医疗支出。[①]

所谓的阈值,阈的意思是界限,故阈值又称临界值,是指一个效应能够产生的最低值或最高值。当自付医疗支出等于或超过一个家庭每月非食品支出的 40% 时(变量=1),就确定为发生了家庭卫生保健支出的家庭。未

---

① Xu, K., et al., Household Catastrophic Health Expenditure: A Multicountry Analysis, *The Lancet*, 2003, 362(9378):111-117.

发生家庭卫生保健支出(变量＝0)的家庭被定义为自付医疗支出低于家庭每月非食品支出的40％。

4.控制变量的确定

控制变量包括年龄(属于连续变量)、性别(女性＝1,男性＝0)、学历(初中及以上＝1,小学及以下＝0)、婚姻状况(已婚/同居＝1,无同居伴侣＝0)、家庭成员数(属于连续变量)、精神疾病(有＝1,无＝0)、糖尿病(有＝1,无＝0)、高血压(有＝1,无＝0)、抽烟(有＝1,否＝0)、饮酒(有＝1,否＝0)、地区(东＝0,中＝1,西＝0)。膝高视作早期生活状态的代表(连续变量)。[①]

(三)实证方法

根据中国户籍制度的规定,采用描述性统计方法对城乡居民、农村居民和城市居民的参与者的特征进行一一分析。为了检验城镇化与认知功能之间是否存在路径的关系,采用OLS方法。

无论是描述性统计方法还是OLS方法,均采用广义结构方程模型(structural equation model,SEM)来估计城镇化与认知功能之间的路径,并将其分解为直接效应和间接效应,在SEM分析中均对所有控制变量进行调整。SEM是一门基于统计分析技术的研究方法学,用于处理复杂的多变量研究数据的探究与分析。

三、描述性统计及主要实证结果

(一)描述性统计结果

描述性统计结果如表4-1所示。表中的数据列项显示了城镇化的农村居民、农村居民和城市居民的参与者的基本特征。

城镇化的农村居民组的认知功能优于农村居民组,但次于城市居民组。城镇化的农村居民组平均年龄为56.83(±8.70)岁,农村居民组平均年龄为58.74(±8.88)岁,城市居民组平均年龄为57.89(±8.67岁)。

与其他两组相比,农村居民组教育水平最低,收入最低,生活条件最差,社会参与度也最差。

---

① Webb, E., et al., Childhood Socioeconomic Circumstances and Adult Height and Leg Length in Central and Eastern Europe, *Journal of Epidemiology & Community Health*, 2008, 62(4): 351-357.

慢性病方面,农村居民组患精神疾病的比例最高,而城市居民组患糖尿病和高血压的比例最高。

城镇化的农村居民、农村居民和城市居民的家庭成员数分别为3.70（±1.69）、3.78（±1.90）和3.21（±1.43）。农村居民比城镇化的农村居民和城市居民更有可能拥有不健康的生活方式。例如,农村居民抽烟比例为39.42%,城镇化的农村居民为36.86%,城市居民为31.58%。

大量的城乡人口来自东部地区的农村非流动人口、中部地区的城市非流动人口和西部地区的城市非流动人口。

表4-1　描述性统计表

变量	城镇化的农村居民	农村居民	城市居民
自变量			
总认知得分,均值(SD)	10.46(3.58)	9.33(3.84)	11.94(3.51)
心智完整性,均值(SD)	6.87(2.69)	6.01(2.93)	7.74(2.46)
情景记忆,均值(SD)	3.60(1.63)	3.32(1.64)	4.20(1.76)
控制变量			
年龄,均值(SD)	56.83(8.70)	58.74(8.88)	57.89(8.67)
女性,人数(%)	450(56.60)	3336(53.82)	482(54.96)
已婚/同居,人数(%)	658(82.77)	5255(84.79)	750(85.52)
家庭成员数,均值(SD)	3.70(1.69)	3.78(1.90)	3.21(1.43)
低于小学学历,人数(%)	550(69.18)	4637(74.81)	336(38.31)
早期生活条件,均值(SD)	47.84(3.44)	48(12.56)	48.31(3.23)
精神疾病,人数(%)	7(0.88)	69(1.11)	7(0.80)
糖尿病,人数(%)	106(13.33)	919(14.83)	165(18.81)
高血压,人数(%)	180(22.64)	1399(22.57)	267(30.44)
抽烟,人数(%)	293(36.86)	2443(39.42)	277(31.58)
饮酒,人数(%)	261(32.83)	2487(40.13)	330(37.63)

续表

变量	城镇化的农村居民	农村居民	城市居民
生活地区			
东部,人数(%)	246(30.94)	2232(36.01)	276(31.47)
中部,人数(%)	254(31.95)	2038(32.88)	359(40.94)
西部,人数(%)	295(37.11)	1928(31.11)	242(27.59)
中介变量(机制)			
工资,均值(SD)	12058(41483)	6807(18965)	30042(70902)
生活条件,均值(SD)	2.53(1.48)	2.19(1.29)	3.55(1.57)
灾难性医疗支出,人数(%)	261(32.83)	1923(31.03)	294(33.52)
社会参与度,均值(SD)	0.62(0.92)	0.53(0.80)	0.66(1.14)

注:1.观测值为7807。

2.括号中 SD(standard deviation)代表标准差;括号中%代表百分比。

(二)OLS 估计结果

OLS 模型显示的是迁移和认知功能之间的关系,其结果见表 4-2。

在控制所有个人和家庭社会经济地位的变量后,城市居民的认知水平优于经历了城镇化的农村居民,其总认知得分和情景记忆得分的显著系数分别为 1.56(95% 置信区间:1.22,1.89)和 0.37(95% 置信区间:0.22,0.53)。

与城镇化的农村居民相比,农村居民的总认知得分($\beta = -0.79$,95% 置信区间:-1.04,-0.55)较差,心智完整性($\beta = -0.65$,95% 置信区间:-0.84,-0.57)和情景记忆($\beta = -0.14$,95% 置信区间:-0.26,-0.03)得分较低。

同时,文中用小样本对结果的异质性进行分析。首先,不难看出,女性和男性群体的分样本回归中得到了一致的结论。但是对于女性群体来说,农村居民与城镇化的农村居民的认知差距会更大。此外,文中采用 OLS 回归法对 45~59 岁组与 60 岁及以上组进行分年龄组别分析,得到的结果与全样本的结果一致(见表 4-3)。

因此,本研究的主要结果通过了异质性检验。

表 4-2 基于基准模型的 OLS 回归结果

变量	总认知得分	心智完整性	情景记忆
全样本			
类别			
城镇化的农村居民	1	1	1
农村居民	−0.79(−1.04,−0.55)	−0.65(−0.84,−0.57)	−0.14(−0.26,−0.03)
城市居民	1.56(1.22,1.89)	0.08(−0.17,0.34)	0.37(0.22,0.53)
男性			
类别			
城镇化的农村居民	1	1	1
农村居民	−0.47(−0.82,−0.11)	−0.42(−0.69,−0.15)	−0.04(−0.21,0.12)
城市居民	0.48(0.01,0.95)	0.08(−0.27,0.44)	0.40(0.18,0.63)
女性			
类别			
城镇化的农村居民	1	1	1
农村居民	−1.00(−1.34,−0.66)	−0.79(−1.05,−0.53)	−0.21(−0.37,−0.06)
城市居民	0.35(−0.10,0.81)	0.02(−0.33,0.37)	0.33(0.12,0.54)

注:1.所有模型均控制了年龄、性别、婚姻状况、教育水平、是否有精神疾病、是否有糖尿病、是否有高血压、早期生活条件、家庭成员数、是否抽烟、是否饮酒等变量。

2.括号中是 95% 置信区间。

表 4-3 不同年龄组别认知功能的 OLS 回归结果

变量	45～59	60＋
全样本		
类别		
城镇化的农村居民	1	1
农村居民	0.61(0.34,0.87)	−0.61(−0.87,−0.34)
城市居民	0.96(0.70,1.22)	0.35(0.01,0.69)

注:1.所有模型均控制了年龄、性别、婚姻状况、教育水平、是否有精神疾病、是否有糖尿病、是否有高血压、早期生活条件、家庭成员数、是否抽烟、是否饮酒等变量。

2.括号中是 95% 置信区间。

(三)机制分析

本研究对城镇化与个人认知功能的中间传递机制进行重点研究。从表4-4的数据列项,得出结论:无论是从直接效应还是间接效应,或者是总效应的角度,城镇化对认知功能均产生了显著的影响。

基于 SEM 模型,结构方程拟合情况较好:CFI＝0.901;RMSEA＝0.022。结果表明,城镇化对农村和城市居民的总效应分别是－0.930和0.736,且均在1％的水平上显著,即农村居民的认知功能比城镇化的农村居民低,而城镇化的农村居民的认知功能又比城市居民低。更进一步地说,可以把总效应分成直接效应和间接效应两项,其中直接效应为农村:$\beta＝-0.769$,城市:$\beta＝0.373$;间接效应为农村:$\beta＝-0.161$,城市:$\beta＝0.363$。

根据统计显著性,本研究发现城镇化与认知功能主要的传递渠道是通过生活条件的改善和人均工资的提高。

其中,农村居民与较差的生活条件和较低的人均工资相关,更进一步说,与较差的认知功能相关(农村→生活条件→认知功能:$\beta＝-0.096$;农村→人均工资→认知功能:$\beta＝-0.032$)。

而与城镇化的农村居民相比,城市居民与较好的生活条件和较高的人均工资呈正相关,故此,与较好的认知功能相关(城市→生活条件→认知功能:$\beta＝0.230$;农村→人均工资→认知功能:$\beta＝0.099$)。

此外,与城镇化的农村居民相比,农村居民的认知功能更差($\beta＝-0.769$)。

表 4-4　基于 SEM 机制分析的直接效应、间接效应与总效应

效应	β(95％置信区间)
总效应	
城镇化的农村居民	基准组
农村居民	$-0.930(-1.253,-0.606)$***
城市居民	$0.736(0.309,1.164)$***
直接效应	
城镇化的农村居民	基准组
农村居民	$-0.769(-1.090,-0.448)$***
城市居民	$0.373(-0.057,0.803)$

续表

效应	β(95%置信区间)
总的间接效应	
城镇化的农村居民	基准组
农村居民	$-0.161(-0.224,-0.099)^{***}$
城市居民	$0.363(0.253,0.473)^{***}$
具体的间接效应	
社会参与	
城镇化的农村居民	基准组
农村居民	$-0.021(-0.052,0.010)$
城市居民	$-0.018(-0.059,0.023)$
生活条件	
城镇化的农村居民	基准组
农村居民	$-0.096(-0.139,-0.053)^{***}$
城市居民	$0.230(0.153,0.308)^{***}$
人均工资	
城镇化的农村居民	基准组
农村居民	$-0.032(-0.056,-0.007)^{***}$
城市居民	$0.099(0.039,0.159)^{***}$
灾难性医疗支出	
城镇化的农村居民	基准组
农村居民	$0.005(-0.005,0.016)$
城市居民	$0.001(-0.011,0.012)$
生活条件→社会参与	
城镇化的农村居民	基准组
农村居民	$-0.005(-0.008,-0.002)^{***}$
城市居民	$0.012(0.004,0.019)^{***}$

续表

效应	β(95%置信区间)
人均工资→社会参与	
城镇化的农村居民	基准组
农村居民	$-0.003(-0.006,-0.001)^{***}$
城市居民	$0.010(0.003,0.016)^{***}$
灾难性医疗支出→社会参与	
城镇化的农村居民	基准组
农村居民	$0(0,0.001)$
城市居民	$0(0,0)$
人均工资→生活条件	
城镇化的农村居民	基准组
农村居民	$-0.009(-0.015,-0.003)^{***}$
城市居民	$0.029(0.017,0.040)^{***}$
灾难性医疗支出→生活条件	
城镇化的农村居民	基准组
农村居民	$0(-0.001,0.002)$
城市居民	$0(-0.001,0.001)$

注:1.所有模型均控制了年龄、性别、婚姻状况、教育水平、是否有精神疾病、是否有糖尿病、是否有高血压、早期生活条件、家庭成员数、是否抽烟、是否饮酒等变量。

2.括号中是95%置信区间。

3.***指 $p<0.01$,**指 $p<0.05$,*指 $p<0.1$。

四、研究的结论、意义及建议

(一)研究结论

本研究基于全国中老年人口追踪调查数据,试图评估计划城镇化对中国中老年人认知功能的影响,并探讨其背后各种机制的直接和间接影响。

研究结果显示,经历城镇化的农村居民的认知功能低于城市居民,但高于农村居民。鉴于此,城镇化可以通过环境的有益累积变化来发挥调节作用,在一定程度上弥补不利的早期生活条件带来的损伤,积极缩小城乡间的认知差距。诚然,城镇化并不能完全抵消不利的早期生活条件对认知功能的伤害,因为在比较城镇化的农村居民和城市居民时,认知功能仍然存在显著的差异。生命早期的负面影响可能导致生命周期累积了较多的不利因素,从而产生了某些不平等现象,并导致生命后期的不良健康结果。[1] 这些健康方面的不利因素很难通过城镇化进程中社会和经济条件的改善而彻底克服。

研究还发现,收入和生活条件两个指标是连接城镇化与认知功能的主要机制。因为,农村地区较低的收入水平和较差的生活条件与较差的认知功能有关联。以上实证及验证结果表明,人们是完全可以通过提高收入水平和改善生活条件等,起到受益于城镇化的正向认知功能效应。

(二)研究意义

本研究旨在直接研究中国的计划城镇化与认知功能之间的关系,并评估这种关系背后的不同机制,主要贡献是将城镇化对认知功能的影响从健康移民效应中分离出来。研究意义在于为"城市健康优势"理论提供一些实证支持,认为计划城镇化对个体的认知健康具有正向关系影响。

从实证数据中得出,城镇化的农村居民认知得分明显高于农村居民,说明城乡早期的认知差距可以通过之后的城镇化进程得到缩小,对于那些早期生活在农村且条件不好的人来说,他们的认知功能可以通过城镇化的过程得到改善。这一发现与之前在其他研究中观察到的关于暴露于不利的早期生活条件会对晚年认知功能产生长期影响的说法一致,而且这种负面影响可以通过晚年经历来缓解。

正如 SEM 模型的结果所显示的,生活条件的改善和收入水平的提高是城镇化与认知功能关联的主要调节因素。

首先,城镇化为改善家庭环境提供了机会,如拥有可冲水厕所、室内淋浴和沐浴设施,这些家庭设施对认知功能有积极的影响。改善基本的家庭设施,如互联网和电话,可以通过认知刺激降低认知障碍的可能性,从而对

---

① Dannefer, D., Systemic and Reflexive: Foundations of Cumulative Dis/advantage and Life-course Processes, *The Journals of Gerontology: Series B*, 2020, 75(6): 1249-1263.

中老年人的健康有益。[1]

其次，收入是社会经济条件最重要的指标之一，对认知健康有积极影响。宋杨和孙文凯（2016）的研究表明，农村转移到城市的流动人口由于收入的提高而使健康状况得到改善。[2] 雷晓燕等人（2014）也发现，经济发展，如人均工资的提高，促进了认知功能的提高。

最后，研究并未发现社会参与对灾难性医疗支出有显著的调节作用。现有研究证明，城镇化导致人们更好地参与社会活动，增加了医疗成本，从而有利于健康状况。[3]

通过系列研究，得到的结果与前研究者的结论完全一致。也就是说，人们可以通过城镇化经历更好地获得经济机会和卫生条件。总体看来，城镇化可以带来更好的健康结果，提高中老年人的认知功能。

(三)研究建议

在今后的工作中，可以通过使用其他数据来进一步检验这些结果是否具有稳健性。

综上所述，在中国，计划城镇化与更好的个人认知功能有着千丝万缕的关系。生活条件的改善和收入的提高是这种关系背后的主要驱动力。

研究结果还显示，计划城镇化可以弥补不利的早期生活条件对认知功能的负面影响，但不能完全消除城镇化农村人口与城市非流动人口之间的差距。并且，计划城镇化在一定程度上与人们的健康呈正相关关系，提高了人们的认知功能，为建设"健康中国"提供了支持依据。

在快速城镇化的情况下，应重视基础设施建设，改善公民的生活条件，提高就业率和收入水平，这可能对提高快速城镇化人群的整体认知功能起着重要的推动作用。本研究结果也可以为其他发展中国家提供借鉴，因为它们也有诸多类似的政府主导项目。

---

[1]　Williams，B. D.，et al.，Cognitively Stimulating Activities and Risk of Probable Dementia or Cognitive Impairment in the English Longitudinal Study of Aging，*SSM-Population Health*，2012，12：100656.

[2]　Song，Y.(宋扬)，Sun，W.(孙文凯)，Health Consequences of Rural-to-urban Migration：Evidence from Panel Data in China，*Health Economics*，2016，25(10)：1252-1267.

[3]　Soubelet，A.，The Role of Social Activity in Age-Cognition Relations，*Educational Gerontology*，2013，39(8)：558-568.

第五章　晚年生活:社会活动参与和幸福认知

第一节　"退而不休"的代际效应:老年人劳动供给与子女生育

一、"退而不休"现象的研究背景

(一)现实背景

1.人口老龄化问题日益凸显

中国自 21 世纪初步入老龄化社会以后,人口老龄化、高龄化显现发展态势,人口老龄化进入了前所未有的快车道。

人口老龄化有以下两个显著特征。其一是人口基数大,且发展速度快。根据联合国 2019 年报告,2000 年我国 65 岁及以上老年人口数是 8827 万人,占总人口比重是 7%;2010 年,老年人口数达到了 1.18 亿人,占总人口数的8.9%;2019 年末,这一人口数达到了 1.76 亿人,占总人口数的 12.6%;经预测到 2050 年,将会有近 26.1%的老年人口达到 65 岁及以上[1],且老龄化水平将徘徊在 36%～38%。[2] 其二是老年人口高龄化。2020 年第七次全国人口普查数据显示,中国 80 岁以上高龄老人约有 3580 万,且以每年

---

①　United Nations, *World Population Prospects: The 2010 Revision, Volume 1: Comprehensive Tables*, New York: United Nations, Department of Economic and Social Affairs, Population Division, 2010.

②　United Nations, *World Population Prospects: 2017*, New York: United Nations, Department of Economic and Social Affairs, Population Division, 2017.

5％的速度递增，到 2040 年将上升到 7400 多万人。

2."退而不休"将成为普遍现象

"退而不休"现象的出现。在老龄化快速发展的同时，中国劳动力市场上出现越来越多"退而不休"的劳动者。所谓的"退而不休"，即到达退休年龄仍然从事就业劳务活动。

延迟退休概念的提出。随着人口老龄化程度日趋加深，社会抚养压力不断增大。针对养老金不足，我国首次提出了延迟退休政策。中共十八届三中全会《关于全面深化改革若干重大问题的决定》中明确提出"研究制定渐进式延迟退休年龄政策"。2013—2018 年 6 年的《国民经济和社会发展统计公报》显示，16～59 岁劳动年龄人口占全国总人口的比例从 2013 年的 67.6％连续降低至 2018 年的 64.3％，而 65 岁以上老年人口占比从 2013 年的 9.7％连续增加至 2018 年的 11.9％。由于青年人就业与老年人就业之间并不存在替代关系，延迟退休在缓解老龄化压力的同时，并不会降低青年人就业水平。[1] 因此，"退而不休"可以提高老年人的劳动参与率，缓解养老保险体系的财务压力。

"退而不休"将成为普遍现象。随着政策的落地，未来"退而不休"的劳动者会不断增加，对社会养老压力也将起到一定的缓解作用。

3.生育水平处于并将长期处于低位

根据中国的传统思想，一直以来，老年人都是家庭中婴幼儿日常照料不可或缺的角色，为就业子女的生育行为提供了后援保障。但是当老龄化程度不断加深，随着"退而不休"的老年人更多地从事就业劳务活动，这种现象可能会减少老年人隔代照料的时间，也有可能导致育龄女性延迟生育或减少生育，进一步降低当下已十分低下的人口出生率。

中国处于低生育水平已有 20 多年。学界普遍认为 20 世纪 90 年代后期以来中国总和生育率明显低于更替水平，即已长期持续处于低生育水平。许多学者通过不同的抽样调查数据和测算方法对生育率进行测算。例如，利用人口变动抽样调查数据及历次全国人口普查数据进行调整，估计的

---

① Gruber, J., et al., *Social Security Programs and Retirement around the World：Fiscal Implications of Reform*, Chicago：University of Chicago Press，2009.

2000—2010 年中国总和生育率为 1.42～1.75。[①] 又如,杨凡和赵梦晗(2013)利用教育统计数据和公安部数据(户籍登记数据)对人口普查数据进行调整[②],对生育水平进行估计,得到的总和生育率为1.6～1.7。另外,有学者认为中国 2008—2013 年的总和生育率保持在 1.6 左右。[③]

中国生育水平将长期处于低位。根据国家统计局发布的数据,2019 年中国大陆出生人口为 1465 万。这是中国人口出生数量在 2018 年创下的自 1962 年以来的出生新低基础上,又进一步较大幅度的人口出生数的下降,也是自 2016 年以来的连续第四年的下降。

生育率下降的影响因素分析不全面。低生育率会对中国的人口结构、劳动力市场等产生较大的影响,然而学界对造成生育率低迷的影响因素的分析仍不全面。

(二)政策背景

独生子女政策终结,取而代之的是优化生育政策。为应对人口老龄化现象,促进人口长期均衡发展,近年来,我国相继出台了一系列政策来提高生育率。2010 年《国家人口发展"十二五"规划思路(征求意见稿)》提到要"稳妥开展实行'夫妻一方为独生子女的家庭可以生育第二个孩子'的政策试点工作";2011 年 11 月,中国各地全面实施双独二孩政策;2013 年 12 月,中国实施单独二孩政策;2015 年 10 月,党的十八届五中全会指出:坚持计划生育基本国策,积极开展应对人口老龄化行动,实施全面二孩政策。2015 年 12 月,十二届全国人大常委会第十八次会议初次审议了《人口与计划生育法修正案(草案)》,这意味着独生子女政策宣告终结。2021 年,国家进一步提出了"三孩政策",并在部分地区试点实施,例如东北三省在 2021 年 2 月开始试点实施生育政策放开。至此,国家的生育政策已经从独生子女优化到三孩。

---

① 崔红艳、徐岚、李睿:《对 2010 年人口普查数据准确性的估计》,《人口研究》2013 年第 37 期。李汉东、李流:《中国 2000 年以来生育水平估计》,《中国人口科学》2012 年第 5 期。王金营、戈艳霞:《2010 年人口普查数据质量评估以及对以往人口变动分析校正》,《人口研究》2013 年第 37 期。

② 杨凡、赵梦晗:《2000 年以来中国人口生育水平的估计》,《人口研究》2013 年第 37 期。

③ 翟振武、陈佳鞠、李龙:《现阶段中国的总和生育率究竟是多少?:来自户籍登记数据的新证据》,《人口研究》2015 年第 39 期。

随着国家生育政策的逐渐放开,家中幼儿增多,显然家庭抚养负担会随之加重。事实是,当前我国公共幼儿照护资源短缺,为了减轻子女负担,中老年人不得不担当起照看下一代的责任。

两孩政策实施后,出生率未见明显提高。这些年,尽管国家相继出台了不少鼓励生育的政策,但是我国的生育率并未如预期那样有显著性的提高,并且出现 2017 年和 2018 年出生率连续降低,全面两孩政策实施效果大打折扣,生育率呈现扭曲现象。

推出延迟退休政策。我国人口老龄化趋势的不断加剧,养老保险基金不足等问题的不断凸显,将影响人口老龄化带来的社会经济问题。西方各国应对养老金压力的最常用手段是提高退休年龄,比如德国 2012 年开始将退休年龄从 65 岁提高至 67 岁。这些举措为中国的退休年龄调整提供了借鉴。此外,党的十九届五中全会通过的《中共中央关于制定国民经济和社会发展第十四个五年规划和二〇三五年远景目标的建议》中也明确提出"实施渐进式延迟法定退休年龄"。

延迟退休已成定局,但是在制定延迟退休政策时,需要考虑延迟退休对未来劳动力市场造成的影响,以及对适育人群生育意愿和生育率提高造成的潜在风险。

(三)研究目的

1.寻找造成生育率低下的因素

从 2010 年以来,我国相继调整实施双独两孩、单独两孩和全面两孩的政策,但效果甚微。如今,东北三省开始试点实施"三孩"的生育政策。在不久的将来,可能还会实施完全开放生育等相关刺激生育的政策。参考之前政策的效果,可预见其不会有显著成效。为了使相关政策达到预想的效果,可以对单独两孩和全面两孩政策效果加以分析,寻找造成生育率低下的因素。

2.以经济学模型为切入点,探究在我国隔代抚养普遍的环境下,老年人退休后继续工作的问题是否会影响子女生育意愿和生育率

文中利用 CHARLS 在 2015 年和 2018 年的数据,采用两阶段最小二乘法(IV-2SLS),并结合中介效应探究退休与劳动供给对子女生育的影响,然后通过异质性分析来探讨退休与劳动供给对不同地区不同个体影响的差异性,为我国实施延迟退休政策的可行性提供实证依据,同时为政府对退休给家庭生育率的扭曲做出干预提供实证依据。

二、开展此项研究的各路学者观点

在西方国家,由于个人本位主义及产妇和婴幼儿保障体系较为完善,婴幼儿的日常照料主要由父母承担,祖父母较少承担孙代的抚养义务,隔代抚养现象不普遍。

在我国情况就不一样了,我国的隔代抚养现象普遍存在。孙鹃娟、张航空(2013)利用 2006 年中国城乡老年人口状况追踪调查数据发现,我国超过40％的老年人不同程度地实施了隔代照料活动。[1] 王跃生(2017)使用 4 次全国人口普查的数据研究发现,1982 年以来的婴幼儿在三代直系家庭生活的比例有逐渐上升的趋势。[2] 唐晓菁(2017)研究发现,绝大多数城市夫妇需要依靠父母帮助照料幼儿,而将近 1/3～1/2 的家庭是由祖父母作为幼儿的主要照顾者。[3] 在隔代照料普遍存在的情况下,老年人的退休决策与子女的生育意愿和生育决策之间存在着相互影响的可能性。

(一)子女生育对老年人退休的影响

最近几年以来,我国生育率长期处于较低水平的直接原因是生育意愿不足,其影响因素也是多方面的。

一方面,具备生理条件的子女的生育意愿受三个原因影响。一是从家庭层面而言,家庭成员的支持与否会直接影响到生育意愿。当父母无法协助照顾孩子时,选择不打算生育的为打算生育的 2 倍之多[4];二是子辈生育偏好会受到成长过程中的家庭人口规模和环境的影响,如非独生子女较独生子女而言更能够切身体会到浓厚的家庭氛围,所以他们二胎生育意愿较强[5];三是家庭的可支配收入等经济状况对生育意愿也有较大影响,生育成

---

① 孙鹃娟、张航空:《中国老年人照顾孙子女的状况及影响因素分析》,《教育科学文摘》2013 年第 4 期,第 104～105 页。

② 王跃生:《城乡已婚者主要生命阶段家户结构分析:以 1982 年以来人口普查数据为基础》,《人口研究》2017 年第 4 期。

③ 唐晓菁:《城市"隔代抚育":制度安排与新生代父母的角色及情感限制》,《河北学刊》2017 年第 37 期。

④ 牛亚冬等:《单独家庭生育二孩意愿的分析:基于武汉市 1093 户单独家庭的调查数据》,《人口与发展》2015 年第 3 期,第 13～18 页。

⑤ 田立法等:《"全面二孩"政策下农村居民二胎生育意愿影响因素研究:以天津为例》,《人口与发展》2017 年第 4 期,第 104～112 页。

本压力抑制了"二孩"生育政策刺激生育的效果,是生育意愿降低的关键因素[①]。

另一方面,子女的生育决策会影响老年人的退休决策。周春芳(2012)研究发现,家中需要照料的 6 岁以下孩子数量与老年人的农业劳动时间呈反比。[②] 何圆和王伊攀(2015)从父母退休年龄的角度出发研究隔代照料对退休决策的影响,发现与其他主体相比,隔代照料的主体倾向于提前退休。[③] 刘岚等人(2016)探讨了中国城镇 40～59 岁男性和女性提供家庭照料对其劳动供给的影响,发现家庭照料会减少照料提供者的劳动参与率和工作时间,并且对中年女性劳动参与率的负效应大于男性。[④] 邹红等人(2019)基于家庭分工背景分析发现,隔代照料使中老年人提前退休的概率约为18.8%,使中老年人退休年龄提前 1.4 年左右。[⑤]

(二)延迟退休对子女生育的影响

老年人延迟退休不会挤兑青年人就业。早期关于延迟退休年龄的讨论主要集中于是否会影响青年人就业,即延迟老年人退休年龄是否会挤兑青年人就业。许多理论模型在就业岗位数量固定和青年人、老年人劳动力相互替代的假设下,进一步分析得出延迟退休年龄,会有更多的老年人劳动力将在劳动力市场停留更多的时间,对青年人就业产生负面影响。[⑥] 但是,近年来许多实证分析表明:高龄人口就业的增加不但不会挤兑青年人就业,反而会起到促进的效果。[⑦]

老年人延迟退休会对子女的生育意愿和生育决策产生较大影响。有学

---

① 张建武、薛继亮:《广东"80 后"生育意愿及其影响因素研究》,《南方人口》2013 年第 2 期。

② 周春芳:《发达地区农村老年人农业劳动供给影响因素研究》,《人口与经济》2012 年第 5 期。

③ 何圆、王伊攀:《隔代抚育与子女养老会提前父母的退休年龄吗?:基于 CHARLS 数据的实证分析》,《人口研究》2015 年第 39 期,第 78～90 页。

④ 刘岚、齐良书、董晓媛:《中国城镇中年男性和女性的家庭照料提供与劳动供给》,《世界经济文汇》2016 年第 1 期,第 21～23 页。

⑤ 邹红、文莎、彭争呈:《隔代照料与中老年人提前退休》,《人口学刊》2019 年第 41 期,第 57～71 页。

⑥ 孙玄:《关于退休年龄的思考》,《人口与经济》2005 年第 3 期。

⑦ Gruber, J., et al., *Social Security Programs and Retirement around the World: Fiscal Implications of Reform*, Chicago: University of Chicago Press, 2009.

者认为延迟退休会对子女生育带来积极的影响,严成樑(2016)发现延迟退休会产生正向财富效应,使均衡状态的出生率上升。[1]

郭凯明和颜色(2016)则指出延迟退休通过家庭代际收入转移的渠道影响子女生育数量与质量权衡,延迟退休对劳动力供给增长的影响方向取决于父母对子女数量和质量的相对重视程度。[2] 也有学者认为延迟退休会抑制子女生育,艾比奇(P. Eibich)和西德勒(T. Siedler)(2020)采用德国社会经济数据,发现父代退休会显著提高退休前后年轻父母的生育率,这种效应主要是子代根据父母退休年龄调整生育时间所致。[3]

巴蒂斯汀(E. Battistin,2014)利用意大利的家庭社会调查数据分析得出,延迟退休会对年轻父母的生育率有负向影响,并且是长期的影响。[4] 其中的主要原因是父代退休可以增加对孙子女的照料供给或照料时间。董剑峰和康书隆(2020)认为,实施延迟退休政策,意味着老年人将比以往更久地停留在劳动力市场,而许多适龄老年人被延长的工作时间与孙代幼儿时期重叠,在隔代抚养现象普遍存在的我国,延迟退休会减少老年人照顾孙代的时间,这或将抑制子女的生育意愿。[5]

(三)研究评述

使用工具变量两阶段最小二乘法(IV-2SLS)来缓解内生性问题,拓展了研究范围。

从上面罗列的国内外相关文献的梳理中不难发现,绝大部分学者主要关注隔代照料对青年群体劳动参与情况的影响和家庭的代际经济转移的影响。虽然近些年出现了关于延迟退休与居民生育的相互影响的研究,但是缺乏时效性,未能将近年来几次生育政策的影响纳入考量。

---

① 严成樑:《延迟退休、内生出生率与经济增长》,《经济研究》2016 年第 11 期,第 28～43 页。

② 郭凯明、颜色:《延迟退休年龄、代际收入转移与劳动力供给增长》,《经济研究》2016年第 6 期,第 128～142 页。

③ Eibich, P., Siedler, T., Retirement, Intergenerational Time Transfers and Fertility, *European Economic Review*,2020,124: 103392.

④ Battistin, E.,et al., Roadblocks on the Road to Grandma's House: Fertility Consequences of Delayed Retirement, IZA Discussion Papers, Bonn.: IZA (Institute of Labor Economics), 2014.

⑤ 董剑峰、康书隆:《老年人就业、延迟退休与青年人生育抑制》,《东北财经大学学报》2020 年第 1 期,第 71～79 页。

与以往的成果相比，本节的创新点在于：首先，运用了 CHARLS 在 2015 年和 2018 年的数据，可以分析生育政策逐渐放开后我国的生育情况。然后，在研究方法上，文中使用工具变量两阶段最小二乘法（IV-2SLS）来缓解内生性问题。最后，通过中介效应探究退休和劳动供给的内在影响机制；通过对个体和地区层面的异质性分析，进一步讨论其影响，拓展已有研究。

三、研究选用数据与实证模型分析

(一)研究数据

1.数据选用

为了研究退休和劳动供给对子女生育率的影响，需要将父代（第一代）、子代（第二代）和孙子女（第三代）信息同时纳入模型分析框架中。CHARLS 数据能满足模型分析的要求。

2.数据采集

首先，获取孩子增量的相关信息，该信息需匹配 2015 年和 2018 年家庭中已有孩子数量。然后，通过两年的孩子数量相减便可以得到 3 年内孩子增加的个数。其中，由于本研究是根据家庭中的孩子增量进行统计，所以可能出现孩子增量大于 3 的情形。此外，为了保证数据的准确性和可靠性，故去除孩子增量过多的异常值，删去其异常的 1% 的个体。考虑到年龄超过 85 岁属于高龄老年人，一般不会再照看孙辈，故剔除了年龄大于 85 岁的个体。最终，从 CHARLS 数据中得到 7187 条样本观测值。

3.观测值

针对 CHARLS 数据中得到的 7187 条样本观测值，采用工具变量两阶段最小二乘法（IV-2SLS），进行计量模型分析，继而得出结果，使用中介检验法进行检验。

(二)变量说明

1.变量选择

文中的被解释变量为生育率，采用老年人家族中 2015—2018 年的孩子增量代表生育率的测量指标，即将 2015 年和 2018 年家族中存在的孩子数量进行差分运算。

为了进一步探究退休对子女生育的影响，以及延迟退休使得老年人每周劳动供给时间增加对子女生育的影响程度，文中的解释变量选取了是否退休和老年人每周劳动小时数。文中使用的退休定义是：最近一年没有参加农业、个体经营、受雇等报酬性劳动。若均没有参加则定义为1,否则记为0。使用2018年老年人每周劳动小时数表示另一自变量老年人劳动供给,即老年人每周劳动天数乘以每天劳动小时数。

2.工具变量的选取

现有研究通常采用父代与子代的居住距离,父代是否健在、是否患有慢性病,每个社区受访者每周劳动供给时间的中位数作为工具变量。根据已有研究和检验结果,文中选取每个社区受访者每周劳动供给时间的平均值作为工具变量。

运用个体所在地区的平均水平作为个体变量的工具变量,该方法起源于经济学与社会学中关于同侪效应的研究。这些研究常常把社区、县、市或大都会地区层面的集聚数据作为学校、班级和邻里等层面解释变量的工具变量,后来这一思想在更广泛的领域得到应用。这种以上层集聚数据作为工具变量的实践,其原理是将研究单位所在的群体看作一个总体,而个体变量是总体变量的一次抽样实现值,那么作为刻画总体集中趋势的特征值(如中位数、平均值等)便自然成为个体变量的一种很好的估计。另外,总体某一变量的平均水平一般不会对个体另一变量产生直接影响,工具变量的外生性也可以得到保障。

个体所在地区的平均水平作为个体变量的工具变量,在一定程度上可以缓解反向因果引起的内生性问题,但是对于遗漏变量而引起的内生性问题难以解决。于是文中还引入了老年人的健康状况和老年人接受子女经济帮助作为工具变量。关于运用健康状况作为老年人是否退休和劳动供给的工具变量在已有研究中已广泛使用,对于老年人接受子女经济帮助的工具变量,文中认为老年人接受子女经济帮助会使得老年人的劳动供给减少,与该解释变量高度相关。此外,三个工具变量并无内在关联性。

3.控制变量的选取

参考已有研究,文中选取了老年人性别、年龄和教育水平等一系列个体和家庭社会经济因素作为控制变量。一是年龄选择,把年龄划分为46~55岁、56~65岁、66~75岁和76~85岁4组。二是地区划分,把全国区域简单划分为东部地区、中部地区、西部地区和东北地区。三是教育水平划分,分成不识字人群、小学未毕业、私塾毕业和小学毕业、初中毕业、高中毕业及以上5个等级。

从表 5-1 中的描述性统计可知,符合条件的家庭中 2015—2018 年家庭平均新增孙辈数为 0.459。因为文中统计采取的是一个家庭中的孩子(孙辈)增量,老年人可能有几个子女,所以孩子增量会出现大于 3 的情形。文中还剔除了孩子增量异常值的 1% 的个体,目前孩子增量的最大值是 13。

此外,老年人每周劳动时间平均为 8.85 个小时,且个体之间的差异较大。老年人平均每周照顾孙辈的时间为 21.87 个小时,且个体间差异极大。因为老年人可能同时照看不止一名孩子,考虑到 CHARLS 在 2018 年数据的特点,文中统计的老年人每周提供给孙辈的劳动时间是对每一个孙辈照料时间的总和,因此存在提供照料时间大于 168 个小时的情形。

表 5-1　主要变量定义与描述性统计

变量类型	变量名称	符号	变量说明	均值	最小值	最大值
因变量	孩子增量	fertility	2015—2018 年家庭中 新出生孩子数量	0.459	0	13
自变量	退休	retirement	已退休＝1	0.411	0	1
	劳动供给	labor	2018 年周劳动供给时间	8.85	0	168
控制 变量	性别	female	女性＝1	0.512	0	1
	民族	nation	少数民族＝1	0.079	0	1
	已有孩子数量	childnum	2015 年家庭中 已有孙辈数量	3.22	0	15
	照顾孩子时间	takecare	2018 年每周 照顾孙辈时间	21.87	0	504
	宗教	religion	有宗教信仰＝1	0.108	0	1
	生活地区	east	东部地区＝1	0.311	0	1
		center	中部地区＝1	0.210	0	1
		west	西部地区＝1	0.410	0	1
		northeast	东北地区＝1	0.070	0	1
	户口	urban	城市＝1	0.391	0	1
	养老金	pension	有养老金＝1	0.197	0	1
	医疗保险	insurance	有医疗保险＝1	0.965	0	1
	教育水平	illiterate	不识字人群＝1	0.213	0	1
		below primary	小学未毕业＝1	0.215	0	1
		primary	私塾毕业和小学毕业＝1	0.231	0	1
		junior school	初中毕业＝1	0.210	0	1

续表

变量类型	变量名称	符号	变量说明	均值	最小值	最大值
		above high school	高中毕业及以上=1	0.131	0	1
	年龄	46~55	46~55 岁=1	0.283	0	1
		56~65	56~65 岁=1	0.291	0	1
		66~75	66~75 岁=1	0.283	0	1
		76~85	76~85 岁=1	0.143	0	1
工具变量	周劳动平均数	averagelabor	每个社区受访者每周劳动供给时间的平均值	8.66	0	84
	健康状况	health	健康自评为一般、好和很好=1	0.728	0	1
	子女经济帮助	receive	每年接受子女经济帮助金额(单位:万)	0.459	0	38.03
其他变量	是否提供子女经济帮助	provideyes	提供子女经济帮助=1	0.491	0	1
	提供子女经济帮助金额	provide	每年提供子女经济帮助金额(单位:万)	0.435	0	120.2

(三)计量模型

使用模型解决存在的内生性问题。

由于反向因果、遗漏变量和测量误差可能导致的内生性问题,例如,老年人会因为需要照顾孙辈倾向于选择提早退休[1],子女也会根据父母的退休时间规划生育时间[2],所以老年人劳动和子女生育之间存在反向因果。

为解决计量模型中的内生性问题,文中使用工具变量两阶段最小二乘法(IV-2SLS)以消除内生性。方程式(1)(2)探究退休对子女生育的影响,模型如下:

$$retirement_i = \alpha_0 + \beta_0 \times health_i + \gamma_0 \times Z_i + \varepsilon_i \tag{1}$$

$$fertility_i = \alpha + \beta \times retirement_i + \gamma \times Z_i + \varepsilon_i \tag{2}$$

此外,为了进一步探究延迟退休导致老年人劳动供给时间增加,进而影

---

① 何圆、王伊攀:《隔代抚育与子女养老会提前父母的退休年龄吗?:基于 CHARLS 数据的实证分析》,《人口研究》2015 年第 39 期,第 78~90 页。

② 封进、艾静怡、刘芳:《退休年龄制度的代际影响:基于子代生育时间选择的研究》,《经济研究》2020 年第 55 期,第 106~121 页。

响子女生育,文中使用老年人每周劳动小时数来进一步分析老年人周劳动供给的增加对子女生育的影响。详见方程式(3)(4),模型如下:

$$\text{labor}_i = \alpha_0 + \beta_0 \times \text{averagelabor}_i + \beta_1 \times \text{health}_i + \beta_2 \times \text{receive}_i + \gamma_0 \times Z_i + \varepsilon_i \tag{3}$$

$$\text{fertility}_i = \alpha + \beta \times \text{labor}_i + \gamma \times Z_i + \varepsilon_i \tag{4}$$

四、基于中国老年人追踪数据的主要实证结果

(一)退休对子女生育的影响

从数据层面看退休对子女生育的影响,详见表5-2。

首先,正相关关系。表中的第(1)(2)列项结果显示:退休与子女生育率之间有显著的正相关关系,即老年人退休,将显著提高子女在未来生育孩子的数量。

其次,负相关关系。表中的第(3)(4)列项结果显示:老年人劳动供给与子女生育率之间有显著的负相关关系,即老年人劳动供给增加,将显著降低其子女在未来生育孩子的数量。

每周老年人劳动供给每增加1个小时,子女生育水平将降低1.89%(=0.0087/0.4586)。如果考察老年人延迟退休1年,即每周工作增加5天,每周增加40小时,则将减少其子女在未来3年生育约0.348个新生婴儿,相较于目前平均生育水平降低75.8%,即每年约减少子女生育0.1个婴儿,相较于目前平均生育水平降低25.2%。

由此可见,延迟退休明显会对子女生育产生负向影响,因此,实施延迟退休政策,提高老年人劳动供给,将会降低其子女的生育率。对于已经处在超低生育水平的我国,这显然会加剧本已非常严峻的老龄化形势,加剧增加未来代际的养老负担。

利用工具变量进行检验。由方程式(1)(2)构造的 IV-2SLS 模型中,引入了健康(health)这一工具变量,其在第一阶段的回归结果显著,t 值为 -9.66,且 F 第一阶段的 F 值为 159.51,说明不存在弱工具变量问题。对于方程式(3)(4)构造的 IV-2SLS 模型中,引入了周劳动平均数(averagelabor)、健康(health)、子女经济帮助(receive)3 个工具变量,其在第一阶段的回归结果显著,t 值分别为 17.94、-3.24 和 6.45,且 F 第一阶段的 F 值为 192.634,说明不存在弱工具变量问题。

表 5-2 "退而不休"对子女生育率的影响

变量	(1) 孩子增量	(2) 孩子增量	(3) 孩子增量	(4) 孩子增量
退休	0.465**	0.442**		
	(0.205)	(0.219)		
劳动供给			−0.007***	−0.009***
			(0.002)	(0.002)
女性		−0.0872**		−0.070***
		(0.039)		(0.024)
已有孩子数量		−0.021***		−0.021***
		(0.008)		(0.007)
养老金		−0.220***		−0.143***
		(0.047)		(0.029)
医疗保险		0.0263		−0.025
		(0.069)		(0.068)
民族		0.048		0.058
		(0.044)		(0.043)
照顾孩子时间		0.003***		0.003***
		(0.001)		(0.001)
宗教		−0.0121		−0.015
		(0.040)		(0.039)
东部		0.287***		0.315***
		(0.031)		(0.031)
中部		0.264***		0.253***
		(0.035)		(0.032)
西部		0.291***		0.270***
		(0.031)		(0.029)
文盲		0.014		−0.014
		(0.044)		(0.044)
小学未毕业(非文盲)		−0.015		−0.048
		(0.039)		(0.039)
小学学历		−0.016		−0.050
		(0.036)		(0.036)

续表

变量	(1) 孩子增量	(2) 孩子增量	(3) 孩子增量	(4) 孩子增量
初中学历		−0.034		−0.046
		(0.033)		(0.033)
46～55		0.172		0.077
		(0.133)		(0.075)
56～65		0.199*		0.097
		(0.104)		(0.064)
66～75		0.021		−0.064
		(0.072)		(0.050)
城市		−0.157***		−0.082***
		(0.045)		(0.025)
常数项	0.267***	0.028	0.523***	0.390***
	(0.084)	(0.170)	(0.018)	(0.100)
R 方		0.018		0.029

注:1.观测值为 7187。

　　2.括号内为稳健标准误,标准误被聚类修正以解释误差项中的家庭内部相关性。

　　3.*** 指 $p<0.01$,** 指 $p<0.05$,* 指 $p<0.1$。

(二)影响机制

使用中介效应检验法检验。为探索退休与子女生育之间可能存在的影响渠道,深入分析影响机制,文中进一步引入温忠麟等人(2004)提出的中介效应检验方法[①],来探究退休通过提供隔代照料和提供经济支持两个渠道对子女生育产生影响。

1.提供隔代照料

为了探究退休是否会影响老年人提供隔代照料时间,进而影响子女生育,书中设计了方程式(5)(6)(7)中介效应检验模型:

$$\text{fertility}_i = \beta_0 + \beta_1 \times X_i + \beta_i \times Z_i + \varepsilon_i \tag{5}$$

$$\text{takecare}_i = \alpha_0 + \alpha_1 \times X_i + \alpha_i \times Z_i + \varepsilon_i \tag{6}$$

$$\text{fertility}_i = \gamma_0 + \gamma_1 \times X_i + \gamma_2 \times \text{takecare}_i + \alpha_i \times Z_i + \varepsilon_i \tag{7}$$

---

① 温忠麟等:《中介效应检验程序及其应用》,《心理学报》2004 年第 5 期,第 614～620 页。

其中,照顾孩子时间(takecare)是中介变量;X 表示是否退休(retirement)和老年人周劳动小时数(labor);β_1 表示老年人周劳动供给对子女生育的总效应;γ_1 是老年人周劳动供给对子女生育的直接效应;α_1、γ_2 是中介效应的大小。根据温忠麟等人(2004)提出的中介效应检验程序,在 β_1 系数显著的基础上,如果 α_1 和 γ_2 均显著,则中介效应显著;否则需要构建 Sobel 统计量检验其中介效应的显著性。由于存在内生性问题,均采用 IV-2SLS 对上述模型进行估计。

表 5-3 给出了老年人周照顾孙辈时间供给的中介效应检验结果。表中第(1)(2)(3)列项数据显示:退休会提高老年人提供隔代照料的时间,进而提高子女的生育意愿和生育率。表中第(4)(5)(6)列项和检验结果表明:老年人周劳动时间会直接或间接地影响子女的生育意愿,最后的效果是对子女生育意愿和生育率起到抑制作用。

以上结果表明,退休通过提供隔代照料时间的机制可以提高子女的生育意愿和生育率,而老年人周劳动时间的增加,则会使得老年人照顾孙辈的时间递减,进而影响子女的生育意愿,从而降低子女的生育率。

表 5-3　中介效应检验结果(提供隔代照料)

变量	(1) 孩子增量	(2) 照顾孩子时间	(3) 孩子增量	(4) 孩子增量	(5) 照顾孩子时间	(6) 孩子增量
退休	0.079***	5.41***	0.059**			
	(0.025)	(1.17)	(0.025)			
照顾孩子时间			0.004***			0.003***
			(0.001)			(0.001)
劳动供给				−0.010***	−0.344***	−0.009***
				(0.002)	(0.081)	(0.002)
常数项	0.212***	−19.7***	0.283***	0.320***	−14.3***	0.367***
	(0.079)	(2.90)	(0.079)	(0.077)	(2.84)	(0.078)
其他控制变量	是	是	是	是	是	是
R 方	0.026	0.065	0.052		0.060	0.029

注:1.观测值为 7187。

　　2.括号内为稳健标准误,标准误被聚类修正以解释误差项中的家庭内部相关性。

　　3.*** 指 $p<0.01$,** 指 $p<0.05$,* 指 $p<0.1$。

2.提供经济支持

同样，为了探究退休是否会影响老年人提供的经济支持，进而影响子女的生育意愿和生育率，书中设计了方程式(8)(9)(10)中介效应检验模型：

$$fertility_i = \beta_0 + \beta_1 \times X_i + \beta_i \times Z_i + \varepsilon_i \tag{8}$$

$$yprovide_i = \alpha_0 + \alpha_1 \times X_i + \alpha_i \times Z_i + \varepsilon_i \tag{9}$$

$$fertility_i = \gamma_0 + \gamma_1 \times X_i + \gamma_2 \times yprovide_i + \alpha_i \times Z_i + \varepsilon_i \tag{10}$$

其中，yprovide 是中介变量，包括是否经济支持(provideyes)和提供经济支持金额(provide)；X 包括是否退休(retirement)和老年人周劳动小时数(labor)。由于存在内生性问题，均采用 IV-2SLS 对上述模型进行估计。

表 5-4 给出了老年人提供经济支持的中介效应检验结果。表中第(1)(2)(3)列项数据显示：退休会降低老年人对子女的经济支持，进而降低子女的生育意愿和生育率，但是退休对子女生育的总影响仍然是正向的。表中第(4)(5)(6)列项和检验结果表明：老年人每周劳动时间增加会通过经济支持直接和间接地影响子女的生育意愿，最后的效果是对子女生育率起到抑制作用。

因此，老年人因为"退而不休"带来的财富效应，通过家庭间的代际转移，虽然会对子女的生育意愿和生育率带来部分正向影响，但是这种影响相比于"退而不休"对子女生育意愿和生育率的抑制作用是十分微小的。故退休主要对子女的生育意愿和生育率产生负面影响。

表 5-4 中介效应检验结果（提供经济支持）

变量	(1) 孩子增量	(2) 提供经济支持	(3) 孩子增量	(4) 孩子增量	(5) 提供经济支持	(6) 孩子增量
退休	0.442**	−0.482***	0.491**			
	(0.220)	(0.114)	(0.229)			
是否提供经济支持			0.101***			
			(0.028)			
劳动供给				−0.008***	0.028***	−0.008***
				(0.002)	(0.007)	(0.002)
提供经济支持金额						−0.005**
						(0.002)

续表

变量	(1) 孩子增量	(2) 提供经济支持	(3) 孩子增量	(4) 孩子增量	(5) 提供经济支持	(6) 孩子增量
常数项	0.052	0.637***	−0.012	0.384***	−0.037	0.384***
	(0.149)	(0.078)	(0.159)	(0.080)	(0.227)	(0.080)
其他控制变量	是	是	是	是	是	是
R方	0.018		0.012	0.032		0.033

注:1.观测值为7187。

2.括号内为稳健标准误,标准误被聚类修正以解释误差项中的家庭内部相关性。

3.*** 指 $p<0.01$,** 指 $p<0.05$,* 指 $p<0.1$。

(三)异质性分析

考虑到老年人劳动对子女生育的影响可能存在异质性,通过表 5-2 的回归结果并结合相关研究,文中进一步按照性别、城乡、经济条件、是否与子女居住、已有孩子(孙辈)数量和不同地区划分子样本,分析老年人劳动可能存在的异质性影响,并检验上述结果的稳健性。

1.性别差异

根据性别变量,将样本划分为男性和女性两个子样本,从而探究"退而不休"对子女生育影响在性别上是否存在差异。

女性老年人照顾孙辈现象普遍。表 5-5 显示,相比于男性,女性老年人退休后继续工作,退休对子女生育的抑制作用更大,可能是受中国传统思想影响,女性老年人照顾孙辈的更多。许多文献也有类似的发现,龙莹和袁嫚(2019)研究发现,相对于男性老年人,女性老年人的劳动参与率和劳动时间受隔代照料活动的负向影响更显著。[1] 邹红等人(2018)利用中国家庭追踪调查(China Family Panel Studies,CFPS)在 2010、2012、2014、2016 年 4 期的调查数据发现,女性老年人会因为子女生育而选择提前退休。[2] 熊瑞祥和李辉文(2016)发现,年幼子女的照护责任对女性的劳动供给具有明显的

---

[1] 龙莹、袁嫚:《隔代照料对中老年人劳动参与的影响:基于中国健康与养老追踪调查的实证分析》,《南京财经大学学报》2019 年第 4 期,第 58~67 页。

[2] 邹红、彭争呈、栾炳江:《隔代照料与女性劳动供给:兼析照料视角下全面二孩与延迟退休悖论》,《经济学动态》2018 年第 7 期,第 37~52 页。

抑制效应。[1] 可见老年女性照顾孙辈的现象更为普遍。

表 5-5 "退而不休"与子女生育（性别差异）

变量	男性 （1） 孩子增量	女性 （2） 孩子增量	男性 （3） 孩子增量	女性 （4） 孩子增量
退休	0.085	0.895***		
	(0.287)	(0.341)		
劳动供给			−0.005*	−0.015***
			(0.002)	(0.003)
常数项	−0.010	−0.069	0.077	0.635***
	(0.250)	(0.274)	(0.113)	(0.160)
其他控制变量	是	是	是	是
R 方	0.034		0.027	0.031

注：1.男性的观测值为3506，女性的观测值为3681。

2.括号内为稳健标准误，标准误被聚类修正以解释误差项中的家庭内部相关性。

3.*** 指 $p<0.01$，** 指 $p<0.05$，* 指 $p<0.1$。

2.城乡及地区差异

根据老年人的户口和所在地区的差异，将样本分为城市和农村两个子样本以及四个地域子样本，探究"退而不休"对子女生育的影响是否存在城乡及地区差异。

城乡及地域存在明显差异。表 5-6 第（1）（2）列项显示："退而不休"在农村子样本下，对子女生育的抑制作用更强且更显著。此外，表中第（3）（4）（5）（6）列项表明：仅在东部、西部和中部地区，老年人劳动供给对子女生育有抑制作用，且东部地区抑制作用最强。

造成差异的原因可能是多方面的。例如，西部或农村地区有许多留守老人和留守小孩，隔代抚养更为常见，故其"退而不休"对子女生育的抑制作

---

① 熊瑞祥、李辉文：《儿童照管、公共服务与农村已婚女性非农就业：来自 CFPS 数据的证据》，《经济学（季刊）》2016 年第 4 期。

用更强。^① 虽然经济条件的代际转移会有助于提高子女生育意愿^②,让"退而不休"对生育的抑制作用减弱,但是生育成本压力是生育意愿降低的关键因素^③,所以在生活成本更高的东部地区,退休对子女生育的负面影响最强且最为显著。

表 5-6 "退而不休"与子女生育(城乡及地区差异)

变量	农村 (1) 孩子增量	城市 (2) 孩子增量	东部 (3) 孩子增量	西部 (4) 孩子增量	中部 (5) 孩子增量	东北 (6) 孩子增量
劳动供给	−0.0113***	−0.004*	−0.008***	−0.007*	−0.009**	−0.004
	(0.003)	(0.002)	(0.003)	(0.003)	(0.005)	(0.004)
常数项	0.456***	0.348***	0.659***	0.734***	0.498***	0.409***
	(0.145)	(0.126)	(0.181)	(0.187)	(0.179)	(0.127)
其他控制变量	是	是	是	是	是	是
R 方	0.005	0.062	0.052	0.033	0.017	0.044

注:1.观测值为:农村 4378,城市 2809,东部 2234,西部 2945,中部 1506,东北 502。

2.括号内为稳健标准误,标准误被聚类修正以解释误差项中的家庭内部相关性。

3.*** 指 $p<0.01$,** 指 $p<0.05$,* 指 $p<0.1$。

3.经济条件差异

用养老金领取衡量经济状况。因为养老金是绝大部分退休老年人的主要收入,文中通过是否领取养老金来衡量老年人的经济状况。按照是否领取养老金,将样本划分为有养老金和无养老金两个子样本,探究"退而不休"对子女生育的影响是否存在经济条件差异。

领取养老金的老年人有助于子女生育意愿的提高。表 5-7 显示:"退而不休"在无养老金子样本下,对子女生育的抑制作用更强且更显著。可能的

---

① 段成荣、吕利丹、邹湘江:《当前我国流动人口面临的主要问题和对策:基于 2010 年第六次全国人口普查数据的分析》,《人口研究》2013 年第 2 期,第 17~24 页。

② 郭凯明、颜色:《延迟退休年龄、代际收入转移与劳动力供给增长》,《经济研究》2016 年第 6 期,第 128~142 页。

③ 靳卫东、宫杰婧、毛中根:《"二孩"生育政策"遇冷":理论分析及经验证据》,《财贸经济》2018 年第 4 期,第 130~145 页。

原因有上文提及的家庭间的经济转移有关，有养老金的老年人具有更好的经济条件，能够给青年人提供更多的经济帮助。又或许，有养老金的老年人退休前的工作单位劳保可能更好，退休后能够提供子女更多的时间上和经济上的帮助，从而提高子女的生育意愿，进而使得劳动时间的影响被削弱。而无养老金的老年人更多地通过劳动供给挣取生活费用，使得提供孙辈照料时间减少，进而抑制子女的生育意愿。

表 5-7　"退而不休"与子女生育（经济条件差异）

变量	无养老金 （1） 孩子增量	有养老金 （2） 孩子增量
劳动供给	−0.010***	−0.006*
	(0.002)	(0.004)
常数项	0.461***	0.023
	(0.118)	(0.139)
其他控制变量	是	是
R 方	0.014	0.072

注：1.无养老金的观测值为 5774，有养老金的观测值为 1413。

　　2.括号内为稳健标准误，标准误被聚类修正以解释误差项中的家庭内部相关性。

　　3.*** 指 $p<0.01$，** 指 $p<0.05$，* 指 $p<0.1$。

4.是否与子女居住

廉普顿（J. Compton）和波拉克（R. A. Pollak）（2014）、毛雷尔-法齐奥（M. Maurer-Fazio）等人（2011）认为父代与子代的居住距离会对子女的生育意愿产生影响。[1] 根据老年人是否与子女居住，将样本划分为与子女居住、居住在子女附近和其他三个子样本，探究"退而不休"对子女生育的影响是否存在与子女居住与否的差异。

---

[1]　Compton, J., Pollak, R. A., Family Proximity, Childcare, and Women's Labor Force Attachment, *Journal of Urban Economics*, 2014, 79(1)：72-90. Maurer-Fazio, M., et al., *Childcare, Eldercare, and Labor Force Participation of Urban Women in China：1982-2000*, Madison：University of Wisconsin Press, 2011.

结果如表 5-8 所示。表中第(1)列项结果显示:在与子女居住的老年人群体中,老年人每周劳动供给在 1% 的显著性水平下,对子女生育产生抑制作用,且影响最大,可能是因为许多与子女居住的老人已经在照顾孙辈,因此当这部分老人增加工作时间就会挤兑照顾孙辈时间。表中第(3)列项结果显示:在居住得离子女较远的老年人群体中,老年人每周劳动供给在 5% 的显著性水平下,对子女生育产生抑制作用,可能是因为这部分群体较多居住在偏远农村,多为留守老人,一般子女外出务工,而孩子多半由老人进行照料。当老人也外出务工或者增加工作时间,照顾孙辈时间减少,也会影响子女生育意愿。

表 5-8 "退而不休"与子女生育(是否与子女居住的差异)

变量	与子女居住 (1) 孩子增量	居住在子女附近 (2) 孩子增量	其他 (3) 孩子增量
劳动供给	-0.010^{***}	-0.0173	-0.005^{**}
	(0.003)	(0.0123)	(0.002)
常数项	0.330^{**}	0.994^{***}	0.158
	(0.151)	(0.314)	(0.117)
其他控制变量	是	是	是
R 方	0.034	0.036	0.043

注:1.与子女居住的观测值为 2517,居住在子女附近的观测值为 1333,其他的观测值为 3337。

2.括号内为稳健标准误,标准误被聚类修正以解释误差项中的家庭内部相关性。

3.*** 指 $p<0.01$,** 指 $p<0.05$,* 指 $p<0.1$。

5.已有孩子(孙辈)数量的差异

已有研究表明,家庭成员数和已有孩子数量等因素对子女生育产生一定的影响。

结果如表 5-9 所示。表中第(1)列项结果显示:在 1% 的显著性水平上,老年人劳动供给对还未生孩子的子女的生育意愿具有显著的抑制作用,对已有孩子家庭的影响效果则不明显。

表 5-9 "退而不休"与子女生育(已有孩子数量的差异)

变量	孩子数量＝0 (1) 孩子增量	孩子数量＝1 (2) 孩子增量	孩子数量＝2 (3) 孩子增量	孩子数量≥3 (4) 孩子增量
劳动供给	−0.006***	−0.006	−0.013**	−0.006
	(0.002)	(0.004)	(0.005)	(0.004)
常数项	2.423***	0.773*	0.178	0.292***
	(0.713)	(0.418)	(0.197)	(0.104)
其他控制变量	是	是	是	是
R 方	0.270	0.074		0.043

注:1.观测值从左到右分别为:1528、1044、1135、3480。

2.括号内为稳健标准误,标准误被聚类修正以解释误差项中的家庭内部相关性。

3.*** 指 $p<0.01$,** 指 $p<0.05$,* 指 $p<0.1$。

(四)稳健性检验

文中做了如下稳健性检验:一是选取模糊断点回归,考察办理退休手续对劳动供给、隔代照料时间和子女生育行为的影响;二是使用 IV-Tobit 模型对变量老年人劳动时间进行检验;三是通过 2015 年老年人劳动数据对子女生育影响进行检验。

1.使用模糊断点回归模型

模糊断点回归(fuzzy regression discontinuity,FRD)于 20 世纪 90 年代末引起经济学家的重视。目前,FRD 在劳动经济学、健康经济学和区域经济学的应用仍方兴未艾。

本研究接着使用 FRD 对原问题进行更进一步检验。FRD 的基本思想是断点两侧附近的父代样本在各项特征上均可比[1],差别仅为是否超过退休年龄。用该方法的目的是考察父代超过退休年龄对劳动供给、隔代照料时间和子女生育行为的影响。这一识别是依据我国强制性的退休年龄政策,由政策外生给定的,从而为识别因果关系提供了有利条件。现实生活

---

[1] Lee,D. S.,Lemieux,T.,Regression Discontinuity Designs in Economics,*Journal of Economic Literature*,2010,48 (2):281-355.

中,往往有些人并未遵守法定退休年龄政策,所以文中使用"是否超过法定退休年龄"作为"是否办理退休手续"的工具变量,运用 FRD 考察实际办理退休手续(以下简称"退休")是否影响老年人劳动供给、隔代照料时间和子女生育行为。

两阶段最小二乘法估计使用。以下方程式(11)(12)属于两阶段最小二乘法估计法,其中,retirement_i 代表是否办理退休手续,如果办理则为 1,否则为 0;$\widehat{\text{retirement}}_i$ 代表方程式(11)的预测值;R_i 代表是否超过法定退休年龄,若超过则取 1,否则取 0;d_i 代表父代年龄与退休年龄之间的差异,以控制父代年龄的影响;此外,允许年龄效应在断点两边可以不同,采用 d_i 与 R_i 的交互项;继而控制性别、户口和健康程度等个人特征为 X_i。

$$\text{retirement}_i = \alpha_0 + \alpha_1 \times R_i + \alpha_2 \times d_i + \alpha_3 \times R_i \times d_i + \alpha_4 \times X_i + \varepsilon_i \tag{11}$$

$$y_i = \beta_0 + \beta_1 \times \widehat{\text{retirement}}_i + \beta_2 \times d_i + \beta_3 \times R_i \times d_i + \beta_4 \times X_i + \varepsilon_i \tag{12}$$

图 5-1 显示:老年人退休前后劳动供给的时间和隔代照料的时间会出现显著的不同。

就老年人劳动供给来说,文中选取了老年人每年劳动小时数(labor_year)和每周劳动小时数(labor_week)。结合图 5-1 和表 5-10,可见退休使老年人的劳动供给在一定程度上显著减少,有可能是因为"退而不休"在我国十分普遍,故其显著性并不明显。

至于老年人提供隔代照料时间,文中选取了是否提供隔代照料(careprovision)、每年提供隔代照料小时数(care_year)、每周提供隔代照料小时数(care_week)和夫妻二人每年提供隔代照料小时数(totalcare_year)。结合图 5-1 和表 5-10,可见退休使得老年人提供隔代照料时间显著增加。

图 5-2 的数据选取了家庭中是否有孙子女(child)、家庭中是否有 16 岁以下的孙子女(child16)、家庭中孙子女数目(childnum)、家庭中 16 岁以下的孙子女数目(child16num)、是否有新生儿(newborn)和新生儿数目(newbornnum)来作为生育率的测度。

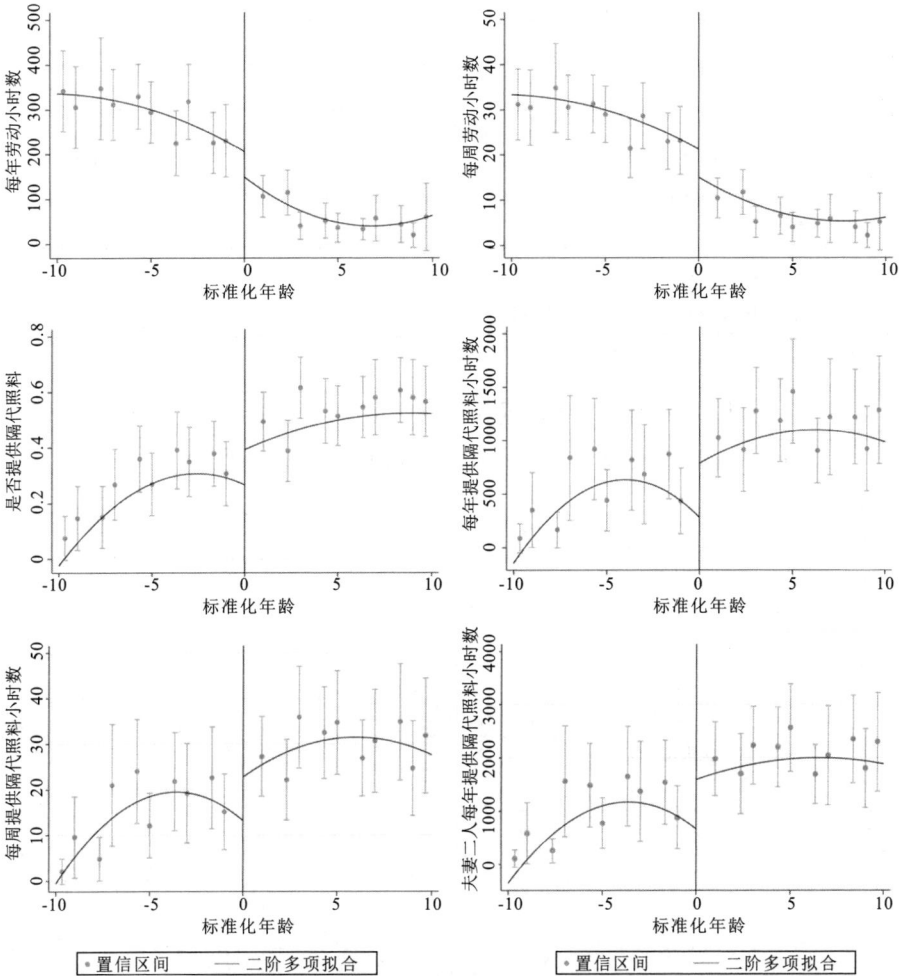

图 5-1 模糊断点回归——退休对老年人劳动供给和隔代照料时间的影响

表 5-10 模糊断点回归——退休对老年人劳动供给和隔代照料时间的影响

阶段	（1）	（2）	（3）	（4）	（5）	（6）
第一阶段			退休			
退休年龄 （断点）	0.257*** (0.087)	0.251*** (0.086)	0.331*** (0.111)	0.334*** (0.111)	0.334*** (0.111)	0.334*** (0.111)
其他控制变量	是	是	是	是	是	是

续表

阶段	(1)	(2)	(3)	(4)	(5)	(6)
第二阶段	劳动供给			隔代照料		
	年	周	是否提供隔代照料	年	周	总时长
退休	−272.1	−34.3*	1.21**	3420.1**	79.2**	6244.4**
	(201.8)	(17.9)	(.528)	(1587.8)	(38.2)	(2958.1)
其他控制变量	是	是	是	是	是	是

注:1.观测值为2200。

2.括号内为稳健标准误,标准误被聚类修正以解释误差项中的家庭内部相关性。

3.*** 指 $p<0.01$,** 指 $p<0.05$,* 指 $p<0.1$。

从图 5-2 和表 5-11 可以看到,退休对子女的生育意愿有影响,退休前后对子女生育意愿有显著提高,与主回归结果得到的结论一致。

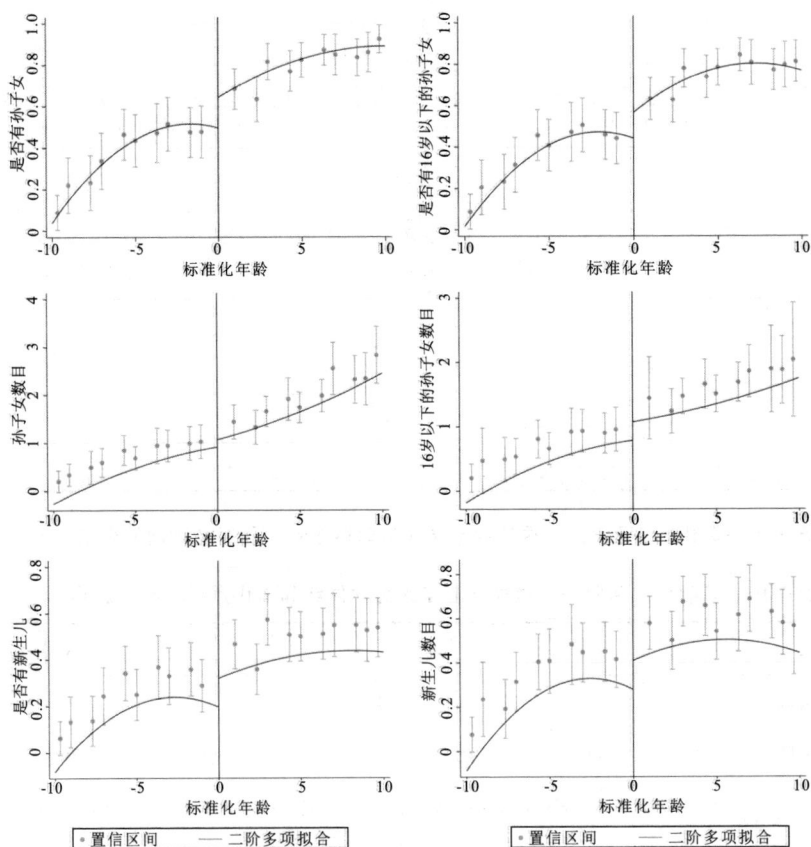

图 5-2　模糊断点回归——退休对子女生育的影响

表 5-11　模糊断点回归——退休对子女生育的影响

阶段	(1)	(2)	(3)	(4)	(5)	(6)
第一阶段			退休			
退休年龄	0.27***	0.33***	0.25***	0.33***	0.33***	0.33***
(断点)	(0.09)	(0.11)	(0.08)	(0.11)	(0.11)	(0.11)
其他控制变量	是	是	是	是	是	是
第二阶段	孙子女	16岁以下的孙子女	孙子女数目	16岁以下的孙子女数目	新生儿	新生儿数目
退休	0.948**	0.816*	1.837	2.415	1.184**	0.960*
	(0.462)	(0.446)	(1.241)	(1.907)	(0.513)	(0.515)
其他控制变量	是	是	是	是	是	是
观测值	2200	2200	2200	2200	2200	2200

注:1.观测值为 2200。

2.括号内为稳健标准误,标准误被聚类修正以解释误差项中的家庭内部相关性。

3.*** 指 $p<0.01$,** 指 $p<0.05$,* 指 $p<0.1$。

2.使用 IV-Tobit 模型

IV-Tobit 模型(托宾模型)是指因变量虽然在正值上大致连续分布,但包含一部分以正概率取值为 0 的观测值的一类模型。比如,在任一给定年份,有相当数量家庭的医疗保险费用支出为 0,因此,虽然年度家庭医疗保险费用支出的总体分布散布于一个很大的正数范围内,但在数字 0 上却相当集中。它也被称为截尾回归模型或删失回归模型(censored regression model),属于受限因变量(limited dependent variable)回归的一种。

本研究接着利用 IV-Tobit 模型估计进行稳健检验。尽管劳动时间为连续型变量,但是对于未参与劳动的观测数据,劳动时间变量被压缩在一个点上,此时劳动时间的概率分布是由一个离散点与一个连续分布所组成的混合分布,在这种情况下,有必要使用 IV-Tobit 模型估计隔代照料活动对老年人劳动时间的影响,进行稳健性检验。

表 5-12 的数据给出了估计结果。从表中可以看出 IV-Tobit 模型估计下,老年人每周劳动供给对子女生育同样也是负向影响。表 5-12 第(4)列项的结果表明:在使用工具变量有效缓解内生性问题后,老年人周劳动供给在 1% 的显著性水平下,对子女生育产生抑制作用。

主要结论为,使用 IV-Tobit 模型估计所得结论和使用 IV-2SLS 回归结果一致,说明文中得到的结论是稳健的,再次得到证实。

表 5-12 稳健性检验（IV-Tobit 模型估计）

变量	IV-Tobit (1) 孩子增量	IV-Tobit (2) 孩子增量	IV-Tobit (3) 孩子增量	IV-Tobit (4) 孩子增量
劳动供给	-0.004^{**}		-0.006^{***}	-0.027^{***}
	(0.002)		(0.002)	(0.006)
常数项	-1.05^{***}	-2.29^{***}	-2.23^{***}	-2.06^{***}
	(0.046)	(0.274)	(0.274)	(0.280)
其他控制变量	否	是	是	是
决定系数 R 方	0.0004	0.035	0.036	

注：1.观测值为7187。

2.括号内为稳健标准误,标准误被聚类修正以解释误差项中的家庭内部相关性。

3. $***$ 指 $p<0.01$, $**$ 指 $p<0.05$, $*$ 指 $p<0.1$。

3.使用2015年老年人退休和劳动数据

文中主体部分使用CHARLS中的2018年老年人退休和劳动数据。考虑到婴儿刚出生时主要是由其父母抚养为主,稍长大后再由家中老年人提供隔代抚养,所以文中采用了2018年老年人退休和劳动数据。2015年数据仅用于稳健性检验。

表 5-13 显示,使用2015年老年人退休和劳动数据的结果与使用2018年数据的结果一致,说明文中得到的结论是稳健的。

表 5-13 稳健性检验（2015 年老年人退休和劳动数据）

变量	(1) 孩子增量	(2) 孩子增量	(3) 孩子增量	(4) 孩子增量
退休	0.602^{**}	0.554^{**}		
	(0.270)	(0.278)		
劳动供给			-0.006^{***}	-0.005^{***}
			(0.002)	(0.002)
常数项	0.287^{***}	0.041	0.509^{***}	0.364^{***}
	(0.076)	(0.166)	(0.017)	(0.099)
其他控制变量	否	是	否	是
R 方				0.042

注：1.观测值为7187。

2.括号内为稳健标准误,标准误被聚类修正以解释误差项中的家庭内部相关性。

3. $***$ 指 $p<0.01$, $**$ 指 $p<0.05$, $*$ 指 $p<0.1$。

五、研究的结论与建议

(一)研究结论

文中采用 CHARLS 在 2015 年与 2018 年的数据,从隔代照料的视角出发,讨论了退休对子女生育意愿和生育率的影响。使用 IV-2SLS 克服内生性问题后估计结果,显示退休对子女生育有积极的影响,而增加老年人劳动供给则会显著抑制子女生育意愿和生育率。

老年人每周劳动供给每增加 1 小时,将平均降低子女在未来 3 年中约0.0087 个新生婴儿的出生,相较于平均生育水平降低 1.89%。如果同样考察老年人延迟退休 1 年,即每周工作增加 5 天,每周增加 40 小时,则将平均降低其子女在未来 3 年约 0.348 个新生婴儿出生,相较于目前平均生育水平降低 75.8%,即每年约减少子女生育 0.1 个新生婴儿,即平均每年生育水平降低 25.2%。结果表明,生育水平处于低位。

在老龄化、高龄化日益严重且生育率持续走低的情况下,延迟退休将会使得我国老龄化现象和低生育率问题变得更加复杂和严峻。

根据文中的分析,在老年人提供照料孙辈时间和提供子女经济支持两个渠道下,从老年人劳动供给对子女生育的影响机制发现,由于老年人"退而不休"的时间段和为子女生育提供的隔代照料时间段会出现重叠现象,因此"退而不休"会减少老年人提供照料孙辈的时间,进而会对子女的生育意愿和生育率产生抑制作用。

此外,通过对按照性别、城乡及地区等划分的不同子样本估计后发现,"退而不休"对子女生育的影响存在异质性。进一步研究发现,"退而不休"对子女生育的负面影响在女性、农村和无养老金的个体中抑制效果更为明显。在不同地区方面,"退而不休"对子女生育的影响仅在东部、西部和中部地区显著,在东北部地区不显著。

另外,当子女未生育孩子时,老年人"退而不休"对子女生育的影响也显著;当老年人与子女居住或者居住距离较远时,老年人"退而不休"对子女生育的影响也是显著的,且与子女居住的老年人退休对子女的生育抑制作用更强。

(二)建议

针对现在提出的延迟退休年龄政策,需要考虑到它对开放生育政策将会带来不确定效果的影响。基于文中的实证结果,给出以下几点建议:

首先,需要稳步提高老年人的退休福利。如最低老年人养老金水平的确定,扩大养老金的覆盖人群等,有助于提高年轻人解读并用好国家生育政策。老年人的福利提高,可让其无后顾之忧,能够有更多的时间提供隔代照料。尤其是提高老年女性和农村老年人的福利,这样会更有效地缓解延迟退休带来的生育抑制效应。

其次,实施区别化的延迟退休年龄政策有利于社会稳定。受传统思想的影响,婴幼儿的照顾更倾向于依赖女性。因此,相较于女性,可更多地延长男性退休年龄;延迟退休年龄可在居住在城市的老年人中先实施,也可在城市工作的农村老年人中尝试,要给在农村的老年人更多的调整空间。对于家庭中即将生育孙辈的家庭,适当休假让其有提供隔代照料的时间。

最后,实施延迟退休政策的同时,出台能有效提高生育率的配套措施或政策。如完善社会婴幼儿托管机构建设,加大婴幼儿教育投入,老年人休假提供隔代照料等。目前我国对3岁以下婴幼儿的社会照料服务基本还处于空白状态。例如2018年4月,上海出台的托育服务文件指出:婴幼儿托育服务仍然要立足于家庭。但是一些国家如韩国、日本、德国、法国等的婴幼儿照料服务已经列入政府基本公共服务范畴。

第二节 城乡融合背景下的老年人主观幸福感

一、城乡融合的发展进程

(一)"融合"是我国将长期面临的一个主题

党的十九大报告指出:新时代我国社会的主要矛盾是人民日益增长的美好生活需要和不平衡不充分的发展之间的矛盾。所谓不平衡不充分,主要是指城乡间经济、社会、信息等方面存在的不平衡,农村在医疗、教育、社会保障等方面的不充分发展。因此,如何促进城乡间各个要素的融合,改善农村人口的生活水平,达到城乡协同发展,这是我国将长期面临的主题。

"融合"这两个字在党的十九大中多次提及,简单来讲,融合是一个事物不断发展的过程,是一个更加包容和很多事物能够共同存在的层面。以往提出的城镇化或者城市化多半有些片面成分,因为它是一个非黑即白、"非农村即城市"的概念。但今天,我们看到在一些发达的欧美国家,依然有乡村,依旧有城市。它们在经过上百年的城市化历程中并没有使乡村消失,而是让乡村和城市非常好地融合发展。

中国在改革开放过程中,尽管经济、文化、社会整体水平得到了量的发展,但是从发展结构来看,长期的二元结构导致中国城乡之间的发展一直存在较大差距,就是有质的距离。从群体来看,中国老龄化程度不断加深,老年群体往往要面对收入下降、病痛折磨、生离死别等经济和心理压力性事件。特别是居住在农村的老年人,无论从发展结构还是群体结构来看,都是需要关注的弱势群体。因为,相比较居住在城市的老年人,农村老年人从生活水平、社会保障还是社会参与等方面,都相对受限;近年来农村老年人因种种原因产生了较高自杀率,也引起社会的高度关注。[1] 官方公开的统计数据表明,中国农村老人的自杀率是世界平均水平的 4～5 倍。[2]

党的十八大以来,中国大力实施强农惠农富农政策,实施乡村振兴战略,乡村面貌有了历史性改观,城乡发展正沿着融合的方向迈进,城乡间经济、社会和文化差距在不断缩小,农民生活水平有了显著提高。但是,居住在农村的老年人在城乡融合过程中的生活状况到底是否得到改善,改善程度如何,城乡间老年人群体的生活水平差距是否得到进一步的缩小等问题,都是需要关注的内容。

(二)对城乡融合过程中老年人个体主观幸福感满意度的关注

从主观角度出发,在城乡融合过程中,老年人个人生活状况和整体福利的一个重要表现就是个人的主观幸福感满意度。

幸福感,本身就是一个具有主观色彩的词语,更多倾向于个人心理的一种综合感受。幸福感满意度,通俗说法就是幸福程度。尤其对于老年人而言,除了最基本的经济和生活条件,以及社会保障外,社会参与度、子女关系

---

[1]　陈柏峰:《代际关系变动与老年人自杀对湖北京山农村的实证研究》,《社会学研究》2009 年第 4 期,第 157～176 页。

[2]　《农村老人:中国自杀率很高的群体》,2018 年 2 月 6 日,https://baijiahao.baidu.com/s? id=1591164065843979179&wfr=spider&for=pc。

融洽度、社会认可度等也是反映老年人整体生活水准的不可或缺的重要因素。对于农村老年人而言,中国长期的城乡二元结构造成农村在经济水平、信息流通、社会融合等方面都相对滞后于城市,再加上城镇化进程的推进,劳动力不断转移,农村"空心化"现象凸显,农村老年人的社会参与感越来越低,直接影响老年人的幸福程度。本书结合城乡融合过程中的突出因素,以老年人主观满意度为衡量标准,提出三点核心要素。

1.社会保障

社会保障是关乎老年人整体生活水平的重要指标。老年人社会保障主要包括养老保险和医疗保险、最低生活保障、社会福利、社会救助等方面。随着年龄的增长,老年人自身的保障能力逐渐弱化是一个自然现象,因此社会保障的支持对于老年人的幸福感起到了至关重要的作用。目前,我国社会保障总体水平是偏低的,整个社会保障支出仅仅占财政总支出的 12%,这个比例远远低于发达国家的 30%～50%。[①]

我国基本养老保险在农村的覆盖面依然比较窄。尽管近几年对老年人的养老和医疗保障力度不断加大,但是对其心理和精神的关注比较欠缺,很多老年人感觉很孤独,缺乏幸福感。

2.社会参与度

社会参与度是影响老年人幸福感的重要因素。随着城乡融合的不断推进,农村在经济、交通、信息以及人与人的互动中都不断地打破原先相对封闭的状态,转而与城市之间的连接更加紧密。故此,老年人在一定程度上会受到周围环境的影响,尤其在退休之后原先工作的时间都转移到闲暇时间上来,更多地与周围环境产生联系。

从老年人个体角度来看,城乡融合带来的要素互通能直接或间接增加农村老年人在农村内部以及城乡间的信息渠道和社会参与的机会,进而提升其精神愉悦度和幸福感满意度。

3.家庭关系

家庭关系是影响老年人幸福感的主要因素。一是婚姻关系。良好的婚姻关系对于老年人是一种身体和精神上的支撑和扶持,是子女以及其他的社会关系无法代替的。二是代际支撑。由于中国长期受儒家思想影响,家

---

① 《当前中国老年人社会保障存在的问题及对策分析》,2017 年 3 月 1 日,http://www.fx361.com/page/2017/0301/918252.shtml。

庭养老是目前中国养老的主要模式，尤其在农村地区，基本都依靠子女对老人进行赡养。因此，子女与老人之间的关系会直接影响老年人的生活品质及精神质量。

本书从城乡融合的角度出发，主要探究三个要素中的社会参与度对中国老年人幸福感满意度的影响以及城乡间老年人幸福感满意度的差距是否在逐年缩小，文中使用CHARLS在2011年、2013年、2015年的数据，采用有序Probit模型（Ordered Probit）以及两阶段最小二乘法（IV-2SLS）进行论证。

二、不同观点对幸福感影响的探讨

近年来，全球对老年人生活水平的关注度在逐渐提高，越来越多的学者开展了对老年人整体生活水平的满意度和幸福感满意度的研究。国内外对于城乡老年人主观幸福感满意度的研究较多，例如多兰（P. Dolan）等人（2008）通过对老年人幸福感的相关文献进行整理分析发现，影响老年人幸福程度的因素主要有健康程度、家庭分离、失业以及缺乏社会联系等几个方面。[①]　根据本节的研究问题，对相关文献总结如下。

（一）社会保障相关方面的影响

奈特等人（2009）通过对中国农村居民的幸福感测算后发现，随着经济水平的整体提高，经济水平对于农村居民幸福感的影响相对没有那么重要，而相比之下，态度、社会预期等心理因素对于幸福感的影响在逐渐增加。[②]　詹婧和赵越（2018）主要通过身体健康状况、社区社会资本对单位制社区老年人主观幸福感的显著影响展开研究。[③]　吴克昌和谭影波（2018）通过2002年和2014年的中国老年人口健康状况调查数据，分析社会保障制度发展前后，关怀照顾、经济来源、医疗服务三个维度对老年人主观幸福感的影响及变化，研究发现：充裕的经济条件和完善的医疗服务对老年人主观幸福感的

---

①　Dolan，P.，et al.，Do We Really Know What Makes Us Happy? A Review of The Economic Literature on the Factors Associated with Subjective Well-being，*Journal of Economic Psychology*，2008，29(1)：94-122.

②　Knight，J.，et al.，Subjective Well-being and Its Determinants in Rural China，*China Economic Review*，2009，20(4)：635-649.

③　詹婧、赵越：《身体健康状况、社区社会资本与单位制社区老年人主观幸福》，《人口与经济》2018年第3期，第71～84页。

重要性增加,同时社会保障给老年人带来的正面影响较大。[1]

王沁雨等人(2020)证实了参与基本医疗保险和商业医疗保险均能显著提高居民幸福感。[2] 霍灵光和陈媛媛(2017)的研究发现新农合并不能提高幸福感,原因在于新农合对减轻农民的就医负担作用有限。[3] 新农合的全称是新型农村合作医疗,是指由政府组织、引导、支持,农民自愿参加,以大病统筹为主的农民医疗互助共济制度。其采取个人缴费、集体扶持和政府资助的方式筹集资金。

田馨滦和张晓娟(2018)主要通过收入和文化服务两方面研究农村老年人的幸福感,研究表明:收入状况对农村老年人幸福感的正向影响依然存在;文化服务满意度对农村老年人的幸福指数具有比收入更显著的影响。[4] 朱晨和杨晔(2017)实证分析了农村老年人幸福感的健康效应,研究发现:幸福感越高的农村老年人,其健康的概率越高。[5] 幸福感主要通过社会资本效应、经济收入效应和健康行为效应促进老年健康。

梁萍等人(2018)通过对贵州省农村留守老年人的幸福感测量后发现:劳动力转移对留守老人幸福感的影响较大,同时社会保障、医疗保障政策的实施不完善、不精准也是影响留守老人幸福感的主要因素。[6] 余娟(2018)以甘肃农村留守老年人为例,研究其总体幸福感程度,研究发现:总体来看,留守老年人的总体幸福感欠佳,其中年龄越长幸福感越差;同时非留守老年人由于面临家庭关系的压力,总体幸福感也不是很高。[7]

---

[1] 吴克昌、谭影波:《不同时期关怀照顾、经济来源以及医疗服务与老年人主观幸福感:基于 CHLHS 2002 及 CHLHS 2014 的实证研究》,《华南理工大学学报(社会科学版)》2018 年第 3 期,第 81～91 页。

[2] 王沁雨、陈华、牟珊珊:《城乡居民医保参与对其幸福感影响的实证研究:基于公平感视角》,《农村经济》2020 年第 5 期,第 137～144 页。

[3] 霍灵光、陈媛媛:《"新农合":农民获得幸福感了吗?》,《上海财经大学学报(哲学社会科学版)》2017 年第 2 期,第 38～49 页。

[4] 田馨滦、张晓娟:《收入、文化服务与农村老年人幸福感的实证研究》,《调研世界》2018 年第 7 期,第 58～63 页。

[5] 朱晨、杨晔:《农村老年人幸福感的健康效应:基于"千村调查"的数据》,《农业技术经济》2017 年第 12 期,第 76～87 页。

[6] 梁萍、蔡雄飞、程星:《农村劳动力转移背景下留守老人幸福感研究:以贵州省为例》,《湖北农业科学》2018 年第 12 期,第 131～135 页。

[7] 余娟:《甘肃农村不同留守状态中老年人自测健康状况与总体幸福感》,《中国老年学杂志》2018 年第 3 期,第 239～241 页。

刘盼(2017)主要从婚姻状况、代际支持、宗教信仰这三个方面分析我国农村老年人主观幸福感的影响因素。[①] 任琼琼等人(2018)主要研究影响农村独居老年人主观幸福感的主要因素,通过对安徽某地区的研究发现:独居老年人由于社交范围变小,比一般老年人更易出现孤独感。[②]

(二)社会参与度方面的影响

影响老年人幸福感满意度的因素是复杂多样的,而且除了经济、健康等个人自身因素外,同时还有一个重要的社会因素指标值得关注,即社会参与度。

社会参与度,主要指人们对周围社会活动的机会获取、参与以及与在参与过程中的积极性等方面的程度,也是个人与社会形成情感联系的程度。

城乡融合的进程在不断向前推进,社会参与度对城乡社会一体化的影响程度逐渐凸显,尤其在老年群体中影响更积极。刘颂(2007)在其关于社会参与和老年人生活满意度的研究中表明:积极融入社会参与中的老年人,心理健康状态优于没有参与社会活动的老年人。[③] 因此,老年人积极参与社会活动,能够有效地防御或减轻抑郁、焦虑等负面的心理情绪,保持积极乐观的心理状态,能够对提高身心健康起到推动作用。裴晓梅(2004)认为社会活动参与能促进老年群体融合到社会中,有利于社会可持续发展。[④] 阿保(S. Appau)等人(2019)等人通过对英国社区生活调查发现:影响主观幸福感的主要因素是社会参与度,与邻居或周围人联系越密切,主观幸福感越高。[⑤]

文献中关于社会参与的定义比较宽泛,社会活动类型可以分为工作型、休闲型、社会型、家庭型等。社会参与度与个人健康、社区环境和经济

---

① 刘盼:《农村老年人主观幸福感的影响因素》,《中国市场》2017 年第 34 期,第 86~87 页。

② 任琼琼、李杰、余丹丹:《安徽省某地区农村独居老年人主观幸福感及影响因素研究》,《中华疾病控制杂志》2018 年第 6 期,第 581~584 页。

③ 刘颂:《老年社会参与对心理健康影响探析》,《南京人口管理干部学院学报》2007年第 4 期,第 38~40 页。

④ 裴晓梅:《从"疏离"到"参与":老年人与社会发展关系探讨》,《学海》2004 年第 1 期,第 113~120 页。

⑤ Appau, S., et al., Social Integration and Subjective Wellbeing, *Applied Economics*, 2019, 51(16): 1-14.

收入都有着密切的关系。[①] 因此可以看出,老年人的社会参与度是实现城乡社会融合的一个重要途径:一是微观层面。老年人积极参与社会活动,不仅有利于个体融入群体中,实现社会认同感,而且能不断提高个体的身心健康,最终实现个人的人生价值。二是宏观层面。老年人积极参与社会活动,有助于增强集体意识,有利于城乡间融合,减少城乡间差距,突出了社会融合的重要性。基于此,本研究将社会参与界定为老年人在休闲时间参与社会性因素的活动,包括在家庭社区参与正式或非正式的活动。

此外,上述文献也发现,对于农村老年人而言,个人经济因素所占的角色在不断弱化,而老年人与社会间的参与和沟通对于其幸福感满意度的重要性反而在持续上升,并且在城乡融合的不断推进下,文化服务等精神层面表现出的社会交流和融合对于农村老年人幸福感满意度的影响在逐渐增强。然而,在文献梳理中也发现,关于社会参与度对于老年人主观幸福感的影响的研究大都针对的是城乡整体老年群体,而关于社会参与度对于城乡间老年人幸福感满意度的差距影响的研究甚少。从目前发展结构来看,城乡老年人之间的差距远大于经济、社会发展之差距,因此探索真正能缩小两者差距的核心因素才是研究之关键。

诚然,伴随着中国城乡融合推进的步伐,城乡居民间无论在日常交流还是信息分享等方面都有了很大的进步,这一点对于城乡居民尤其是农村老年人的幸福感满意度具有积极的影响作用。那么,城乡间老年人在此背景下的主观幸福感满意度差距究竟是会缩小,还是会拉大,还是没有明显的体现呢? 这些问题都有待商榷。

因此,本节将以"城乡融合"为研究背景,从微观经济学的角度,将"城乡融合"这个概念更加具体化,聚焦在个体社会活动参与这个维度,探究其对城乡间老年人的主观幸福感满意度及其差距的影响。

三、研究数据、变量选择、计量模型及实证

(一)研究数据及变量选择

1.数据来源及样本

研究采用 CHARLS 在 2011 年、2013 年、2015 年的数据。经过数据处

---

① 张文娟、赵德宁:《城市中低龄老年人的社会参与模式研究》,《人口与发展》2015年第 1 期,第 78~88 页。

理以及去掉与研究相关变量有缺失信息的样本,最终得到 3 年的截面数据共 45439 个有效样本。选取该数据的一个重要原因在于问卷调查年份从 2011 年到 2015 年,这个时段与城乡融合发展政策的提出和实施的时间一致,对研究城乡融合背景对城乡居民主观幸福感满意度的潜移默化的影响程度具有积极的意义。

2.变量选择

研究的被解释变量为个体生活满意度,该变量用来测度个体主观幸福感满意度。在 CHARLS 调查中,受访者被询问的问题是:"总体看来,您对自己的生活是否感到满意?"受访者的回答分为极其满意、非常满意、比较满意、不太满意及一点也不满意共 5 种。

研究核心的解释变量主要有两部分:一个是通过现在的户口类别区分农村和城市居民,另一个是测量中老年人在城乡融合发展过程中的社会参与度。CHARLS 依次询问受访者在过去一个月是否进行过各种类型的社会活动(可多选),以及一个月中每种社会活动的参与频率。CHARLS 询问的参与的社会活动项目丰富且范围较广,主要包括:串门、跟朋友交往;打麻将、下棋、去社区活动室;无偿向与您不住在一起的亲人、朋友或者邻居提供帮助;去公园或者其他场所跳舞、健身、练气功等;参加社团组织活动;参加志愿者活动或者慈善活动;无偿照顾与您不住在一起的病人或残疾人;上学或者参加培训课程;炒股;上网;其他社会活动。鉴于此,研究构建了两个变量:社会活动参与数量(0~11)和社会活动参与频率(0~3),变量数字越大说明过去一个月参与的社会活动越多,参与频率越高。

基于研究的样本选择为 45 岁及以上的中老年人,其他的控制变量主要是影响老年人主观幸福感的一般因素,包括年龄、年龄的平方、性别、教育水平(文盲、小学学历、初中学历、高中学历及以上)、生活地区(西部、东部、中部、北部)、孩子数量、婚姻状况[已婚(或者有同居伴侣)、分居、离婚、鳏寡、单身未婚]和受访年份。

3.描述性统计

主要变量的基本统计量。表 5-14 显示:样本中老年人平均年龄为 60 岁左右,农村户口比例占 78%,城市户口比例占 22%,已婚(或者有同居伴侣)的老年人占 88%,平均家庭拥有 2~3 个孩子。从教育水平来看,超过半数的老年人教育水平低于初中学历。样本中老年人平均对生活感觉比较满意。从社会参与度来看,老年人平均参与社会活动仅为 1 项,且频率较低。

表 5-14　主要变量的基本统计量

变量	观测值	均值	标准差	最小值	最大值
被解释变量					
个体生活满意度	45439	3.193	0.760	1	5
解释变量					
农村户口	45439	0.778	0.416	0	1
社会活动参与数量	45439	1	1.105	0	9
社会活动参与频率	45439	0.163	0.208	0	1.818
其他控制变量					
女性	45439	0.520	0.500	0	1
年龄	45439	59.982	9.483	45	102
文盲	45439	0.252	0.434	0	1
小学学历	45439	0.404	0.491	0	1
初中学历	45439	0.319	0.466	0	1
高中学历及以上	45439	0.025	0.155	0	1
西部地区	45439	0.325	0.468	0	1
东部地区	45439	0.316	0.465	0	1
中部地区	45439	0.284	0.451	0	1
北部地区	45439	0.074	0.263	0	1
孩子数量	45439	2.626	1.388	0	10
已婚(或者有同居伴侣)	45439	0.878	0.328	0	1
分居	45439	0.003	0.056	0	1
离婚	45439	0.008	0.090	0	1
鳏寡	45439	0.105	0.307	0	1
单身未婚	45439	0.006	0.075	0	1

　　城乡间老年人的满意度对比。图 5-3 显示:居住在城市的老年人选择比较满意、非常满意、极其满意 3 项的比例远比居住在农村的老年人高,平

均生活满意度为 3.23；而居住在农村的老年人的平均生活满意度为 3.18，比居住在城市的老年人低了 1.5 个百分点。

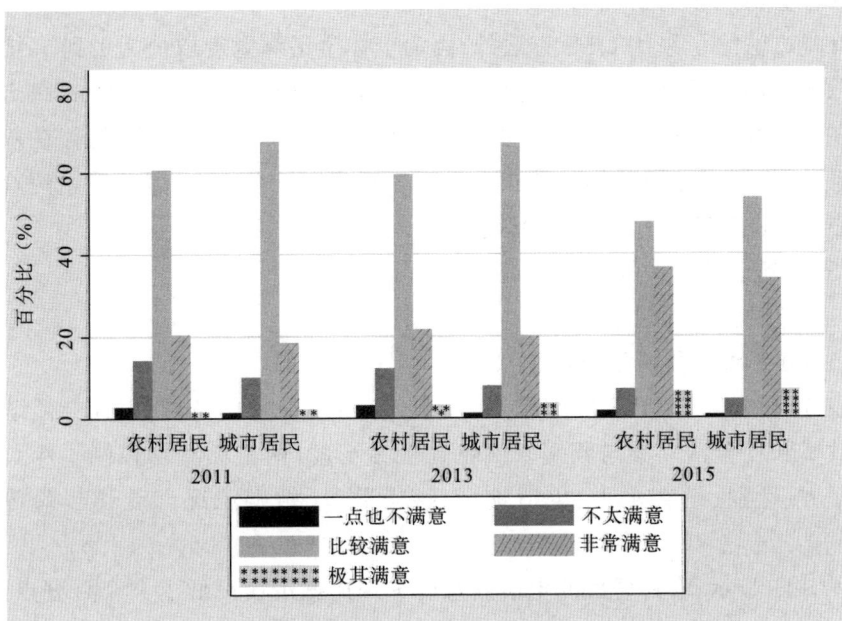

图 5-3　2011—2015 年农村和城市居民生活满意度对比

年份的比较。把不同年份的满意度进行比较，根据选取"比较满意"一栏的老年人所占比例来看，2011 年，城乡间老年人对"比较满意"这个维度选择的百分比差距为 7.08 个百分点，而 2015 年，二者差距缩小到 5.95 个百分点。

结果显示，从 2011 年到 2015 年期间，城乡间的老年人对幸福感的感受和认同的差距在不断缩小。这与 2010 年国家提出城乡统筹，到 2012 年 11 月党的十八大报告明确提出"推动城乡发展一体化"，再到 2015 年提出城乡融合相关。这些年，国家也先后出台了多项政策和帮扶策略，不少政策已经落地并实施，有利于城乡进一步融合发展，在提升城市老年人幸福感满意度的同时，提升农村地区老年人幸福感满意度，这是城乡融合发展政策下的一个很有效的表现。

（二）实证模型

本研究的主要解释变量为农村/城市居民和社会参与度，被解释变量为个体生活满意度。基本的实证模型如下：

$$Y_{it} = \beta_0 + \beta_1 H_{it} + \beta_2 S_{it} + \beta_3 H_{it} S_{it} + \gamma X + \varepsilon_{it}$$

(1)

方程式(1)中 Y_{it} 表示个体生活满意度; H_{it} 表示农村/城市居民; S_{it} 为社会活动参与数量或者参与频率; X 为其他控制变量; $H_{it}S_{it}$,为农村/城市居民和社会活动参与情况的交叉项。

计量方法除了采用 OLS 方法外,因为个体生活满意度取值为 1 到 5,结果是以排序的形式出现,所以也使用有序 Probit 模型来检验结果的稳定度。在稳健性检验中,由于社会参与度和个体生活满意度之间可能存在双向关系,对生活感觉越幸福的老年人也越愿意参与社会活动,因此采用两阶段最小二乘法(IV-2SLS)加以检验。

(三)实证结果

1.回归模型估计结果

(1)OLS 回归及模型分析结果

表 5-15 报告了 OLS 回归结果,模型(1)和模型(2)分别使用社会活动参与数量和社会活动参与频率来测量社会参与度,两个模型均控制了年龄及其平方、性别、教育水平、生活地区、孩子数量、婚姻状况和受访年份等变量。

表 5-15 显示,农村居民的生活满意度平均比城市居民低了 3 个百分点,且在 1%的水平上显著,说明农村居民平均比城市居民对生活满意度更低。在模型(1)中,社会活动参与数量每增加一个,生活满意度可以提高 3.6 个百分点,且在 1%的水平上显著,这也相当于农村居民和城市居民的生活满意度的差值。在模型(2)中,如果社会活动参与频率每增加 0.1,生活满意度就可以显著增加 2.2 个百分点,这也相当于农村老年人低于城市老年人的生活满意度的值。从模型(1)和模型(2)可以看出:老年人参与社会活动可以提高生活满意度,且增加的幅度和农村户口带来的生活满意度的降低幅度相当。

为了更进一步研究社会活动参与是否可以减少农村和城市老年人生活满意度的差异,在模型(1)(2)的基础上,加入农村/城市居民和社会活动参与的交叉项。在模型(3)中,农村居民和社会活动参与数量的交叉项为0.019,且在 1%的水平上显著。这说明对于农村老年人而言,每多参与一项社会活动,生活满意度就可以增加 1.9 个百分点;而城市和农村老年人平均生活满意度之间的差距为 1.5 个百分点,因此增加一项社会活动基本可以抵消其差距。在模型(4)中,农村居民和社会活动参与频率的交叉项也发现正向的且显著的结果。数据表明:对于老年人来说,社会活动参与可以减轻农村户口带来的生活满意度的降低。

表 5-15　OLS 回归结果

变量	模型(1) 生活满意度	模型(2) 生活满意度	模型(3) 生活满意度	模型(4) 生活满意度
农村	−0.030***	−0.025**	−0.051***	−0.050***
	(0.011)	(0.011)	(0.014)	(0.013)
社会活动参与数量	0.036***		0.024***	
	(0.004)		(0.005)	
农村×社会活动参与数量			0.019***	
			(0.007)	
社会活动参与频率		0.220***		0.144***
		(0.019)		(0.028)
农村×社会活动参与频率				0.127***
				(0.037)
女性	−0.044***	−0.047***	−0.044***	−0.047***
	(0.009)	(0.009)	(0.009)	(0.009)
小学学历	−0.042**	−0.043***	−0.043***	−0.044***
	(0.012)	(0.012)	(0.012)	(0.012)
初中学历	−0.033***	−0.034***	−0.034***	−0.034***
	(0.014)	(0.013)	(0.014)	(0.014)
高中学历及以上	−0.016	−0.021	−0.006	−0.010
	(0.028)	(0.028)	(0.028)	(0.028)
年龄	−0.002	−0.002	−0.001	−0.001
	(0.005)	(0.005)	(0.004)	(0.005)
年龄的平方/100	0.005	0.005*	0.005*	0.005*
	(0.004)	(0.004)	(0.004)	(0.004)
东部地区	0.027***	0.025***	0.027***	0.025***
	(0.010)	(0.010)	(0.010)	(0.010)
中部地区	0.021**	0.020*	0.021*	0.019*
	(0.011)	(0.011)	(0.011)	(0.011)

续表

变量	模型（1）生活满意度	模型（2）生活满意度	模型（3）生活满意度	模型（4）生活满意度
北部地区	0.037*	0.037*	0.035*	0.034*
	(0.018)	(0.018)	(0.018)	(0.018)
孩子数量	0.004	0.005	0.004	0.004
	(0.004)	(0.004)	(0.004)	(0.004)
分居	−0.404***	−0.406***	−0.403***	−0.405***
	(0.077)	(0.076)	(0.077)	(0.076)
离婚	−0.340***	−0.343***	−0.340***	−0.342***
	(0.053)	(0.053)	(0.053)	(0.053)
鳏寡	−0.070***	−0.071***	−0.071***	−0.072***
	(0.016)	(0.016)	(0.016)	(0.016)
单身未婚	−0.274***	−0.276***	−0.274***	−0.277***
	(0.057)	(0.058)	(0.057)	(0.058)
2013 年	0.045***	0.045***	0.045***	0.045***
	(0.007)	(0.007)	(0.007)	(0.007)
2015 年	0.318***	0.320***	0.318***	0.320***
	(0.008)	(0.008)	(0.008)	(0.008)
常数项	2.985***	2.996***	2.989***	3.000***
	(0.129)	(0.129)	(0.129)	(0.129)
R 方	0.050	0.051	0.050	0.051
婚姻状况虚拟变量 F 检验的 p 值	0	0	0	0
生活地区虚拟变量 F 检验的 p 值	0.028	0.044	0.033	0.057
教育水平虚拟变量 F 检验的 p 值	0.004	0.004	0.002	0.002

注：1.观测值为 45439。

2.括号内为稳健标准误,标准误被聚类修正以解释误差项中的家庭内部相关性。

3.*** 指 $p<0.01$,** 指 $p<0.05$,* 指 $p<0.1$。

回归模型估计结果表明：女性老年人比男性老年人平均对生活更不满意；小学学历和初中学历的老年人生活满意度更低，但是文盲和高中学历及以上的老年人生活满意度并无很大差异，这就说明教育水平和生活满意度并不仅仅是呈正向的线性关系。已婚的老年人对生活感觉更满意。东部、中部和北部地区的老年人显著比西部地区老年人更满意现在的生活。

（2）有序 Probit 模型验证

有序 Probit 模型，是误差分布服从标准正态分布的一种排序选择模型，当被解释变量具有有序排列特征时会使用该模型。

首先，考虑到个体生活满意度具有排序特征，很有必要使用有序 Probit 模型进一步检验。从表 5-16 可以看到：模型（5）和模型（6）的结果与 OLS 方法的结果一致，也就是说农村老年人生活满意度显著比城市老年人低；社会活动参与数量和社会活动参与频率越高，生活满意度也就越高，均在 1% 的水平上显著。

接着，进一步计算边际效应。表 5-17 显示了有序 Probit 模型边际效应的核心解释变量的平均边际效应，可以得出：农村户口老年人一点也不满意的概率提高 0.2 个百分点，不太满意的概率提高 0.6 个百分点；然而，非常满意的概率降低 1.1 个百分点，极其满意的概率则降低 0.4 个百分点。同时社会活动参与数量每增加一个，一点也不满意的概率可以降低 0.3 个百分点，不太满意的概率则降低 0.8 个百分点；非常满意的概率则提高 1.4 个百分点，极其满意的概率提高 0.4 个百分点。结果显示：社会活动参与数量每增加一个，就可以很好地增加生活满意度，并且增加的幅度可以与农村户口给老年人带来的生活满意度下降的幅度相抵消。从模型（6）也得到类似的结论。

最后，在模型中加入交叉项进行验证。为了更进一步研究社会活动参与能否减轻农村老年人与城市老年人的生活满意度的差距，与 OLS 方法一样，在模型中加入交叉项。表 5-16 表明：农村老年人与社会活动参与数量、农村老年人与社会活动参与频率的交叉项均为正向的，且显著。表 5-17 则计算了对于农村老年人社会活动参与数量和社会活动参与频率的边际效应。这个与 OLS 方法得出的结论一致，也就是说，社会活动参与数量每增加一个，就可以使一点也不满意的概率降低 0.3 个百分点，不太满意的概率降低 0.9 个百分点；然而，非常满意和极其满意的概率分别增加 1.6 个百分点和 0.5 个百分点。根据其中的模型（8）数据，平均社会活动参与频率每增加 0.1，就可以使得一点也不满意和不太满意的概率分别降低 0.2 个百分点和 0.6 个百分点,而非常满意的概率则提高了 1 个百分点,极其满意的概率提高了 0.3 个百分点。结果显示:增加社会活动参与数量和参与频率可以降低农村老年人选择"一点也不满意"和"不太满意"的概率。因此,社会参与度的提升可以较大幅度地缩小农村和城市老年人生活满意度的差距。

表 5-16 有序 Probit 回归结果

变量	模型(5) 生活满意度	模型(6) 生活满意度	模型(7) 生活满意度	模型(8) 生活满意度
农村	−0.042***	−0.035**	−0.071***	−0.070***
	(0.016)	(0.016)	(0.020)	(0.020)
社会活动参与数量	0.053***		0.036***	
	(0.005)		(0.008)	
农村×社会活动参与数量			0.027**	
			(0.010)	
社会活动参与频率		0.326***		0.215***
		(0.028)		(0.043)
农村×社会活动参与频率				0.184***
				(0.055)
女性	−0.063***	−0.070***	−0.062***	−0.066***
	(0.013)	(0.013)	(0.013)	(0.013)
小学学历	−0.068***	−0.069***	−0.069***	−0.070***
	(0.017)	(0.017)	(0.017)	(0.017)
初中学历	−0.057***	−0.058***	−0.058***	−0.058***
	(0.020)	(0.020)	(0.020)	(0.020)
高中学历及以上	−0.029	−0.036	−0.015	−0.019
	(0.042)	(0.042)	(0.042)	(0.042)
年龄	−0.001	−0.002	−0.001	−0.001
	(0.007)	(0.007)	(0.007)	(0.007)
年龄的平方/100	0.007	0.007	0.007	0.007
	(0.006)	(0.006)	(0.006)	(0.006)
东部地区	0.042***	0.039***	0.042***	0.038***
	(0.016)	(0.016)	(0.015)	(0.015)
中部地区	0.034**	0.031**	0.033**	0.031*
	(0.016)	(0.016)	(0.016)	(0.016)

续表

变量	模型（5） 生活满意度	模型（6） 生活满意度	模型（7） 生活满意度	模型（8） 生活满意度
北部地区	0.059**	0.059**	0.057**	0.056**
	(0.027)	(0.027)	(0.027)	(0.027)
孩子数量	0.007	0.007	0.006	0.006
	(0.006)	(0.006)	(0.006)	(0.006)
分居	−0.574***	−0.577***	−0.573***	−0.576***
	(0.107)	(0.107)	(0.107)	(0.107)
离婚	−0.490***	−0.495***	−0.489***	−0.493***
	(0.075)	(0.075)	(0.075)	(0.075)
鳏寡	−0.100***	−0.102***	−0.100***	−0.103***
	(0.023)	(0.023)	(0.023)	(0.023)
单身未婚	−0.379***	−0.382***	−0.379***	−0.382***
	(0.081)	(0.081)	(0.081)	(0.081)
2013 年	0.069***	0.069***	0.0700***	0.0700***
	(0.011)	(0.011)	(0.011)	(0.011)
2015 年	0.479***	0.482***	0.479***	0.483***
	(0.012)	(0.012)	(0.012)	(0.012)
节点 1	−1.710***	−1.725***	−1.715***	−1.732***
	(0.221)	(0.221)	(0.191)	(0.191)
节点 2	−0.842***	−0.858***	−0.848***	−0.864***
	(0.221)	(0.221)	(0.221)	(0.221)
节点 3	0.880***	0.866***	0.875***	0.860***
	(0.221)	(0.221)	(0.221)	(0.221)
节点 4	2.154***	2.141***	2.149***	2.134***
	(0.222)	(0.221)	(0.222)	(0.221)
婚姻状况虚拟变量 F 检验的 p 值	0	0	0	0
生活地区虚拟变量 F 检验的 p 值	0.018	0.028	0.021	0.037
教育水平虚拟变量 F 检验的 p 值	0	0	0	0

注：1. 观测值为 45439。

2. 括号内为稳健标准误，标准误被聚类修正以解释误差项中的家庭内部相关性。

3. *** 指 $p < 0.01$，** 指 $p < 0.05$，* 指 $p < 0.1$。

表 5-17 有序 Probit 模型边际效应

模型	变量	一点也不满意	不太满意	比较满意	非常满意	极其满意
模型(5)	农村	0.002***	0.006***	0.006**	−0.011**	−0.004**
		(0.001)	(0.002)	(0.002)	(0.004)	(0.001)
	社会活动参与数量	−0.003***	−0.008***	−0.007***	0.014***	0.004***
		(0.0003)	(0.001)	(0.001)	(0.001)	(0.0004)
模型(6)	农村	0.002**	0.005**	0.005**	−0.009**	−0.0029**
		(0.001)	(0.002)	(0.002)	(0.004)	(0.001)
	社会活动参与频率	−0.017***	−0.048***	−0.045***	0.083***	0.027***
		(0.002)	(0.004)	(0.004)	(0.007)	(0.002)
模型(7)农村	社会活动参与数量	−0.003***	−0.009***	−0.008***	0.016***	0.005***
		(0.0004)	(0.001)	(0.001)	(0.002)	(0.001)
模型(8)农村	社会活动参与频率	−0.022***	−0.059***	−0.054***	0.101***	0.033***
		(0.002)	(0.005)	(0.005)	(0.009)	(0.003)

注:1.括号内为稳健标准误,标准误被聚类修正以解释误差项中的家庭内部相关性。

2.*** 指 $p < 0.01$,** 指 $p < 0.05$,* 指 $p < 0.1$。

2.内生性检验

本节旨在研究社会参与度对农村和城市老年人的个体生活满意度的影响。然而,个体生活满意度和社会参与度之间可能存在双向因果关系,也就是说:幸福感越强的人越愿意参与社会活动,进而导致社会活动参与变量存在内生性问题。由此,为了得到更有效的估计结果,在稳健性分析中,文中引入了工具变量两阶段最小二乘法(IV-2SLS)估计,以解决潜在的内生性问题。

本节在问卷中选择了家庭中是否有安装电话,要爬多少级阶梯才能到家门口,以及室内温度是多少(访问者记录)等问题作为工具变量。问卷选择的项目主要是从中老年人健康角度出发,因为阶梯的数量,是否可以通过电话与亲朋好友联系,以及室内环境好坏都是影响老年人外出参与社会活动的判断因素。同时,这些变量的使用将不会对个体生活满意度产生直接的影响,这就可以较好地保证了工具变量的外生性问题。因此,从理论角度来说,工具变量的选取是合理的。

从表 5-18 可以发现，在引入工具变量消除内生性问题之后，农村老年人和社会活动参与数量、农村老年人和社会活动参与频率的交叉项仍呈现正相关关系。该结论和主要回归模型的结论一致，也就是：积极参与社会活动可以增加农村老年人生活的满意度。

为验证模型的合理性，本研究进行了一系列检验。首先，采用弱工具变量检验（Cragg-Donald Wald F 检验）的 p 值均小于 1％，也就说明文中选取的工具变量与内生变量高度相关，不存在弱工具变量问题。其次，采用过度识别检验（Sargon 检验）的 p 值分别为 0.944 和 0.613，均未达到 10％的显著性水平，因而不能拒绝工具变量与误差项不相关的原假设。上述检验表明文中所选择的工具变量是有效的。最后，使用有序 Probit 模型也得到一致的结果，即：积极参与社会活动或者提高社会活动参与频率均可以显著增加农村老年人选择"非常满意"和"极其满意"的概率。

总的来说，社会参与度能显著降低城乡间老年人在主观幸福感满意度上的差距。

表 5-18　IV-2SLS 回归结果

变量	模型（9）		模型（10）	
	第一阶段 社会活动 参与频率	第二阶段 生活满意度	第一阶段 社会活动 参与数量	第二阶段 生活满意度
农村	-0.073^{***}	0.013	-0.331^{***}	0.024
	(0.003)	(0.024)	(0.014)	(0.024)
社会活动参与数量				0.219^{***}
				(0.054)
农村×社会活动参与数量				0.019^{***}
				(0.007)
社会活动参与频率		0.890^{***}		
		(0.252)		
农村×社会活动参与频率		0.123^{***}		
		(0.036)		
工具变量				
台阶数	0.010^{***}		0.044^{***}	
	(0.001)		(0.004)	
室内温度	-0.007^{***}		-0.028^{**}	
	(0.002)		(0.013)	

续表

变量	模型(9)		模型(10)	
	第一阶段 社会活动 参与频率	第二阶段 生活满意度	第一阶段 社会活动 参与数量	第二阶段 生活满意度
是否有电话	0.017***		0.086***	
	(0.002)		(0.011)	
常数项	0.298***	2.765***	2.14***	2.56***
	(0.035)	(0.152)	(0.185)	(0.176)
其他控制变量	有	有	有	有
Wald F 检验的 p 值		0		0
Sargon 检验	0.005($p=0.944$)		0.256($p=0.613$)	

注:1.观测值为44299。

2.括号内为稳健标准误,标准误被聚类修正以解释误差项中的家庭内部相关性。

3.*** 指 $p<0.01$,** 指 $p<0.05$,* 指 $p<0.1$。

四、研究的结论及分析

(一)实证结果

从以上运用的数据和模型结果可以看出,就整体情况而言,中国居住在农村的老年人幸福感满意度低于居住在城市的老年人,2011 年、2013 年和 2015 年共 3 年的农村老年人幸福感满意度均低于城市老年人。

(二)结果分析

一是从横向实际情况看,中国农村在经济水平、社会活动、医疗制度等方面与城市存在一定的差距是一个事实,尤其是老年群体方面的各项事务,农村的整个发展显得更为滞后一些。

二是从纵向对比看,从 2011 年到 2015 年间,城乡老年人幸福感满意度之间的差距在不断缩小,从选取"比较满意"一栏的老年人所占比例来看,2011 年城乡老年人"比较满意"的百分比差距为 7.08 个百分点,而到 2015 年,二者之间的差距缩小至 5.95 个百分点。可以很明显看到,随着一系列乡村振兴和发展的政策和策略的实施与落地,农村经济、社会和文化水平等在不断进步,城乡老年人之间的幸福感满意度差距也在不断缩小,这也是城乡融合的一个有效表现。

三是使用 CHARLS 的数据和经济计量工具模型,结合两者用来探究社会参与度和城乡老年人幸福感满意度差距的关系,还是发现了不少的问题:不同因素,对于城乡老年人幸福感满意度的影响是各不相同的。尤其是传统的一些思维和户口政策,对于城乡老年人幸福感满意度起到了积极的负向影响,随着时间的推移,将会进一步拉大农村与城市之间的差距。数据及模型运行的结果进一步印证了我国城乡二元结构的现象的确对农村老年人幸福感满意度起到了抑制作用,城乡老年人之间的幸福感满意度差距进一步拉大是显现的。

四是从有序 Probit 回归结果看,在城乡融合背景下,社会参与度这个指标的提升对农村老年人幸福感满意度具有积极的影响。回归结果显示:社会活动参与数量每增加一个可以比较明显地增加生活满意度,而且增加的幅度可以与农村户口带来的生活满意度下降幅度相抵消。换句话说,提高社会活动参与频率也可以有效地增加农村老年人的生活满意度。

(三)主要结论

本研究的目的在于进一步探究社会参与度是否可以有效缩小农村居民和城市居民主观幸福感的差距,数据分析及模型演示的结果充分表明:农村老年人通过积极增加社会活动参与数量或者提高社会活动参与频率是完全可以有效地提高个体生活满意度的。因为通过参与社会活动,能促进社会融合,缩小农村老年人与城市老年人幸福感满意度的差距,继而降低农村老年人选择"一点也不满意"和"不太满意"的概率。

城乡融合发展政策的一个主要目的就是缩小长期以来农村与城市间的差距,逐渐打破城乡壁垒。除了经济和社会制度的逐渐一体化之外,文化与信息等内容也逐步走向流通。故此,随着科技的高速发展,为农村居民提供的社会活动项目及类型较之前更为丰富和合理。尤其对于社会活动本来就贫瘠的农村老年群体而言,城乡融合将大大地增强老年人的社会参与的感知与认知,为社会融合添砖加瓦,不断提升幸福感满意度。

(四)政策建议

基于研究结论,建议在城乡融合的背景下,一方面,鼓励农村老年人多参与社会活动、增强人与人之间的交流,获得更多实时信息等调节心情,有益健康;另一方面,政府可以通过举办农村与城市间双向交流活动、建立城乡要素双向流动平台等,促进农村与城市间的社会融合度不断加深,以期缩小两者幸福感满意度的差距,让中国的老年人都能健康生活,享受福祉。

第三节 "老有所为"的健康效应：
社会活动参与和老年人认知功能

一、积极老龄化的意义

(一)人口年龄结构的变化

我国人口年龄结构正在发生迅猛的变化。随着我国老龄化程度的不断加深,发展速度进一步加剧,中国人口结构正处于持续调整状态中。我国的人口金字塔已从 1953 年的"扩张型"结构转变成 2020 年的"收缩型"结构。根据第七次全国人口普查数据,中国 65 岁及以上老年人口规模超过了 1.906亿,占总人口的 13.5％,与 2010 年第六次全国人口普查数据相比,65 岁及以上人口占比上升了 4.63 个百分点。根据联合国《全球老龄化人口 2019》预测,到 2050 年,中国 65 岁及以上人口将达 3.656 亿,占总人口的 26.1％,很显然,这个数据说明中国社会正在往超级老龄化的方向发展。

(二)人口老龄化带来的问题

按照联合国的预测,中国的人口年龄结构将日趋向老龄化和高龄化发展,发展速度的加剧给社会经济带来了健康养老、医疗卫生及长期护理等方面的诸多问题。

我国老年人整体健康状况不容乐观,尤其是阿尔茨海默病正成为影响老年群体功能发挥的重要原因之一。阿尔茨海默病,是以记忆力障碍、失语、认知功能障碍、执行功能障碍、人格和行为改变等为特征的疾病。据统计,在我国 60 岁及以上老年人中,阿尔茨海默病患者约有 1507 万。预计到 2030 年,我国阿尔茨海默病患者人数将达到 2220 万,2050 年将达到 2898 万。

叠加我国老龄化快速增长的趋势,老年认知症患者也是一个不容疏忽的群体,其涉及的看护服务需求也在快速增长中。所谓的认知症,就是在认知方面出现了障碍,随着老人病情加重,后期也是需要看护服务的。

因此,社会经济和医疗卫生发展面临着极大的挑战,未来需要在思想、制度和物质方面做好全方位的准备。

(三)开展积极老龄化具有现实意义

根据 2021 年国家发布的"十四五规划",要实施积极应对老龄化的国家策略,积极开发老龄人力资源,制定人口长期发展战略。

积极老龄化的定义为:"在老年时为了提高生活质量,使健康、参与和保障的机会尽可能获得最佳的过程。"[①]这个定义为实施积极老龄化提供了三个主要的方向,即健康、参与和保障,其中"健康"是基础,"参与"是核心,"保障"是目的。基于这三个方向,寻找积极应对中国老龄化问题的有效措施,可以通过提高老年人的健康水平,延缓认知功能的下降,使得老年个体受益。老年人在享受健康晚年生活的同时,还能为整个社会和养老保障体系减压,例如老年人晚年的较高的认知水平可以降低长期护理的需求,能使护理老人的儿女更多地投入自己的事业和家庭中,抑或缓解养老院、医院等社会公共服务支持机构的压力。

二、退休、认知与健康的关系

根据现有理论,退休、认知与健康是存在相关关系的。在人的生命周期中,退休是晚年时面临的最重大的生活方式转变之一,而退休对于老年人的健康,尤其是老年人认知功能是否具有影响尚不明晰。现有理论认为,老年人的认知功能与诸多因素相关。其中,格罗斯曼(1972)提出了健康资本模型,指出:个体的终身健康效用取决于健康的投资与消费,在一段时间内,对健康的投入能够提升健康资本的存量,即健康储备。

根据斯特恩(Y. Stem,2002)提出的认知储备理论[②],高的认知储备有利于老年人更好地应对年龄增长带来的认知损害,面对同一种类型的认知损伤(如退休、失去配偶等事件),认知储备较高的人认知水平下降的速度将远低于认知储备较低的人。

认知储备与智力和生活经历等相关,特别是与青年时期的教育经历、壮年时期的工作经历和晚年时期的社会活动经历高度相关。拥有更高认知储备的老年人的认知功能随年龄衰减的速度会更慢,同时,拥有更高认知储备

---

① 世界卫生组织:《积极老龄化政策框架》,中国老龄协会译,北京:华龄出版社,2003 年。

② Stern, Y., What Is Cognitive Reserve? Theory and Research Application of the Reserve Concept, *Journal of the International Neuropsychological Society*,2002,8(3):448-460.

的人在晚年时的认知功能受到负面冲击的影响会更小,恢复会更快。当然,高认知储备的老年人在晚年时更倾向于做一些需要高认知技能的活动,从而使认知功能得到更好的锻炼和保护。

退休作为生命历程非常重要的一个环节,既可以通过减少老年人参与高风险、大损害、不健康的工作,增加睡眠和休息时间而提高老年人的认知水平,但也可以通过改变老年人的日常生活规律、减少需要使用高认知技能的活动,从而加快老年人认知水平的下降。

退休年龄差异和退休后参与社会活动的不同也会对老年人认知健康产生不一样的影响。根据认知储备理论,工作经历通常被视为一种认知投入,较早退休可能会导致较低的认知储备,从而有损于认知功能。此外,老年人退休后的社会参与度可能对缓解认知衰退有着积极作用,退休后的社会参与能促进大脑活动,从而有效延缓认知衰退的进程,保护精神健康。

三、"老有所为"积极应对老龄化

根据积极老龄化的定义,持续参与社会、经济和文化活动是积极的核心思想,一方面有助于老年人更好地适应退休后的生活,继续实现自我价值;另一方面有助于减轻家庭和社会压力,促进社会和谐发展。因此"老有所为"可以作为体现积极应对老龄化的一种重要手段,邬沧萍(2002)强调了"老有所为"在提高老年人的生活质量和地位方面的正面作用,例如增加老年人的社会参与和再就业机会,提高老年人的自立自足能力,可以丰富他们的物质和精神生活。[①]

本节从老年个体角度出发,聚焦在"老有所为"的健康效应层面上,利用CHARLS的第四轮数据,采用倾向评分匹配的实证研究方法,研究了我国老年人在法定退休年龄后,继续参与工作以及社会参与度对其认知储备与认知水平是否会产生积极影响。

研究结果为积极应对老龄化,提高老年人的社会参与和劳动参与率,合理开发和利用老龄人力资源,将给中国当前存在的劳动力不足、养老保障负担重等问题提供一个有效的解决路径。此外,也对合理改善中国的退休政策,对我国即将全面推行的延迟退休政策中老龄人力资本开发这一方面提

---

① 邬沧萍:《提高对老年人生活质量的科学认识》,《人口研究》2002年第5期,第1~5页。

供预期实证结果。

当前，延迟退休政策实施的一大现实阻碍就是短期内民众普遍接受度不高，如果能为延迟退休提供积极科学的健康证据，对于延迟退休政策的制定和推行将具有重要的现实意义。

本研究发现，较低龄老年人（60～70岁）在法定退休年龄后，仍在工作的群体比已退休的群体认知水平显著提高，而对于70岁以上的超高龄老年人的影响则不显著；还发现相对于工作复杂程度高的城市群体，工作复杂程度低的农村群体受退休后继续工作的保护作用更显著。

此外，本研究还注意到，退休之后参与社会活动也会影响老年人晚年认知水平，于是将参与社会活动的情况作为调节变量加入回归模型中，结果表明，参与社会活动的老年人认知水平普遍高于未参与社会活动的老年人，且对退休冲击拥有更好的抵御能力。

四、退休和认知功能的关系分析

一边是老年人口数量的增加以及其寿命的延长，一边是认知功能衰退加剧逐渐成为老年人和社会面临的共同难题。众所周知，认知功能衰退也许是一个自然现象，无法避免，但是会产生大量的长期护理需求，不仅老年人本身出现生活质量问题，而且无形中给家庭子女增加了诸多压力，更是加重了社会保障的负担。

退休是每个人晚年要面临的最为重大的生活方式的转变之一。退休使得老年人的时间和精力的分配以及日常活动都发生了重大的变化，可能会成为导致认知衰退的重大诱因之一。当前，关于退休和认知功能的研究较少，且仍未得到一致的结论。

研究发现，退休对认知功能的影响具有人群差异。例如，对于低龄老年人群体而言，退休对认知水平有促进作用，而对于高龄老年人群体，退休反而对认知功能存在负向作用。黄乾和于丹（2019）利用 PSM 方法研究了老年人退而不休行为对健康的影响。[①] 其中退而不休行为在一定程度上提高了低龄老年人的健康水平，但退而不休对于高龄老年人的认知功能产生了显著的负向影响。此外，有学者发现了退休对认知功能的影响在不同社会

---

① 黄乾、于丹：《延迟退休会损害健康吗?：基于对退而不休的研究》，《人口与发展》2019年第25期，第76～85页。

阶层中具有差异。罗梅罗（S. K. Romero）等人（2019）使用英国养老追踪数据库（English Longitudinal Study of Aging，ELSA）调查数据研究了英国1629位50～75岁老年人的退休行为与认知功能的关系，结果表明退休前后认知水平的下降趋势没有显著差异。但是对于职业阶层较低的群体来说，退休后认知水平下降得更快。[①]

上述研究都只关注了退休和认知功能之间的关系，因二者关系复杂，个体特征不同，影响机制不同，所以会得到有差异，甚至截然相反的结论。

有些学者认为，退休使得老年人参与锻炼认知技能的工作减少，从而对认知功能产生负面冲击。刘亚飞和罗连发（2020）基于CHARLS前三轮调查数据探究了延迟退休对认知功能的影响，认为退休在短期内能够抑制认知功能衰退，但在长期对认知功能有负面影响。[②] 切利多尼（M. Celidoni）等人（2017）基于SHARE的跟踪调查，在控制其他变量并用工具变量法消除内生性后回归发现，退休对那些在法定年龄退休的老年人的认知功能存在长期的损害。[③]

大量研究也证实退休后认知衰退可能会通过别的方式得以延缓，比如持续参与劳动力市场或参与社会活动。例如亚当（S. Adam）等人（2006）采用随机边界分析方法分析了认知功能、退休状态以及非职业活动之间的关系，结果表明退休对认知功能有负面影响，非职业活动和社会接触对认知功能有正面影响。[④] 该研究的不足之处在于将三者的关系分割看待，分别研究了退休对认知功能以及社会活动对认知功能的影响。

李（Yura Lee）等人（2019）采用HRS在2004、2006、2008年的三期面板数据和中介效应模型回归发现，一直处于退休状态的老年人比一直处于工作状态的老年人认知水平要低，只要多参加脑力活动就能有效减轻这种负

---

① Romero，S. K.，et al.，Retirement and Decline in Episodic Memory：Analysis from a Prospective Study of Adults in England，*International Journal of Epidemiology*，2019，48（6）：1925-1936.

② 刘亚飞、罗连发：《退休对认知能力的短期和长期影响：兼论延迟退休的"健康红利"》，《经济理论与经济管理》2020年第10期，第99～112页。

③ Celidoni，M.，et al.，Retirement and Cognitive Decline：A Longitudinal Analysis Using SHARE Data，*Journal of Health Economics*，2017，56：113-125.

④ Adam，S.，et al.，*Occupational Activities and Cognitive Reserve：A Frontier Approach Applied to the Survey on Health，Ageing，and Retirement in Europe*，Working Papers，Liege：Research Center on Public and Population Economics，2006.

面影响。[1]　该文献将三者的关系有机结合了起来，通过中介效应模型将社会活动作为传导"桥梁"加入退休与认知功能的关系中去。但是，其不足之处在于中介效应应在自变量对因变量的影响较强且稳定的情况下使用，用于研究自变量如何影响因变量，而根据以往文献，退休与认知功能之间的关系并不明朗，使用调节效应模型将会是更好的选择。研究在是否参与社会活动的情况下，退休对认知功能的影响何时强何时弱。

现有国内外研究发现，经常参与社会活动的老年人的认知功能较好。[2]杨雪和王瑜龙(2020)通过构建"社交活跃度"指标，发现中国老年人退休后的社会活动呈现低活跃性且形式较为单一。积极参与社会活动可以明显改善老年人的健康状况，参与多项社会活动且参与活动频率越高，对老年人的健康状况的优化作用尤其明显。[3]

国外学者也发现，高强度工作是促成老年人死亡的重要因素，而社会活动和社会参与度对工作紧张所产生的对健康的不利影响具有一定的缓冲作用。[4]　卡尔森(M. C. Carlson)等人(2008)研究发现，参与高强度的、需要一定认知功能的志愿活动，可以延缓老年人认知功能的衰退。[5]

综合以上研究发现，退休对老年人认知功能的影响机制复杂，而且对不同的个体会产生不同的效果，但最终都可以归结为一个可能的解释，即：退休前后，时间和精力在不同类型活动上的分配。假如在退休之前从事的是复杂程度较低的体力工作，认知储备相对较低；退休之后闲暇时间增多，可以用于补充睡眠或者进行复杂程度相对较高的社会活动或人际交往，那么退休则会对认知功能产生正向促进作用。相反地，在退休之前从事的是复

---

[1]　Lee，Y.，et al.，Retirement，Leisure Activity Engagement，and Cognition Among Older Adults in the United States，*Journal of Aging and Health*，2019，31(7)：1212-1234.

[2]　汤芮等：《抑郁与社交对老年人认知功能影响的分位数回归分析》，《中国卫生统计》2022年第3期。

[3]　杨雪、王瑜龙：《社交活动对老年人口健康状况影响的量化分析》，《人口学刊》2020年第3期。

[4]　Rowe，W. L.，et al.，Physical Activity：Health Outcomes and Importance for Public Health Policy，*Preventive Medicine*，2009，49(4)：280-282.

[5]　Carlson，M. C.，et al.，Exploring the Effects of an "Everyday" Activity Program on Executive Function and Memory in Older Adults：Experience Corps，*The Gerontologist*，2008，48(6)：793-801.

杂程度较高的脑力活动,退休之后由于工作突然减少以及与工作相关人际网络的突然中断,短时间内认知技能得不到及时锻炼,退休则会对认知功能产生损害。此时,如果尽可能地以各种方式积极参与到社会活动中,重新建立起社会关系网络,及时从"不用脑"的无聊退休生活中跳出,将能有效地缓解退休对认知功能带来的负面冲击。

与已有研究相比,本研究的创新之处在于:为了解决老年人"自选择"退休的问题,采用了PSM方法构造一组与退休后仍然从事工作的样本相匹配的正常退休样本,从而建立一个合理的反事实框架,更准确地估计"老有所为"对老年人认知功能带来的健康效应。更进一步地说,为了更好地实现积极应对老龄化,针对选择正常退休不再参与工作的人群,本研究加入了参与社会活动的情况作为调节变量,探讨了社会活动的参与能否缓解正常退休对于认知功能衰退的影响。最后就工作复杂程度、性别等其他因素的分样本讨论结论的异质性问题。

五、研究方法与实证结果

(一)数据与变量

1.数据来源

本研究以 CHARLS 数据作为分析依据。该数据的基线调查于2011—2012 年进行,第二次追踪调查于 2013 年开展,第三次追踪调查于 2015 年开展,第四次追踪调查于 2018 年开展。由于积极老龄化的概念是近几年才提出的,因此,文中主要使用了 2018 年第四轮追踪调查的截面数据。

2.样本选择

CHARLS 随机抽取了若干位 45 岁以上的中老年人,收集了样本个体关于人口特征、家庭信息、健康、工作、保险、养老金等方面的若干问题,形成了一套高质量的微观个体追踪调查数据集,为后续对中国老龄化问题的科学研究提供了调查数据基础。考虑到 50 岁以后认知功能开始显著衰退[1],以及以法定退休年龄作为参考,最终保留了男性 60~85 岁之间的样本和女性 50~85 岁之间的样本,经过整理和筛查,共得到了 13020 个有效样本。

---

① 去除样本中 85 岁及以上老年人,主要因为他们的认知功能波动幅度大,且存在生存率的问题,受访者中 85 岁及以上老年人可能相比同龄未受访者,本身就更健康。

3.变量的选择

(1)退休的定义

根据黄乾和于丹(2019)对于老年人"退而不休"的定义,我们向超过法定退休年龄的老年个体询问是否仍从事以谋取报酬为目的的工作,回答"是"则取值为1,表示仍处于工作状态,即"老有所为",在退休后仍积极活跃在劳动力市场;回答"否"则取值为0,表示不再从事报酬性工作,即正常退休。

(2)认知的定义

在CHARLS于2018年的调查访问中,受访者接受了诸多对认知功能的测试,如简易智力状态检查量表(MMSE)、认知功能电话问卷(TICS)、字词回忆、口语流畅度等多个单元,本研究主要选择了字词回忆单元。

认知功能通常分为流体认知和晶体认知。晶体认知包括那些从社会环境和特定文化背景中获得的技能和知识,流体认知主要包括记忆力,只有流体认知会随着年龄的增长而下降。本研究主要侧重于对老年人随着年龄增长而下降的认知功能,因此选择情景记忆的测试来测量流体认知。

情景记忆的下降和阿尔茨海默病等密切相关,阿尔茨海默病前期主要即表现为对近事遗忘突出。这部分数据搜集过程如下:首先,访问员向受访者朗读出10个词语,接着要求受访者跟读10个词语,然后让受访者回忆刚刚朗读的10个词语并做好相应记录,而后访问员以不同的顺序再次朗读刚刚出现过的10个词语,最后让受访者进行回忆,如此进行字词回忆3轮测试。

每个词语正确则计1分,整个测试得分取值在0~30分之间,为连续变量。图5-4是有效样本情景记忆得分的分布图,从中可以发现属于近似服从正态分布;图5-5是认知功能随年龄变化折线图,从中可以清楚发现,老年人的认知功能随着年龄增长呈显著下降趋势。

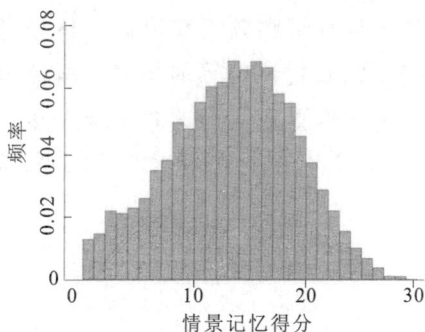

图5-4　样本认知功能得分分布　　图5-5　认知功能随年龄变化折线图

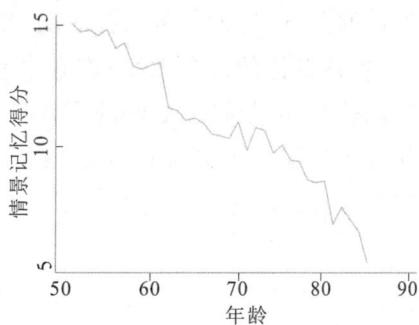

（3）社会参与度的定义

为研究"社交活跃度"在退休对老年人认知功能影响机制中发挥的调节作用，我们选择了问卷中关于社会活动参与数量的问询，如："您过去一个月是否进行了下列社会活动？"（可以多选）还有关于社会活动参与频率的问询："过去一个月，您每隔多长时间会参加上述社会活动？差不多每天，还是差不多每周或不经常？"

参考杨雪和王瑜龙（2020）对社交活动的测度，对"社交活跃度"构建的方程式（1）为：

$$C = \sum_{i=1}^{N=11} (A_i \times F_i) \tag{1}$$

其中，C 表示"社交活跃度"，A_i 表示是否参与第 i 类社交活动的虚拟变量，分别记"0＝没有参与"和"1＝参与"，F_i 表示第 i 类社交活动参与频率，分别记"1＝不经常""2＝差不多每周""3＝差不多每天"。

（4）其他控制变量

文中选取的控制变量分为两类：一是个体的人口特征变量，二是个体的健康状况变量。人口特征包括年龄、性别、户口所在地、教育水平以及是否结婚；健康状况包括自评健康、慢性病数、饮酒抽烟习惯等。这些控制变量都是已有研究表明的会显著影响个体退休决策和认知功能的重要变量。

（二）描述性统计

模型中主要的变量及变量定义见表 5-19。表中描述了匹配前样本的基本情况，在 13020 个有效样本中，实验组为退休后继续工作（retire＝1）的个体，有 7653 个；对照组为正常退休（retire＝0）的个体，有 5367 个。

从表中"差值"一栏可以看出，仍在工作的老年人在认知功能上略低于已经退休的群体；是否参与社会活动以及参与数量和频率在退休群体中都偏低，但男性退休的比例较高；教育水平较低、农村户口等弱势老年群体退休的比例较高，健康状况更好的个体退休的比例更大。但这并不能直接说明退休对于老年人认知水平具有正向影响，因为其中存在内生性的问题，需要排除自选择问题之后再进行判断。

表 5-19　变量的描述性统计表

指标维度	指标名称	全样本		退休retire＝0		未退休retire＝1		差值
		观测值＝13020		观测值＝5367		观测值＝7653		
		均值	标准误	均值	标准误	均值	标准误	
因变量	认知功能（cognitive）	11.23	7.478	11.27	7.742	11.21	7.288	0.06
社会活动	是否参与社会活动（social）	0.515	0.500	0.540	0.498	0.497	0.500	0.043
	社会活动参与数量（num_socl）	0.866	1.117	0.929	1.163	0.822	1.082	0.107
	社会活动参与频率（freq_socl）	1.700	2.407	1.718	2.381	1.688	2.426	0.03
人口特征	年龄（age）							
	50～60	0.248	0.432	0.178	0.383	0.297	0.457	−0.119
	60～70	0.452	0.498	0.402	0.490	0.488	0.500	−0.086
	70～80	0.251	0.434	0.326	0.469	0.199	0.399	0.127
	80～85	0.0485	0.215	0.0947	0.293	0.0162	0.126	0.0785
	性别（female）	0.629	0.483	0.655	0.476	0.611	0.488	0.044
	户口所在地（hukou）	0.213	0.409	0.372	0.484	0.101	0.302	0.271
	教育水平（educ）							
	小学未毕业	0.481	0.500	0.441	0.497	0.509	0.500	−0.068
	小学学历	0.222	0.415	0.220	0.414	0.223	0.416	−0.003
	中学学历	0.260	0.439	0.277	0.448	0.248	0.432	0.029
	本科学历及以上	0.0370	0.189	0.0613	0.240	0.0200	0.140	0.0413
	是否结婚（marr）	0.789	0.408	0.740	0.439	0.823	0.382	−0.083
健康状况	自评健康（srhealth）	0.487	0.500	0.462	0.499	0.504	0.500	−0.042
	慢性病数（chronic）	2.337	1.935	2.774	2.075	2.031	1.767	0.743
	是否饮酒（drink）	0.281	0.449	0.227	0.419	0.319	0.466	−0.092
	是否抽烟（cig）	0.214	0.410	0.183	0.387	0.235	0.424	−0.052

（三）实证方法

1.退休后继续工作群体的反事实对照

研究的目的是探究"老有所为"对于老年人个体认知功能的影响，即估计退休后继续工作对于认知功能直接、单向的实际因果关系。然而，这其中往往存在较大的自选择问题：一方面，老年人的退休行为可能会导致周围的人际关系突变、生活方式突变，以及脑力活动减少，退休对中老年人的认知功能会产生负面的影响；[①]另一方面，认知功能较低、受损较严重的个体可能倾向于更早退休。老年人选择退休并不是一个绝对随机的行为，而是根据自身情况做出的选择。

本节想要了解的是：如果老年人随机地被分配到"退而不休"组或正常退休组，并不因他们自身的条件而左右，此时，退休后继续活跃在劳动力市场的行为对于老年人认知功能的影响的差异。又或者，若一个正常退休的老年人选择了继续工作，参与到社会活动中，他的认知功能会受到什么样的影响呢？这个观点更符合当下积极应对老龄化的战略决策。如果直接对以下方程式（2）进行 OLS 估计，结果有可能因为样本自选择而产生偏误：

$$\text{cognitive} = \delta\text{retire} + \gamma\text{control} + u \tag{2}$$

在处理自选择问题的诸多方法中，PSM 方法由于不需要预先设定函数形式、参数约束及误差项分布，也不需要解释变量严格外生[②]，因此常用于随机实验的难题。

根据赫克曼等人（1997）的方法[③]，可以将退休后继续工作对认知功能的因果影响，即"退而不休"组个体的方程式（3）平均处理效应（average effect of treatment of treated，ATT）表示为：

$$\text{ATT} = E(Y_1 \mid T = 1) - E(Y_0 \mid T = 1) \tag{3}$$

其中，Y_1 为当老年人退休后继续工作认知功能的评分，Y_0 为老年人正常退休时认知功能的评分，T 为二值变量，1 表示退休后工作，0 表示正常

---

① 董夏燕、臧文斌：《退休对中老年人健康的影响研究》，《人口学刊》2017 年第 1 期，第 76～88 页。

② Heckman, J. J., et al., Policy-relevant Treatment Effects，*The American Economic Review*，2001，91(2)：107-111.

③ Heckman, J. J., et al., Matching as an Econometric Evaluation Estimator：Evidence from Evaluating a Job Training Programme，*Review of Economic Studies*，1997，64(4)：605-654.

退休。ATT 表示退休后继续工作行为对于认知功能的净效应。而实际上，$E(Y_0 \mid T=1)$ 是不可观测的，但可以利用 PSM 方法构造 $E(Y_0 \mid T=1)$ 的替代指标。

PSM 方法处理自选择问题的一般思路是，在正常退休组中，给"退而不休"组的每个个体匹配一个退休个体，并保证除了退休的决策之外，两个个体在其他方面的特征尽量近似，这样就可以把正常退休组的老年个体当作"退而不休"组的反事实对照。此时，两个个体的认知功能的差值仅仅由是否在退休后继续工作这一行为导致，并不受其他因素干扰。

2.结果

若"退而不休"组和正常退休组的认知功能差值的平均水平有显著差异，则认为退休后继续工作对认知功能的确有影响；如果差值没有通过统计显著性检验，则认为老年人退休后是否继续工作对晚年的认知功能没有产生影响。

3.决策与匹配

决策：退休后是否继续工作是老年个体在退休年龄做出的决策，$T=1$ 表示退休后仍选择继续工作，为文中的实验组；$T=0$ 表示正常退休，即达到法定退休年龄时选择退休，不再工作，为文中的对照组。

匹配：通过查阅相关文献，先选取充足且全面的能显著影响老年人退休偏好的协变量，再利用 Logit 回归法计算老年个体选择退休后继续工作的概率，即为倾向评分。最后根据倾向评分，选择 k 近邻的匹配方法进行"退而不休"组和正常退休组的一对一匹配。

在理论层面上，存在多种匹配方法均可以实现匹配，且匹配结果是渐进等价的。然而，实践表明由于各类方法对偏误和效率之间的权衡不同导致不同方法的匹配结果存在差异。[①] 为保证匹配结果的稳健性，在实证研究中可以考虑同时采用多种方法对退休后继续工作和正常退休样本进行匹配，并将匹配结果进行比较。基于 Logit 模型构建老年人进行退休决策的概率方程式（4）：

$$\ln\left(\frac{p_i}{1-p_i}\right) = \beta_0 + \beta_1 \text{female}_i + \text{age}_i\,\vec{\beta_2} + \text{educ}_i\,\vec{\beta_3} + \beta_4 \text{marr}_i + \beta_5 \text{hukou}_i \beta_6 \text{srhealth}_i + \beta_7 \text{chronic}_i + \beta_8 \text{cig}_i + \beta_9 \text{drink}_i + u_i \tag{4}$$

---

① Caliendo，M.，Kopeinig，S.，Some Practical Guidance for the Implementation of Propensity Score Matching，*Journal of Economic Surveys*，2008，22(1)：31-72.

其中，$i=1,2,3,\cdots,n$ 表示老年个体，$p_i=Pr(\text{retire}=1\mid X_i)$ 表示个体选择退休的条件概率。匹配变量包括：性别、年龄、教育水平、婚姻状况、户口所在地、自评健康、慢性病数、是否抽烟、是否饮酒。

4.平衡性检验

PSM 方法将包含多维度的个体特征的向量压缩成一维的概率评分，损失了较多信息，并且即使两个个体在评分上相接近，并不代表两个个体在每一个匹配的维度上都相同或类似。所以，在匹配完成之后，还要对每一个匹配变量进行平衡性检验，如果匹配之后两组个体间的变量偏误都显著减小，则认为匹配对照组是实验组的一个合理的反事实。

一种检验方法来自夏内西（B. Sianesi，2004）的研究。[①] 其指出，与匹配相比，匹配后的实验组和对照组之间的解释变量分布应该没有系统性差异，因此决定系数 R 方将变得更低，并且解释变量的联合显著性检验应被拒绝。

另一种检验实验组和对照组之间解释变量平衡性的方法来自罗森鲍姆（P. R. Rosenbaum）和鲁宾（P. B. Rubin）（1985）定义的标准化偏误，他们认为匹配之后如果变量在两组样本之间的标准化偏误大于 20% 则意味着该匹配过程失败。[②]

5.净效应系数估计

在进行了样本匹配并通过了平衡性检验、共同支撑检验等系列操作之后，就可以认为此时的样本是一个准随机试验，"退而不休"组和正常退休组的特征值的差异可以完全归因于自变量"是否选择延迟退休"这一因素。对于共同支撑域内的样本，将匹配后的实验组和对照组的认知功能得分进行差分后取均值，即得到"退而不休"组的平均处理效应。

6.调节效应

退休是一个人的人生中较大的转折点之一。退休给老年人的生活状态和环境带来了突变，例如时间和精力的分配，日常生活的活动等因素都与退休之前的情形有巨大的不同，而这些变化或多或少地、潜移默化地影响着老

① Sianesi，B.，An Evaluation of the Swedish System of Active Labor Market Programs in the 1990s，*Review of Economics and Statistics*，2004，86(1)：133-155.

② Rosenbaum，P. R.，et al.，Constructing a Control Group Using Multivariate Matched Sampling Methods That Incorporate the Propensity Score，*The American Statistician*，1985，39(1)：33-38.

年人的认知功能。最直接的原因是退休之后,老年人不再从事原来单位里的相对复杂的工作,不再因工作理由与社会上形形色色的人打交道,与人们沟通和交流的环境发生了质和量的变化,导致对脑力劳动的需求呈现递减状态。

与此同时,退休之后积极参与社会活动,继续活跃在社会的大舞台上,依然是在一个集体里发光发热,实现自我价值。这有可能是缓解退休给认知功能带来的负面影响的重要途径之一。

"退而不休"、社会活动参与和认知功能的关系。积极参与社会活动能维持范围较广的人际关系,一起参加一些有益于认知提升的活动,这将会对认知功能产生积极的影响。所以,社会活动参与在"退而不休"与认知功能的关系中发挥了重要的调节作用,详见图5-6。

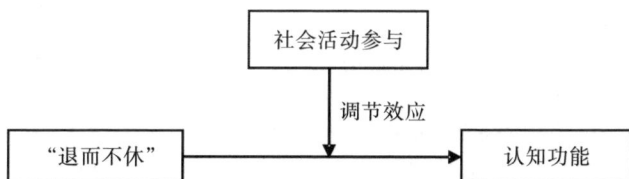

图5-6　"退而不休"、社会活动参与和认知功能的关系

根据温忠麟等人(2004)的研究方法,对回归模型设计的方程式(5)如下:

$$cognitive_i = \beta_0 + \beta_1 retire_i + \beta_2 social_i + \beta_3 social_i \times retire_i + \gamma control_i + u_i \qquad (5)$$

其中,cognitive 表示受访者的情景记忆测试得分。social 包含三个层面,分别是"是否参与社会活动",为虚拟变量;"社会活动参与数量",为0～11的整数;"社会活动参与频率",根据变量定义部分赋值确定。social×retire 为是否在退休后继续工作和社会活动参与变量的交互项,用于估计调节效应。

(四)实证结果

1.PSM 方法解决内生性问题

(1)退休后继续工作概率匹配:Logit 模型

Logit 模型,译作"评定模型""分类评定模型",又作"逻辑回归"。Logit 模型是最早的离散选择模型,也是目前应用最广的模型之一,是社会学、数量心理学、计量经济学等统计实证分析的常用方法。

为了实现退休后继续工作群体和正常退休群体的样本匹配,首先需要通过匹配变量对某一个体处于退休或者非退休的决策或状态的概率进行估计。基于 Logit 模型构建老年人进行退休决策的概率方程,具体形式见方程式(4),参与方程估计的样本个数为 13020。估计结果如表 5-20 所示:

表 5-20　基于 Logit 模型的退休决策方程估计结果

指标类型	指标名称	估计系数
人口特征	年龄(age)	
	50~60	2.560***
		(0.120)
	60~70	1.987***
		(0.112)
	70~80	1.311***
		(0.113)
	性别(female)	−0.523***
		(0.057)
	户口所在地(hukou)	−1.702***
		(0.056)
	教育水平(educ)	
	小学学历(primary)	−0.148***
		(0.053)
	中学学历(middle)	−0.273***
		(0.054)
	本科学历及以上(≥undergraduate)	−0.309**
		(0.121)
	婚姻状况(marr)	0.333***
		(0.049)
健康状况	自评健康(srhealth)	0.072*
		(0.042)
	慢性病数(chronic)	−0.153***
		(0.011)
	是否饮酒(drink)	0.522***
		(0.050)
	是否抽烟(cig)	0.054
		(0.058)
常数项		−0.771***
		(0.124)
R 方		0.1623

注:1.观测值为 13020。

　　2.括号内为稳健标准误,标准误被聚类修正以解释误差项中的家庭内部相关性。

　　3.*** 指 $p<0.01$,** 指 $p<0.05$,* 指 $p<0.1$。

表 5-20 给出了退休决策的估计结果,模型的决定系数 R 方值为 0.1623,说明模型的拟合优度较高。

接着,从人口特征方面考虑。在同等背景下,男性比女性选择"退而不休"概率高。可能的原因受女主内男主外的传统观念和惯性思维影响,女性工作之余往往更多地承担照顾家庭的活动,而"男主外"的思想使得男性在有能力的条件下选择继续工作而非真实退休,这与车翼等人(2006)的发现类似。[①] 女性的情况则更复杂。也有研究发现,女性"退而不休"概率更高[②],因为女性的法定退休年龄比男性早[③]。

教育水平高的个体选择"退而不休"的概率高[④],已婚比未婚选择"退而不休"概率高,这与肖文(J. B. Shoven)等人(2012)的研究结果类似。[⑤] 但王军和王广州(2016)基于 2014 年的中国劳动力动态调查数据研究表明,已婚劳动者"退而不休"的概率较单身者低 2.8%,原因在于已婚劳动者在家庭中需要投入更多的时间和精力。[⑥]

最后,从个体健康状况考虑。老年群体中自评健康良好的人比自评健康差的人选择在退休后继续工作的概率高;慢性病越多的老年个体越倾向退休,李琴和彭浩然(2015)同样根据是否患有慢性病来衡量个体的健康状况,但研究结果表示,个体的健康状况对延迟退休没有影响。有饮酒习惯的人越不倾向退休,但是抽烟习惯对退休后继续工作群体的影响并不显著。

(2)平衡性检验

本研究使用最近邻匹配法对样本进行一对一匹配。对于"退而不休"组

① 车翼、王元月、马驰骋:《养老金影响退休者再就业决策的 Logistic 经验研究》,《管理评论》2006 年第 12 期,第 44~49 页。

② 李琴、彭浩然:《谁更愿意延迟退休?:中国城镇中老年人延迟退休意愿的影响因素分析》,《公共管理学报》2015 年第 2 期,第 89~100 页。

③ 黄阳涛:《企业职工延长退休年龄的意愿及影响因素研究:基于对南京市某经济开发区的调查》,《新金融》2013 年第 8 期,第 46~51 页。

④ 路征、赵佳敏、万春林:《个人人力资本水平与延迟退休决策:基于三期 OLG 模型》,《广东财经大学学报》2018 年第 3 期。李琴、彭浩然:《预期退休年龄的影响因素分析:基于 CHARLS 数据的实证研究》,《经济理论与经济管理》2015 年第 2 期,第 89~100 页。

⑤ Shoven, J. B., Slavov, S. N., *The Decision to De-lay Social Security Benefits*: *Theory and Evidence*, Working Paper, Cambridge, M. A.: National Bureau of Economic Research, 2012.

⑥ 王军、王广州:《中国城镇劳动力延迟退休意愿及其影响因素研究》,《中国人口科学》2016 年第 3 期,第 81~92 页。

的每一个个体,在正常退休组中找出与之最相似,即倾向评分最接近的一个个体,作为"退而不休"组个体的反事实对照。如果匹配是有效的,匹配之前和匹配之后的样本在各协变量上的偏误会减小。

平衡性检验是一种通过对比匹配前后实验组和对照组变量间偏误的大小来衡量匹配效果的检验方法,匹配后各个协变量的标准偏误越小,说明匹配的效果越好。因此,在样本匹配完成之后,文中进一步检验了"退而不休"和正常退休两组样本间协变量差异的统计显著性。平衡性检验结果如表5-21和表5-22所示。

表 5-21　匹配前后协变量的平衡性检验结果

变量	均值		标准偏误	误差消减	t 检验	
	处理组	对照组	（%）	（%）	t	p 值
50～60 岁	0.29701	0.30354	−1.6	95.3	−0.88	0.378
60～70 岁	0.48804	0.48020	1.6	95.1	0.97	0.332
70～80 岁	0.19875	0.19992	−0.3	99.5	−0.18	0.856
性别	0.61087	0.61662	−1.2	71.7	−0.73	0.465
户口所在地	0.10127	0.10414	−0.7	98.8	−0.59	0.558
小学学历	0.22266	0.21743	1.3	7.3	0.78	0.435
中学学历	0.24840	0.25167	−0.7	73.2	−0.47	0.641
本科学历及以上	0.01999	0.01659	1.7	94.3	1.57	0.117
婚姻状况	0.82308	0.83562	−3.1	82.5	−2.06	0.039
自评健康	0.50438	0.51313	−1.8	96.6	−1.08	0.279
慢性病数	2.03080	1.98900	2.2	93.0	1.49	0.137
是否饮酒	0.31883	0.30655	2.8	86.2	1.64	0.101
是否抽烟	0.23507	0.22527	2.4	86.1	1.44	0.150

表 5-22　匹配前后样本整体的平衡性检验结果

类别	决定系数 R 方	卡方统计量	p 值	标准化偏误均值	中位数标准化偏误
匹配之前	0.171	3094.97	0	21.7	20.8
匹配之后	0.001	17.73	0.168	1.6	1.6

从表 5-21 可以看出,在进行倾向评分匹配之后,多数协变量的偏误都在 0.3%～3.1%之间,偏误降低百分比在 70%～90%之间。在统计显著性 t 检验中,除了婚姻状况(marr)在 5%的水平下仍较显著拒绝了无偏误的原假设之外,其他变量都不能拒绝原假设,即认为匹配之后,"退而不休"组和正常退休组在协变量上无显著差异。

表 5-22 展示了样本整体的平衡性检验结果。匹配之后,标准化偏误的均值从 21.7%减少到 1.6%,这大大降低了总偏误。卡方统计量的值也呈现显著下降,从 3094.97 下降到匹配之后的 17.73,似然比检验 p 值表明,协变量的联合显著性检验在匹配之前是显著的,即有差异;在匹配之后是原假设没有被拒绝,即表明在 10%的显著性水平下,可以认为协变量整体在"退而不休"组和正常退休组之间无差异。

上述检验结果表明,就平衡实验组和对照组样本之间的协变量的分布而言,倾向评分匹配估计和样本匹配都是有效的。

(3)共同支撑假设检验

PSM 方法能使用倾向评分函数将多维向量的信息压缩成一维,然后根据倾向评分进行匹配。这可以在既定的可观测特征变量下,使得实验组个体和对照组个体尽可能相似,从而缓解处理效应的选择偏误问题。

使用 PSM 方法有一个前提条件,即要求实验组和对照组有较大的共同取值,如果共同支撑域比较小,则会损失大量的样本。在这里可以通过比较"退而不休"组和正常退休组的倾向评分的密度函数,观察两组样本的共同支撑域条件,图 5-7 和图 5-8 分别是匹配前后的经验密度函数图。

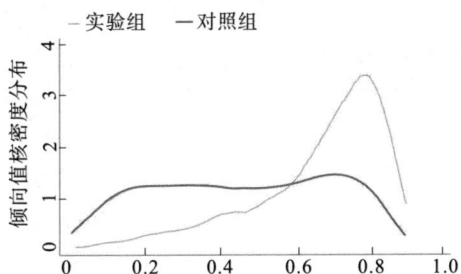

图 5-7　匹配前倾向评分的经验密度分布　　图 5-8　匹配后倾向评分的经验密度分布

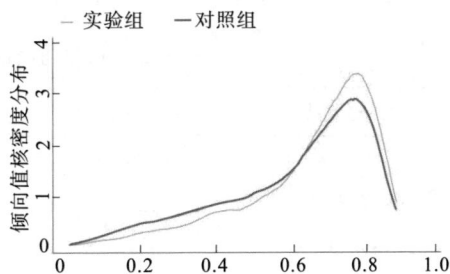

观察上面两个密度函数图后不难发现,"退而不休"组和正常退休组的倾向评分区间有相当大的取值范围是重叠的。从表 5-23 可以看出,匹配前后只损失了 17 个实验组样本值,样本损失比例极少,共同支撑域条件是令人满意的,说明 PSM 方法是非常有效的。

表 5-23　共同支撑范围

分组	未匹配	已匹配	总体
实验组	17	5350	5367
对照组	0	7653	7653
总体	17	13003	13020

(4)平均处理效应(ATT)

平均处理效应(ATT)是经济学术语,是在使用 PSM 方法后得出。ATT 值为实验组与对照组之间的平均结果的差异,对其数值大小的关注并不多,重要的是其显著性和正负号。

总效应测算。在获得了匹配之后的样本后,依据方程式(6)测算老年个体认知功能的差异 ATT,具体公式如下:

$$\text{ATT} = \frac{1}{N} \sum_{i \in Q_1 \cap C} \left[y_{1i} - \sum_{k \in Q_0} w(i,k) y_{0k} \right] \tag{6}$$

Q_0 表示正常退休组的集合,Q_1 表示"退而不休"组的集合,y_{1i} 为"退而不休"组认知功能得分,y_{0k} 是与"退而不休"组相匹配的对照组的样本认知功能得分,C 为共同支撑域,N 为实验组样本个数。

表 5-24 给出了用 5 种不同匹配方法测算的"退而不休"组和正常退休组认知功能的差异:

表 5-24　认知功能得分差值测算结果

匹配方法	ATT	SE	T-stat
最邻近方法(1)	0.3899**	0.2035	1.92
最邻近方法(4)	0.3319**	0.1938	1.71
核匹配	0.4162***	0.1692	2.46
半径匹配	0.3556**	0.1738	2.05
马氏匹配	0.5547***	0.2366	2.34

注:*** 指 $p < 0.01$,** 指 $p < 0.05$,* 指 $p < 0.1$。

观察表 5-24 中的数据发现,各种匹配方法测算的认知功能差异的绝对值虽不尽相同,但都相当显著,且符号为正,充分表明"退而不休"组的认知功能得分要高于正常退休组。换言之,退休后保持在劳动力市场的活跃程度能显著地延缓老年人在认知功能方面的衰退。

具体来说,用最近邻方法($k=1$)估计出,正常退休老年人的认知功能平均比退休后继续工作的老年人的得分要低 0.3899 分。

在异质性分析中,根据认知储备理论,退休之前的户口、教育水平及其他人口特征会对老年人的认知功能起到一定的影响。一般来说,城市群体所从事的工作的复杂程度是相对较高的,而农村群体所从事的工作的复杂程度是相对较低的。下文采用分样本进行回归验证,结果如表 5-25 所示:

表 5-25　分样本回归结果

变量	认知得分均值	匹配样本(%)	平均处理效应
		户口	
城市	14.82		−0.201
	(6.704)	2729(98.4%)	(0.366)
农村	10.26		0.575***
	(7.381)	10239(99.9%)	(0.219)
		教育水平	
小学未毕业	7.49		(6.728)
	0.483**	6262(99.9%)	(0.251)
小学学历	13.04		(0.386)
	(6.581)	2856(98.9%)	0.261
中学学历	15.75		(0.319)
	(5.945)	3370(98.53%)	0.419*
本科学历及以上	17.29		(0.874)
	(5.778)	414(86.1%)	0.096
		性别	
男性	11.27		(0.364)
	(7.758)	4803(99.4%)	0.712**
女性	11.17		0.126
	(6.979)	8171(99.8%)	(0.237)
		年龄	
低龄(50~70)	12.13		0.496**
	(7.414)	9115(99.9%)	(0.243)
高龄(70~85)	9.14		0.496
	(7.208)	3881(99.5%)	(0.346)

注:1.括号内为稳健标准误,标准误被聚类修正以解释误差项中的家庭内部相关性。

2.*** 指 $p<0.01$,** 指 $p<0.05$,* 指 $p<0.1$。

从表 5-25 发现,城市群体的认知得分均值(14.82 分)比农村群体的(10.26 分)要高出不少。也就是说,退休对于城市群体的平均处理效应不显著,统计上认为与 0 无差异,即认为退休行为对城市的老年人的认知没有影响;但在农村群体中,退休的平均处理效应显著为正向。具体来说,退休后继续工作能使他们的认知水平得分提升 0.575 分。这与安德尔(R. Andel)等人(2019)的研究结论相似,即退休之前工作的复杂度越大,受到突发事件对认知损害的风险就越小。[①]

表 5-25 中的教育水平列项进行的异质性检验结果也支持了认知储备理论。小学未毕业的老年人认知储备较低,受到退休的冲击就更大;反之,教育水平越高,对认知的保护作用就越强。另一种可能的解释是,教育水平较高的老年人在退休之后仍然在从事一种认知技能条件要求高的活动,而教育水平较低的老年人便失去了有助于提高认知功能水平的机会。

表 5-25 中的性别列项数据结果显示,男性和女性的认知水平得分差异不明显。但相较于女性,男性表现出的健康效应更显著。或许有一种可能的解释,即受惯性思维影响,女性在退休之后便会直接投入照顾家庭中去,例如替儿女们照顾后代,又或者是照顾年老体弱的父母等。然而,低龄老年人更容易受到退休后带来的认知损害,这一发现有力地支持了延迟退休政策。

根据以上分样本回归验证的结果,适度延迟老年人退休年龄能够延缓其认知功能衰退的速度,对老年人认知水平保持在一定的高位上起到一定的保护作用。

2.社会活动参与的调节效应

(1)用四个模型进行验证

文中对方程式(5)进行经典线性回归分析,检验社会活动参与和退休对老年人认知功能的影响,且回归使用了稳健标准误。现在要来探讨一下社会活动在退休和认知功能之间关系的调节效应。

表 5-26 的第(1)列项显示的是:是否在退休后继续工作的虚拟变量对认知功能的影响。结果显示主要解释变量"退而不休"在 1% 的显著性水平下对认知功能有正向的影响,这与 PSM 方法的结果一致。也就是说,在个体其他背景相同的情况下,选择退休后继续工作的群体平均比正常退休的

---

① Andel, R., et al., Complexity of Work and Incident Cognitive Impairment in Puerto Rican Older Adults, *The Journal of Gerontology*: *Series B*, 2019, 74(5): 785-795.

群体认知得分高出 0.335 分。

第(2)(3)(4)列项分别加入了三种不同层面的社会活动参与情况及其与"退而不休"变量的交互项。数据显示，是否参与社会活动、社会活动参与数量与社会活动参与频率都显著地对认知功能产生正向的影响，但只有虚拟变量对退休后继续工作与认知功能之间的调节效应是显著的，调节效应的系数为负数。数据表明：未能参与社会活动的老年个体，退休使得个体认知得分减少 0.595 分；而有参与社会活动的老年个体，退休使得个体认知得分只减少0.135分，即社会活动参与在较大程度上缓解了退休对认知功能产生的负面影响。

数据结果显示：如果老年人不采用"退而不休"，而采取另外的形式比如积极参与社会活动的方式，也是可以使认知功能衰退减缓，更好地适应退休后的生活。这也为选择正常退休的老年人积极参与社会活动，延缓认知功能衰退提供了一个有效渠道。在表5-26中罗列的 4 个回归模型中，除了自评健康解释能力很弱之外，控制变量均在 1% 的水平下显著。

表 5-26 "退而不休"、社会活动参与和认知功能的回归分析结果

变量	(1) 认知得分 均值	(2) 认知得分 均值	(3) 认知得分 均值	(4) 认知得分 均值
是否"退而不休"	0.335***	0.599***	0.393**	0.367**
	(0.127)	(0.171)	(0.152)	(0.148)
是否参与社会活动		1.624***		
		(0.177)		
退休后继续工作×是否参与社会活动		−0.485**		
		(0.223)		
社会活动参与数量			0.689***	
			(0.075)	
"退而不休"×数量			−0.053	
			(0.093)	
社会活动参与频率				0.275***
				(0.037)
"退而不休"×频率				−0.041
				(0.045)
控制变量	是	是	是	是

续表

变量	（1） 认知得分 均值	（2） 认知得分 均值	（3） 认知得分 均值	（4） 认知得分 均值
常数项	2.243***	1.754***	2.183***	2.229***
	(0.297)	(0.304)	(0.298)	(0.299)
R 方	0.3083	0.3160	0.3168	0.3142

注:1.观测值为 13020。

2.括号内为稳健标准误,标准误被聚类修正以解释误差项中的家庭内部相关性。

3. *** 指 $p < 0.01$,** 指 $p < 0.05$,* 指 $p < 0.1$。

（2）"退而不休"和社会活动参与的边际效应

不同工作状态下的认知功能边际效应。图 5-9 绘制的是不同工作状态和参与社会活动状态对老年人认知功能的边际效应。从图中可以看出:参与社会活动的个体,整体上的认知得分是高于不参与社会活动的个体的。具体表述是:一是参与社会活动的个体认知平均得分在 11.5～12 分左右,而未参与社会活动的个体认知平均得分在 10～10.5 分上下,二者有较为明显的差异。二是参与社会活动与不参与社会活动两组个体在"退而不休"情况下分数更高,这表明退休后继续工作的个体比正常退休的个体的认知得分要高。三是在参与社会活动的群体中,是否退休对认知功能的影响程度要远小于未参与社会活动的群体,这充分说明参与社会活动能显著地缓解退休带来的负面影响。

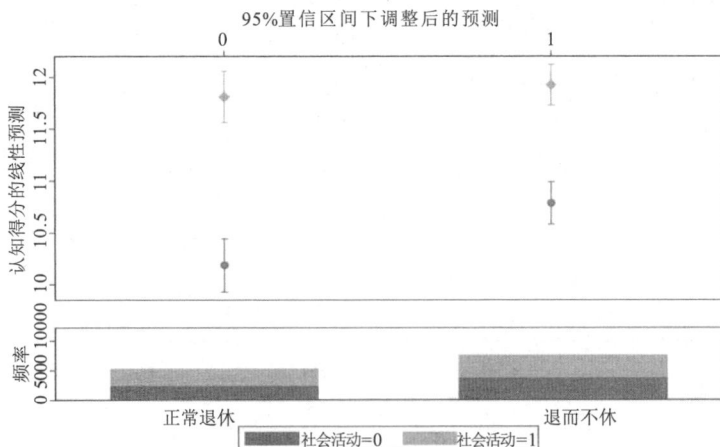

图 5-9 "退而不休"和社会活动参与的边际效应

城乡间老年人退休的差异。是否在退休后继续工作对老年人的影响，在农村和城市群体之间的差异较大。显然，在中国农村，依然存在不少生活、文化功能设施建设远落后于城市的事实。城市的老年人可以在退休之后仍拥有其他丰富的脑力和体力活动，如出门参与社交，继续老年大学等的学习等，但农村的老年人退休之后的生活内容和生活节奏都会出现一个较大的具有冲击性的转变。

根据认知储备理论，老年人工作的复杂程度越高，其认知功能水平就越高，也能更好地适应退休可能对认知带来的负面冲击，而城市群体往往比农村群体从事复杂程度更高的工作，因此，这类群体在退休后认知功能可以得到更快恢复。

接下来，表 5-27 分样本回归对社会活动参与的调节效应进行估计。对分样本回归模型的分析与全样本类似，而农村与城市不同的是，在农村群体中，三个层面的社交活跃度的测量对退休后是否工作与社会活动参与之间的关系都存在调节作用。表明在低工作复杂度的农村群体中，社会活动参与在缓解退休对于认知的负面冲击上的作用更大。

表 5-27　分样本回归调节效应

变量	(1) 农村 认知 得分	(2) 城市 认知 得分	(3) 城市 认知 得分	(4) 城市 认知 得分	(5) 城市 认知 得分	(6) 农村 认知 得分	(7) 农村 认知 得分	(8) 农村 认知 得分
是否"退而 不休"	−0.321	−0.533	−0.603*	−0.609*	0.507***	0.815***	0.748***	0.703***
	(0.251)	(0.443)	(0.341)	(0.327)	(0.144)	(0.189)	(0.176)	(0.169)
是否参与社会 活动		1.118***				1.789***		
		(0.293)				(0.224)		
"退而不休"× 是否参与社会活动		0.399				−0.648**		
		(0.518)				(0.268)		
社会活动参与数量			0.312***				1.061***	
			(0.095)				(0.123)	
"退而不休"× 数量			0.196				−0.347**	
			(0.136)				(0.143)	

续表

变量	(1) 农村 认知 得分	(2) 城市 认知 得分	(3) 城市 认知 得分	(4) 城市 认知 得分	(5) 城市 认知 得分	(6) 农村 认知 得分	(7) 农村 认知 得分	(8) 农村 认知 得分
社会活动参与频率				0.109**				0.433***
				(0.047)				(0.058)
"退而不休"×				0.0919				−0.177***
频率				(0.0649)				(0.066)
控制变量	是	是	是	是	是	是	是	是
常数项	是	是	是	是	是	是	是	是
R 方	0.2570	0.2641	0.2634	0.2614	0.2674	0.2759	0.2785	0.2751

注:1.(1)到(4)观测值为 2774,(5)到(8)的观测值为 10246。

2.括号内为稳健标准误,标准误被聚类修正以解释误差项中的家庭内部相关性。

3.*** 指 $p<0.01$,** 指 $p<0.05$,* 指 $p<0.1$。

(五)稳健性检验

为进一步验证文章的分析结论,在得到了上述基准模型的估计结果之后,采用变量替换法进行稳健性检验,将用同样的实证方法替换文中的主要变量"退而不休"和认知水平,检验结果是否与基准模型一致。

1."退而不休"的定义

(1)定义选择

CHARLS 中有多种衡量个体工作和退休状态的问题,鉴于此,在稳健性检验中有必要选择"劳动者周工作时间"作为退休后继续工作的定义。"退而不休"的定义为:按照国家法定年龄和时间退休的,超过退休年龄的劳动者若周工作时间为 0 则为"正常退休",若周工作时间不为 0 则为"退休后继续工作"。

(2)认知功能差值测算

用倾向评分匹配估计测算的退休对认知功能的净效应如表 5-28 所示。更换自变量之后的估计结果与主要的结果相似,证明估计结果较为稳健。

表 5-28　认知功能得分差值测算结果

匹配方法	ATT	SE	T-stat
最邻近方法（1）	0.5044***	0.2007	2.51
最邻近方法（4）	0.5772***	0.1976	2.92
核匹配	0.5178***	0.1808	2.86
半径匹配	0.5021***	0.1829	2.75
马氏匹配	0.3588*	0.2474	1.45

注：*** 指 $p<0.01$，** 指 $p<0.05$，* 指 $p<0.1$。

2."认知水平"的定义

（1）定义选择

CHARLS 是跟踪调查，而跟踪调查这种形式有一个缺陷，那就是受访者能从以往被访问调查的经历中进行学习，从而调整自己的认知行为。例如对于字词回忆的测试，受访者很有可能知道将会被提问多次是否记得原先的十个单词，因而会带有更强的目的性去记忆这些单词；而新的受访者可能会有所不同，因而产生认知得分上的差异，然而这并不能完全由认知功能决定。[①]

在本轮的调查中，字词回忆测试较第三轮有所更新。第三轮询问了两次回忆结果，一是"即时回忆"，二是"延迟回忆"。第四轮询问了三次回忆的结果。在主要的实证分析中采用的变量是三轮得分相加的总和。鉴于新、老受访者都不会预先知道将会进行第三轮字词回忆测试，进而单独使用第三轮测试得分进行稳健性检验。

（2）认知功能差值测算

依旧用倾向评分匹配估计测算的退休对认知功能的净效应如表 5-29所示。更换因变量之后的估计结果与上文的结果相似，证明估计结果较为稳健。

---

① Rabbitt, P., et al., There Are Stable Individual Differences in Performance Variability, Both from Moment to Moment and from Day to Day, *The Quarterly Journal of Experimental Psychology Section A*, 2001，54(4)：981.

表 5-29　稳健性检验的认知功能得分差值测算结果

匹配方法	ATT	SE	T-stat
最邻近方法（1）	0.3899**	0.2036	1.92
最邻近方法（4）	0.3320**	0.1938	1.71
核匹配	0.4162***	0.1692	2.46
半径匹配	0.3556***	0.1739	2.05
马氏匹配	0.5547***	0.2366	2.34

注：*** 指 $p < 0.01$，** 指 $p < 0.05$，* 指 $p < 0.1$。

六、因应积极老龄化的对策

（一）用倾向评分匹配法得出，退而不休与退休老年人之间的认知功能差异

在积极老龄化背景下，本节基于 CHARLS 在 2018 年第四轮调查数据中的 13020 个样本的观测数据，通过倾向评分匹配的方法解决内生性问题，将正常退休组和"退而不休"组中特征相似的老年个体进行匹配，发现正常退休组的情景记忆得分比"退而不休"组的得分平均低 0.33～0.55 分（根据不同的匹配方法略有差异）。

结果表明退而不休的老年人比正常退休的老年人平均认知功能更高，能够通过提高认知储备来延缓认知衰退。

（二）用样本回归法验证得出，城乡间老年人的认知功能存在差异

根据认知储备理论，退休之前的工作复杂程度也会影响老年人的认知功能，文中将农村户口的老年人视为退休前从事工作复杂程度较低的老年人，将城市户口的老年人视为退休前从事工作复杂程度较高的老年人，通过分样本进行回归验证。

结果发现在工作复杂程度较高的城市老年人群体样本中，"退而不休"组和正常退休组在认知水平得分上无显著差异。其中的原因是，其退休之前的工作不仅可能使之认知储备更高，而且应对退休冲击的恢复能力更强。相反地，在工作复杂程度较低的农村老年人群体样本中，两组的差异则是显著的。另外，男性，特别是年龄在 60～70 岁之间，且教育水平更低的群体，"退而不休"对其认知功能的影响尤为显著。

（三）用分样本调节效应法研究得出是否参与社会活动具有显著的调节效应

本节研究了社会活动参与在"退而不休"与认知功能之间的调节作用。

回归结果表明，在全样本中，是否参与社会活动对二者间关系的调节效应是显著的。在参与社会活动的群体中，老年人的平均认知水平更高，与正常退休形成替代效应。

如果老年人不采用"退而不休"的方式，以另外的形式，譬如积极参与社会活动，同样可以使认知功能衰退减缓，这可以为选择正常退休的老年人延缓认知功能衰退提供一个新的渠道。

本节又分别对工作复杂程度较高的城市老年人群体样本和工作复杂程度较低农村老年人群体样本分类讨论，结果表明，工作复杂程度较低（选择代表是"农村老年人群体"）的样本中社会活动参与的调节效应更加显著，研究的假设得到进一步证实。

（四）研究结论支持"退而不休"政策

研究认为退休后继续工作的老年人比正常退休的老年人的认知水平要高，尤其是对于低年龄段（60～70 岁）的老年人和工作复杂程度较低的老年人，认知水平的差异尤为显著。

从以上研究得出，"退而不休"政策的提出有助于延缓低龄老年人的认知功能衰退，使得老年人能够在晚年拥有更高质量的生活，同时也能减少社会保障的压力，缓解劳动力供给不足的问题，能够为国家经济增长保驾护航。

故此，在政策设计及实施层面也要兼顾老年人劳动者的退休意愿和实际情况，不能对退休政策实行"一刀切"，对于有需求、有意愿提前退休的人来说，退休反而对其认知功能提供了保护作用。

（五）研究实证与行动目标契合

《健康中国行动（2019—2030 年）》的行动目标之一是鼓励和支持老年大学、老年活动中心、基层老年协会、有资质的社会组织等为老年人组织开展健康活动，鼓励和支持社会力量参与，倡导老年人多运动、多用脑、多参与社会活动。

本研究证实，社会活动作为调节变量，能够在退休老年人的认知功能方面起到很好的保护作用，减缓认知功能衰退速度，通过鼓励老年人多参与社会活动，积极投入晚年生活，促进身心健康，实现健康老龄化。

第六章 结 论

人口老龄化与高龄化是当前社会亟须解决的一大难题,老龄化的现象虽然最早出现在发达国家,然而近些年也在发展中国家迅速蔓延。对于我国而言,现有研究数据表明,中国人口老龄化速度不断加快,预计将由轻度老龄化社会迈入中度老龄化社会。伴随着老年人口不断增多,如何保障老年人的生活质量、幸福感和整体福利,将会是我国在未来面临的一个重要挑战。

根据党的十九大报告,我国需要"积极应对人口老龄化,构建养老、孝老、敬老政策体系和社会环境,推进医养结合,加快老龄事业和产业发展"。因此,如何积极应对老龄化以及构建完善的养老保障体系是国家经济发展的战略需要,也是民生发展的关键之一。

本书从多维视角通过研究影响中国老年人健康和幸福感的诸多决定性因素,为现有养老保障体系的完善与促进城乡一体化提供经济学角度的实证证据,为提高老年人健康和幸福感提供政策建议。

本书的主要目的是从生命历程的三个重要阶段——早期环境、成年经历和晚年生活,分别分析和研究影响老年人健康和幸福感的决定性因素。书中运用了经济学与计量经济学的研究范式与方法,结合社会学、人口学等学科的理论知识,采用新颖的测度方法来衡量个人的健康和幸福感,并从不同的角度全面、系统性地分析该问题。

第二章主要总结了影响中国老年人一生幸福的关键性社会经济政策,从政策角度深层次地研究造成城乡老年人健康和福祉差异的根本性原因,指出了城乡二元户籍制度进一步加剧了城乡老年人福祉的差异。

第三章重点研究了早期成长环境中的重要因素给晚年健康和幸福感带来的长期效应。以 45 岁及以上的中国人口为样本,分别分析了童年时期成长环境和教育对当前老年人的幸福感和健康的影响。研究结果表明:好的童年时期成长环境会减缓认知的衰退,促进老年人的晚年健康水平;教育对老年人晚年幸福感具有长期且正向的作用,但户籍制度会加剧教育对城乡老年人的幸福回报率的差异。

第四章侧重探究成年时期的经历对老年人认知功能的影响。认知功能是老年人生活质量和幸福感的最重要的决定因素。研究发现经历了城镇化的老年人的认知功能低于城市户口持有者,但高于农村户口持有者;城镇化可以通过环境的有益累积变化来发挥调节作用,在一定程度上弥补因为早期生活条件不利而带来的认知损害,积极缩小城乡间的认知差距。然而城镇化并不能完全抵消不利的早期生活条件对认知功能的长期伤害。

第五章从老年人晚年生活的角度讨论社会参与度以及退休对老年人健康和幸福感的影响。研究发现老年人的"退而不休"现象一方面会抑制子女生育率,但另一方面却可以减缓认知功能的衰退。本书还发现积极参与各种形式的社会活动,同样可以使老年人的认知功能衰退减缓以及提高老年人的幸福感,这可以为选择正常退休的老年人延缓认知功能衰退提供一个新的渠道。

研究表明,户口政策是造成城乡老年人健康与福祉差异的主要原因之一,由于二元户籍制度导致了城乡老年人在教育、医疗、养老、社会保险等方面所享受的福利的差别,更进一步加剧在生命周期整个过程中的健康与福利不平等现象。然而,简单消除户口类型是不利于国民经济和社会可持续发展的,而应当聚焦于如何提高农村的公共服务和基础设施质量,通过资源的整合缩小城乡差距。

户籍制度是一个时代的产物。我国户籍制度产生于计划经济时代,已经运行了多年,但与现在经济社会的发展出现不匹配的问题。对于户籍制度的改革并非一朝一夕,其涉及社会的方方面面。户籍制度一直是政府体制机制改革的硬骨头之一,户籍制度的改革是一步一个脚印在前行。严控的户籍制度开始有所松动起源于 1984 年 10 月国务院颁发的《关于农民进入集镇落户问题的通知》实施,农民可以进城务工,这时候"农民工"这个名词出现了。暂住证的出现和身份证制度的管理则是户籍制度改革的前奏曲。1985 年 7 月,公安部出台的《关于城镇暂住人口管理的暂行规定》标志着农民工进入城市暂住合法化,同时,居民身份证制度实施则是人口管理迈向现代化的体现。1997 年 6 月,国务院颁布《批转公安部小城镇户籍管理制度改革试点方案和关于完善农村户籍管理制度意见的通知》,农村人口按计划指标可以在小城镇成为城镇常住户了,这是迈出一小步。1998 年 7

月,国务院出台的《批转公安部关于解决当前户口管理工作中几个突出问题意见的通知》让户籍制度改革进一步朝前迈进。农村户口持有者只要满足相关管理规定,就可以在城市落户,这样给了农村人口一个明确的奋斗方向。仅仅过去 3 年,2001 年 3 月,国务院继续颁布《批转公安部关于推进小城镇户籍管理制度改革意见的通知》,这意味着农村户口持有者可以正大光明地成为小城镇常住户口了。

新型户籍制度改革的序幕拉开了。2013 年 11 月,《中共中央关于全面深化改革若干重大问题的决定》指出,要"创新人口管理,加快户籍制度改革,全面放开建制镇和小城市落户限制,有序放开中等城市落户限制,合理确定大城市落户条件,严格控制特大城市人口规模"。要求各地区尽快落实取消"农业人口"与"非农业人口"性质的具体时间。这样就进一步确定了新型户籍制度改革的目标。

新型户籍制度改革全面启动。2014 年 7 月 30 日,国务院正式发布《关于进一步推进户籍制度改革的意见》。意见规定要进一步调整户口迁移政策,全面实施居住证制度,将基本公共服务覆盖涉及义务教育、就业服务、基本养老、基本医疗卫生、住房保障等城镇全部常住人口。户籍制度的改革进入全方位中,但要达到城乡一体化仍然有很长的路要走。

此外,户籍制度与城镇化也有着千丝万缕的联系。改革开放以来,中国城镇化发展进程中,户籍人口城镇化率一直低于常住人口城镇化率。国家发改委组织编写的《国家新型城镇化报告 2015》显示,2014 年中国城镇化率是 56.1%,而户籍人口城镇化率只有 39.9%,差距是 16.2 个百分点。自 2002 年党的十六大提出"走中国特色的城镇化道路",到 2007 年党的十七大提出"按照统筹城乡、布局合理、节约土地、功能完善、以大带小的原则,促进大中小城市和小城镇协调发展",再到 2012 年党的十八大提出"新型城镇化",从国家发展战略角度对城镇化做出重要部署。直至 2017 年,党的十九大报告明确提出,坚持新发展理念,继续推动新型工业化、信息化、城镇化、农业现代化同步发展。改革的步伐是从一个台阶上了另一个新台阶,从未停止。2021 年,我国常住人口城镇化率达到了 64.72%。

城镇化不仅体现在数字上,更关键的是城镇化是否解决更迫切的需要:一是农业转移人口市民化。二是有效利用城镇建设用地的效率。三是建立农业转移人口市民化的资金保障机制。四是城镇化后的地域与空间布局。五是城镇建设科学合理。六是统筹协调城镇化的管理。

因此,户籍制度的改革有助于推动城镇化的进步,反过来城镇化的进步则可以更加完善户籍制度的变革。两者有机结合,为我国经济社会发展起到添砖加瓦的作用。户籍制度与城镇化的改革最终可以让老年人更健康地生活,更享受改革带来的幸福感。

所以,在设计与完善老年人养老保障体系的时候需要考虑到政策的两面性,例如延迟退休政策的提出,"退而不休"在一方面可以延缓老年人认知衰退,使得老年人能够在晚年拥有更高质量的生活,同时也能减少社会保障费用的压力,缓解劳动力供给不足的问题,能够为国家经济增长保驾护航;但在另一方面却会抑制子女生育问题,在老龄化、高龄化日益严重且生育率持续走低的情况下,延迟退休将会使得我国老龄化现象和低生育率问题变得更加复杂和严峻。

此外,本书的研究也为城乡老年人健康与福祉差异提供新的思路。对于我国老年人群体来说,城镇化经历有利于弥补户口政策带来的城乡老年人健康差异,诚如上文所言,户籍制度与城镇化的有机结合可以增加老年人的幸福感与提高健康水平。又例如,增加退休后的社会参与度也可以缩小城乡幸福感差异,延缓退休后认知功能的衰退,丰富退休后的生活,提高生活质量。

最后,本书的研究结论也为年轻一代的健康与福祉研究提供一些实证依据与建议。根据研究结果,童年时期的干预与教育干预的作用是长期有效的,且在代际可以通过认知和技能进行传递;从长远来看,在生命周期的早期阶段进行干预,可以提高现在年轻一代的健康与认知水平,甚至可以减少在未来的几十年中对认知障碍个体的护理和支持服务的需求,从而提高年轻一代在晚年时的个体健康水平与幸福感。

参考文献

一、中文文献

陈柏峰:《代际关系变动与老年人自杀对湖北京山农村的实证研究》,《社会学研究》2009 年第 4 期。

陈俊梁、史欢欢、林影、毛丹:《城镇化对经济增长影响的路径分析:基于长三角城市群的研究》,《经济问题》2022 年第 4 期。

陈卫、段媛媛:《中国近 10 年来的生育水平与趋势》,《人口研究》2019 年第 1 期。

程杰:《"退而不休"的劳动者:转型中国的一个典型现象》,《劳动经济研究》2014 年第 5 期。

崔红艳、徐岚、李睿:《对 2010 年人口普查数据准确性的估计》,《人口研究》2013 年第 1 期。

戴维·L.德克尔:《老年社会学》,沈健译,天津:天津人民出版社,1986 年。

董洪梅、章磷、董大朋:《老工业基地产业结构升级、城镇化与城乡收入差距:基于东北地区城市的实证分析》,《农业技术经济》2020 年第 5 期。

董剑峰、康书隆:《老年人就业、延迟退休与青年人生育抑制》,《东北财经大学学报》2020 年第 1 期。

董夏燕、臧文斌:《退休对中老年人健康的影响研究》,《人口学刊》2017 年第 1 期。

段成荣、吕利丹、邹湘江:《当前我国流动人口面临的主要问题和对策:基于 2010 年第六次全国人口普查数据的分析》,《人口研究》2013 年第 2 期。

封进、艾静怡、刘芳:《退休年龄制度的代际影响:基于子代生育时间选择的研究》,《经济研究》2022 年第 9 期。

封进、韩旭:《退休年龄制度对家庭照料和劳动参与的影响》,《世界经济》2017 年第 6 期。

郭凯明、颜色:《延迟退休年龄、代际收入转移与劳动力供给增长》,《经济研究》2016 年第 6 期。

郭凯明、余靖雯、龚六堂:《退休年龄、隔代抚养与经济增长》,《经济学(季刊)》2021 年第 2 期。

国家统计局:《中国统计年鉴 2004》,北京:中国统计出版社,2004 年。

国家统计局:《中国统计年鉴 2012》,北京:中国统计出版社,2012 年。

国家统计局:《中国统计年鉴2014》,北京:中国统计出版社,2014年。

国家统计局:《中国统计年鉴2015》,北京:中国统计出版社,2015年。

何圆、王伊攀:《隔代抚育与子女养老会提前父母的退休年龄吗?:基于CHARLS数据的实证分析》,《人口研究》2015年第2期。

胡洪曙、鲁元平:《收入不平等、健康与老年人主观幸福感:来自中国老龄化背景下的经验证据》,《中国软科学》2012年第11期。

华磊、王辉、胡浩钰:《延迟退休能改善老年人福利?:基于代际支持视角》,《经济社会体制比较》2019年第2期。

黄爱群等:《城市流动儿童腹泻和咳嗽患病及影响因素分析》,《中国妇幼健康研究》2008年第19期。

黄乾、于丹:《延迟退休会损害健康吗?:基于对退而不休的研究》,《人口与发展》2019年第2期。

黄阳涛:《企业职工延长退休年龄的意愿及影响因素研究:基于对南京市某经济开发区的调查》,《新金融》2013年第8期。

霍灵光、陈媛媛:《"新农合":农民获得幸福感了吗?》,《上海财经大学学报(哲学社会科学版)》2017年第2期。

靳卫东、宫杰婧、毛中根:《"二孩"生育政策"遇冷":理论分析及经验证据》,《财贸经济》2018年第4期。

孔祥利、周晓峰:《城镇化率区域差异对农村居民消费结构的影响》,《西北大学学报(哲学社会科学版)》2021年第3期。

雷潇雨、龚六堂:《城镇化对于居民消费率的影响:理论模型与实证分析》,《经济研究》2014年第6期。

李汉东、李流:《中国2000年以来生育水平估计》,《中国人口科学》2012年第5期。

李建新、李春华:《城乡老年人口健康差异研究》,《人口学刊》2014年第5期。

李建新、夏翠翠:《社会经济地位对健康的影响:"收敛"还是"发散":基于CFPS2012年调查数据》,《人口与经济》2014年第5期。

李琴、雷晓燕、赵耀辉:《健康对中国中老年人劳动供给的影响》,《经济学(季刊)》2014年第3期。

李琴、彭浩然:《谁更愿意延迟退休?:中国城镇中老年人延迟退休意愿的影响因素分析》,《公共管理学报》2015年第2期。

李琴、彭浩然:《预期退休年龄的影响因素分析:基于CHARLS数据的实证研究》,《经济理论与经济管理》2015年第2期。

梁萍、蔡雄飞、程星:《农村劳动力转移背景下留守老人幸福感研究:以贵州省为例》,《湖北农业科学》2018年第12期。

梁琦、陈强远、王如玉:《户籍改革、劳动力流动与城市层级体系优化》,《中国社会科学》2013年第12期。

刘航、孙早：《城镇化动因扭曲与制造业产能过剩：基于 2001—2012 年中国省级面板数据的经验分析》，《中国工业经济》2014 年第 11 期。

刘岚、齐良书、董晓媛：《中国城镇中年男性和女性的家庭照料提供与劳动供给》，《世界经济文汇》2016 年第 1 期。

刘霖等：《童年逆境与中老年人健康关系的研究进展》，《解放军护理杂志》2021 年第 12 期。

刘盼：《农村老年人主观幸福感的影响因素》，《中国市场》2017 年第 34 期。

刘生龙、郎晓娟：《退休对中国老年人口身体健康和心理健康的影响》，《人口研究》2017 年第 5 期。

刘颂：《老年社会参与对心理健康影响探析》，《南京人口管理干部学院学报》2007 年第 4 期。

刘西国：《社交活动如何影响农村老年人生活满意度？》，《人口与经济》2016 年第 2 期。

刘晓婷、陈铂麟：《中国老年人认知功能状态转移规律及风险因素研究》，《人口研究》2020 年第 4 期。

刘亚飞、罗连发：《退休对认知能力的短期和长期影响：兼论延迟退休的"健康红利"》，《经济理论与经济管理》2020 年第 10 期。

刘阳、彭雪梅、王东明：《延迟退休年龄对青年就业的影响：基于挤出和产出效应的比较研究》，《保险研究》2017 年第 2 期。

柳清瑞、唐璐：《城镇化对能源消费的推拉效应及其影响因素：基于门槛效应模型的实证检验》，《资源科学》2022 年第 5 期。

龙家榕、刘烁瞳、陆杰华：《新中国成立以来户籍制度变革路径及其研究议题回顾与展望》，《人口与健康》2019 年第 8 期。

龙莹、袁嫚：《隔代照料对中老年人劳动参与的影响：基于中国健康与养老追踪调查的实证分析》，《南京财经大学学报》2019 年第 4 期。

路征、赵佳敏、万春林：《个人人力资本水平与延迟退休决策：基于三期 OLG 模型》，《广东财经大学学报》2018 年第 3 期。

罗栋燊、沈维萍、胡雷：《城镇化、消费结构升级对碳排放的影响：基于省级面板数据的分析》，《统计与决策》2022 年第 9 期。

马光荣、周广肃：《新型农村养老保险对家庭储蓄的影响：基于 CFPS 数据的研究》，《经济研究》2014 年第 11 期。

牛亚冬等：《单独家庭生育二孩意愿的分析：基于武汉市 1093 户单独家庭的调查数据》，《人口与发展》2015 年第 3 期。

潘家华、单菁菁：《城市蓝皮书：中国城市发展报告 No. 9》，北京：社会科学文献出版社，2016 年。

裴晓梅：《从"疏离"到"参与"：老年人与社会发展关系探讨》，《学海》2004 年第 1 期。

彭希哲等：《中国失能老人问题探究：兼论失能评估工具在中国长期照护服务中的发展

方向》,《新疆师范大学学报(哲学社会科学版)》2018年第5期。

任琼琼、李杰、余丹丹:《安徽省某地区农村独居老年人主观幸福感及影响因素研究》,《中华疾病控制杂志》2018年第6期。

任远:《城乡整体发展和实现共同富裕:论中国城镇化发展的道路》,《苏州大学学报(哲学社会科学版)》2022年第4期。

世界卫生组织:《积极老龄化政策框架》,中国老龄协会译,北京:华龄出版社,2003年。

孙鹃娟、张航空:《中国老年人照顾孙子女的状况及影响因素分析》,《教育科学文摘》2013年第4期。

孙文婷、刘志彪:《数字经济、城镇化和农民增收:基于长江经济带的实证检验》,《经济问题探索》2022年第3期。

孙玄:《关于退休年龄的思考》,《人口与经济》2005年第3期。

汤芮等:《抑郁与社交对老年人认知功能影响的分位数回归分析》,《中国卫生统计》2022年第3期。

唐晓菁:《城市"隔代抚育":制度安排与新生代父母的角色及情感限制》,《河北学刊》2017年第1期。

田立法等:《"全面二孩"政策下农村居民二胎生育意愿影响因素研究:以天津为例》,《人口与发展》2017年第4期。

田馨溁、张晓娟:《收入、文化服务与农村老年人幸福感的实证研究》,《调研世界》2018年第7期。

汪伟:《人口老龄化、生育政策调整与中国经济增长》,《经济学(季刊)》2017年第1期。

王大为、张舒乔:《城乡差异背景下的老年人主观幸福感形成机理及影响因素研究》,《中国物价》2015年第11期。

王德文:《中国农村义务教育:现状、问题和出路》,《中国农村经济》2003年第11期。

王海光:《当代中国户籍制度形成与沿革的宏观分析》,《中共党史研究》2003年第4期。

王洪亮、邹凯、孙文华:《中国居民健康不平等的实证分析》,《西北人口》2017年第1期。

王金营、戈艳霞:《2010年人口普查数据质量评估以及对以往人口变动分析校正》,《人口研究》2013年第1期。

王金营、马志越、李嘉瑞:《中国生育水平、生育意愿的再认识:现实和未来:基于2017年全国生育状况调查北方七省市的数据》,《人口研究》2019年第2期。

王军、王广州:《中国城镇劳动力延迟退休意愿及其影响因素研究》,《中国人口科学》2016年第3期。

王立平、鲍鹏程:《中国的城镇化推进与区域创新:来自卫星灯光数据的经验证据》,《技术经济》2021年第7期。

王丽莉、乔雪:《放松计划生育、延迟退休与中国劳动力供给》,《世界经济》2018年第10期。

王沁雨、陈华、车珊珊:《城乡居民医保参与对其幸福感影响的实证研究:基于公平感视角》,《农村经济》2020年第5期。

王威海:《中国户籍制度:历史与政治的分析》,上海:上海文化出版社出版,2006年。

王跃生:《城乡已婚者主要生命阶段家户结构分析:以1982年以来人口普查数据为基础》,《人口研究》2017年第4期。

温桂荣、黄纪强、吴慧桢:《中国城乡居民消费的空间结构演变及城镇化影响》,《经济地理》2021年第5期。

温忠麟、侯杰泰、张雷:《调节效应与中介效应的比较和应用》,《心理学报》2005年第2期。

温忠麟等:《中介效应检验程序及其应用》,《心理学报》2004年第5期。

邬沧萍:《提高对老年人生活质量的科学认识》,《人口研究》2002年第5期。

吴克昌、谭影波:《不同时期关怀照顾、经济来源以及医疗服务与老年人主观幸福感:基于CHLHS 2002及CHLHS 2014的实证研究》,《华南理工大学学报(社会科学版)》2018年第3期。

吴晓瑜、李力行:《城镇化如何影响了居民的健康?》,《南开经济研究》2014年第6期。

解垩:《与收入相关的健康及医疗服务利用不平等研究》,《经济研究》2009年第2期。

徐海峰、王晓东:《现代服务业是否有助于推动城镇化?:基于产城融合视角的PVAR模型分析》,《中国管理科学》2020年第4期。

徐亚东、张应良、苏钟萍:《城乡收入差距、城镇化与中国居民消费》,《统计与决策》2021年第3期。

严成樑:《延迟退休、隔代教养与人口出生率》,《世界经济》2018年第6期。

严成樑:《延迟退休、内生出生率与经济增长》,《经济研究》2016年第11期。

晏月平、黄美璇、郑伊然:《中国人口年龄结构变迁及趋势研究》,《东岳论丛》2021年第1期。

杨凡、赵梦晗:《2000年以来中国人口生育水平的估计》,《人口研究》2013年第2期。

杨玲、宋靓珺:《中国老年人口健康预期寿命差异的分解研究》,《人口与经济》2022年第1期。

杨雪、王瑜龙:《社交活动对老年人口健康状况影响的量化分析》,《人口学刊》2020年第3期。

尹晓波、王巧:《中国金融发展、城镇化与城乡居民收入差距问题分析》,《经济地理》2020年第3期。

余娟:《甘肃农村不同留守状态中老年人自测健康状况与总体幸福感》,《中国老年学杂志》2018年第3期。

袁刚:《户籍的性质、历史与我国户籍制度改革》,《学习论坛》2008年第5期,第71～75页。

袁磊:《延迟退休能解决养老保险资金缺口问题吗?:72种假设下三种延迟方案的模拟》,《人口与经济》2014年第4期。

曾宪新:《我国老年人口健康水平的综合分析》,《人口与经济》2010 年第 5 期。

翟振武、陈佳鞠、李龙:《现阶段中国的总和生育率究竟是多少?:来自户籍登记数据的新证据》,《人口研究》2015 年第 6 期。

詹婧、赵越:《身体健康状况、社区社会资本与单位制社区老年人主观幸福》,《人口与经济》2018 年第 3 期。

张博胜、杨子生:《中国城镇化的农村减贫及其空间溢出效应:基于省级面板数据的空间计量分析》,《地理研究》2020 年第 7 期。

张川川、John Giles、赵耀辉:《新型农村社会养老保险政策效果评估:收入、贫困、消费、主观福利和劳动供给》,《经济学(季刊)》2015 年第 1 期。

张建武、薛继亮:《广东"80 后"生育意愿及其影响因素研究》,《南方人口》2013 年第 2 期。

张文娟、赵德宁:《城市中低龄老年人的社会参与模式研究》,《人口与发展》2015 年第 1 期。

张志远、张铭洪:《老年劳动力增加会影响年轻劳动力的就业率吗?:延迟退休对劳动力市场影响的一个考察角度》,《经济科学》2016 年第 3 期。

周春芳:《发达地区农村老年人农业劳动供给影响因素研究》,《人口与经济》2012 年第 5 期。

周宏春、李新:《中国的城市化及其环境可持续性研究》,《南京大学学报(哲学·人文科学·社会科学)2010 年第 4 期。

朱晨、杨晔:《农村老年人幸福感的健康效应:基于"千村调查"的数据》,《农业技术经济》2017 年第 12 期。

朱纪广、侯智星、李小建等:《中国城镇化对乡村振兴的影响效应》,《经济地理》2022 年第 3 期。

朱勤、魏涛远:《中国人口老龄化与城镇化对未来居民消费的影响分析》,《人口研究》2016 年第 6 期。

祝慧琳、曾湘泉:《社交活动与农村中老年人认知能力:来自 CHARLS 2011 年—2015 年的证据》,《中国劳动》2019 年第 9 期。

邹红、彭争呈、栾炳江:《隔代照料与女性劳动供给:兼析照料视角下全面二孩与延迟退休悖论》,《经济学动态》2018 年第 7 期。

邹红、文莎、彭争呈:《隔代照料与中老年人提前退休》,《人口学刊》2019 年第 4 期。

左鹏飞、姜奇平、陈静:《互联网发展、城镇化与我国产业结构转型升级》,《数量经济技术经济研究》2020 年第 7 期。

二、英文文献

Aas, M., et al., Is There a Link between Childhood Trauma, Cognition, and Amygdala and Hippocampus Volume in First-episode Psychosis?, *Schizophrenia Research*, 2012,

137(1-3): 73-79.

Adam, S., et al., *Occupational Activities and Cognitive Reserve: A Frontier Approach Applied to the Survey on Health, Ageing, and Retirement in Europe*, Working Papers, Liege: Research Center on Public and Population Economics, 2006.

Aizer, A., et al., The Long-run Impact of Cash Transfers to Poor Families, *The American Economic Review*, 2016, 106(4): 935-971.

Almond, D., et al., Childhood Circumstances and Adult Outcomes, *Journal of Economic Literature*, 2018, 56(4): 1360-1446.

Alzheimer's Association, Alzheimer's Disease Facts and Figures, *Alzheimers & Dementia*, 2021, 17(3): 327-406.

Ammermüller, A., Weber, A. M., *Educational Attainment and Returns to Education in Germany*, ZEW-Centre for European Economic Research Discussion Paper, No. 05-017, 2005.

Andel, R., et al., Complexity of Work and Incident Cognitive Impairment in Puerto Rican Older Adults, *The Journal of Gerontology: Series B*, 2019, 74(5): 785-795.

Anger, S., Heineck, G., Do Smart Parents Raise Smart Children? The Intergenerational Transmission of Cognitive Abilities, *Journal of Population Economics*, 2010, 23 (3): 1105-1132.

Appau, S., et al., Social Integration and Subjective Wellbeing, *Applied Economics*, 2019, 51(16): 1-14.

Arpino, B., Bordone, V., Does Grandparenting Pay Off? The Effect of Child Care on Grandparents' Cognitive Functioning, *Journal of Marriage and Family*, 2014, 76(2): 337-351.

Asadullah, M. N., Xiao, S., Yeoh, E., Subjective Well-being in China, 2005-2010: The Role of Relative Income, Gender, and Location, *China Economic Review*, 2018, 48: 83-101.

Bäckman, L., et al., Cognitive Impairment in Preclinical Alzheimer's Disease: A Meta-analysis, *Neuropsychology*, 2005, 19(4): 520-531.

Battistin, E., et al., Roadblocks on the Road to Grandma's House: Fertility Consequences of Delayed Retirement, IZA Discussion Papers, Bonn.: IZA (Institute of Labor Economics), 2014.

Bellani, L., D'Ambrosio, C., Deprivation, Social Exclusion and Subjective Well-being, *Social Indicators Research*, 2011, 104: 67-86.

Ben-Porath, Y., The Production of Human Capital and the Life Cycle of Earnings, *Journal of Political Economy*, 1967, 75(4):352-365.

Bertoni, M., Hungry Today, Unhappy Tomorrow? Childhood Hunger and Subjective

Wellbeing Later in Life, *Journal of Health Economics*, 2015, 40: 40-53.

Bharadwaj, P., et al., Smoking Bans, Maternal Smoking and Birth Outcomes, *Journal of Public Economics*, 2014, 115: 72-93.

Bossert, W., et al., Multidimensional Poverty and Material Deprivation with Discrete Data, *Review of Income and Wealth*, 2013, 59: 29-43.

Brandt, J., Spencer, M., Folstein, M., The Telephone Interview for Cognitive Status, *Cognitive and Behavioral Neurology*, 1988, 1(2): 111-118.

Brugiavini, A., Cavapozzi, D., Pan, Y., Urban-Rural Differences in Social Policies: The Case of the Hukou System in China, in Robert Taylor and Jacques Jaussard (ed.), *China's Global Political Economy*, London: Routledge, 2018.

Brunello, G., et al., Books are Forever: Early Life Conditions, Education and Lifetime Earnings in Europe, *The Economic Journal*, 2017, 127(600): 271-296.

Cai, F.(蔡昉), et al., *The Elderly and Old Age Support in Rural China*, Washington D.C.: World Bank Publications, 2012.

Caliendo, M., Kopeinig, S., Some Practical Guidance for the Implementation of Propensity Score Matching, *Journal of Economic Surveys*, 2008, 22(1): 31-72.

Card, D., Estimating the Return to Schooling: Progress on Some Persistent Econometric Problems, *Econometrica*, 2001, 69(5): 1127-1160.

Carlson, M. C., et al., Exploring the Effects of an "Everyday" Activity Program on Executive Function and Memory in Older Adults: Experience Corps, *The Gerontologist*, 2008, 48(6): 793-801.

Case, A., et al., Parental Behavior and Child Health, *Health Affairs*, 2002, 21(2): 164-178.

Case, A., Fertig, A., Paxson, C., The Lasting Impact of Childhood Health and Circumstance, *Journal of Health Economics*, 2005, 24(2): 365-389.

Case, A., Paxson, C., Early Life Health and Cognitive Function in Old Age, *The American Economic Review*, 2009, 99(2): 104-109.

Cassarino, M., et al., Disabilities Moderate the Association between Neighborhood Urbanity and Cognitive Health: Results from the Irish Longitudinal Study on Aging, *Disability and Health Journal*, 2018, 11(3): 359-366.

Cavapozzi, D., Han, W., Miniaci, R., Alternative Weighting Structures for Multidimensional Poverty Assessment, *Journal of Economic Inequality*, 2015, 13(3): 425-447.

Celidoni, M., et al., Retirement and Cognitive Decline: A Longitudinal Analysis Using SHARE Data, *Journal of Health Economics*, 2017, 56: 113-125.

Cerhan, J. R., et al., Correlates of Cognitive Function in Middle-aged Adults, *Gerontology*, 1998, 44(2): 95-105.

Chan, K. W.(陈金永), Zhang, L.(张力), The Hukou System and Rural-urban Migration in China: Processes and Changes, *The China Quarterly*, 1999, 160: 818-855.

Chan, K. W.(陈金永), *Cities with Invisible Walls: Reinterpreting Urbanization in Post-1949 China*, Hong Kong: Oxford University Press, 1994.

Chan, K. W.(陈金永), Internal Migration in China: Trends, Geography and Policies, in *United Nations Population Division*, *Population Distribution*, *Urbanization*, *Internal Migration and Development: An International Perspective*, New York: United Nations, 2012.

Chan, K. W.(陈金永), The Chinese Hukou System at 50, *Eurasian Geography and Economics*, 2009, 50(2): 197-221.

Chen, F., et al., Intergenerational Ties in Context: Grandparents Caring for Grandchildren in China, *Social Forces*, 2011, 90(2):571-594.

Chen, F.N.,et al., For Better or Worse: The Health Implications of Marriage Separation due to Migration in Rural China, *Demography*, 2015, 52: 1321-1343.

Chen, J., Internal Migration and Health: Re-examining the Healthy Migrant Phenomenon in China, *Social Science & Medicine*, 2011, 72(8): 1294-1301.

Cheng, T.(程铁军), Selden, M., The Origins and Social Consequences of China's Hukou System, *The China Quarterly*, 1994, 139: 644-668.

Chu, L., Chi, I., Nursing Homes in China, *Journal of the American Medical Directors Association*, 2008, 9(4): 237-243.

Chultz, T. W., Investment in Human Capital, *The American Economic Review*, 1961, 51(1): 1-17.

Coe, N.B., et al., The Effect of Retirement on Cognitive Functioning, *Health Economics*, 2012, 21(8): 913-927.

Compton, J.,Pollak, R. A., Family Proximity, Childcare, and Women's Labor Force Attachment, *Journal of Urban Economics*, 2014, 79(1): 72-90.

Coneus, K., Spiess, C. K., The Intergenerational Transmission of Health in Early Childhood-Evidence from the German Socio-Economic Panel Study, *Economics & Human Biology*, 2012, 10(1): 89-97.

Cunha, F., Heckman, J. J., *Investing in Our Young People*, Cambridge, M. A.: National Bureau of Economic Research, 2010.

Cunha, F., Heckman, J. J., Schennach, S., Estimating the Technology of Cognitive and Noncognitive Skill Formation, *Econometrica*, 2010, 78(3): 883-931.

Cunha, F., Heckman, J. J., The Technology of Skill Formation, *The American Economic Review*, 2007, 97(2): 31-47.

Currie, J.,Moretti, E., Biology as Destiny? Short-and Long-run Determinants of Intergenerational Transmission of Birth Weight, *Journal of Labor Economics*, 2007, 25(2): 231-264.

Dancygier, R. M., et al., Immigration into Europe: Economic Discrimination, Violence, and Public Policy, *Annual Review of Political Science*, 2014, 17(1): 43-64.

Dannefer, D., Systemic and Reflexive: Foundations of Cumulative Dis/advantage and Life-course Processes, *The Journals of Gerontology: Series B*, 2020, 75(6): 1249-1263.

Deary, I. J., et al., Age-associated Cognitive Decline, *British Medical Bulletin*, 2009, 92(1): 135-152.

Decancq, K., Lugo, M. A., Inequality of Wellbeing: A Multidimensional Approach, *Economica*, 2012, 79: 721-746.

Decancq, K., Lugo, M. A., Weights in Multidimensional Indices of Well-being: An Overview, *Econometric Reviews*, 2013, 32: 7-34.

Deng, W., et al., *Urban Housing Policy Review of China: From Economic Growth to Social Inclusion*, in Proceedings of New Researchers Colloquium ENHR 2014 Conference, Beyond Globalisation: Remaking Housing Policy in a Complex World, Edinburgh: New Researchers Colloquium ENHR 2014 Conference, 1-4 July, 2014.

Desai, M., Shah, A., An Econometric Approach to the Measurement of Poverty, *Oxford Economic Papers*, 1988, 40(3): 505-522.

Deutsch J., Silber J., Measuring Multidimensional Poverty: An Empirical Comparison of Various Approaches, *Review of Income and Wealth*, 2005, 51(1): 145-174.

Ding, D., et al., Prevalence of Mild Cognitive Impairment in an Urban Community in China: A Cross-sectional Analysis of the Shanghai Aging Study, *Alzheimer's & Dementia*, 2015, 11(3): 300-309.

Ding, D., et al., Progression and Predictors of Mild Cognitive Impairment in Chinese Elderly: A Prospective Follow-up in the Shanghai Aging Study, *Alzheimer's & Dementia*, 2016, 4: 28-36.

Dolan, P., et al., Do We Really Know What Makes Us Happy? A Review of The Economic Literature on The Factors Associated with Subjective Well-being, *Journal of Economic Psychology*, 2008, 29(1): 94-122.

Dong, J.(董洁), Neo-Liberalism and the Evolvement of China's Education Policies on Migrant Children's Schooling, *Journal of Critical Education Policy Studies*, 2010, 8(1): 137-161.

Duong, N., et al., Quantifying Urban Growth Patterns in Hanoi Using Landscape Expansion Modes and Time Series Spatial Metrics, *PLoS One*, 2018, 13(5): e0196940.

Dye, C., Health and Urban Living, *Science*, 2008, 319(5864): 766-769.

Eibich, P., Siedler, T., Retirement, Intergenerational Time Transfers and Fertility,

European Economic Review，2020，124：103392.

Emanuela，C.，Serena，N.，Intergenerational Time Transfers and Childcare，*Review of Economic Dynamics*，2003，6（2）：431-454.

Everson-Rose，S. A.，et al.，Early Life Conditions and Cognitive Functioning in Later Life，*American Journal of Epidemiology*，2003，158（11）：1083-1108.

Feng，J.（封进），et al.，Balancing Act：Economic Incentives，Administrative Restrictions，and Urban Land Expansion in China，*China Economic Review*，2015，36：184-197.

Feng，X.T.（风笑天），et al.，An Industry in the Making：The Emergence of Institutional Elder Care in Urban China，*Journal of the American Geriatrics Society*，2011，59（4）：738-744.

Filmer，D.，Pritchett，L. H.，Estimating Wealth Effects without Expenditure Data—Or Tears：An Application to Educational Enrollments in States of India，*Demography*，2011，38（1）：115-132.

Folstein，M. F.，et al.，"Mini-mental State"：A Practical Method for Grading the Cognitive State of Patients for the Clinician，*Journal of Psychiatric Research*，1975，12（3）：189-198.

Ford，M.，The Unemployment Effects of Proposed Changes in Social Security's Normal Retirement Age，*Business Economics*，2006，41（2）：38-46.

Fu，T. M.，*Unequal Primary Education Opportunities in Rural and Urban China*，*China Perspectives*，2005.

Galea，S.，et al.，Cities and Population Health，*Social Science & Medicine*，2005，60（5）：1017-1033.

Gao，M.，et al.，The Time Trends of Cognitive Impairment Incidence among Older Chinese People in the Community：Based on the CLHLS Cohorts from 1998 to 2014，*Age and Ageing*，2017，46（5）：787-793.

Gao，Q.，The Social Benefit System in Urban China：Reforms and Trends from 1988 to 2002，*Journal of East Asian Studies*，2006，6（1）：31-67.

Gill，T. M.，et al.，Evaluating the Risk of Dependence in Activities of Daily Living amongCommunity-Living Older Adults with Mild to Moderate Cognitive Impairment，*The Journals of Gerontology：Series A*，1995，50（5）：235-241.

Grossman，M.，On the Concept of Health Capital and the Demand for Health，*Journal of Political Economy*，1972，80（2）：223-255.

Gruber，J.，et al.，*Social Security Programs and Retirement around the World：Fiscal Implications of Reform*，Chicago：University of Chicago Press，2009.

Harden，K. P.，et al.，Genotype by Environment Interaction in Adolescents' Cognitive Aptitude，*Behavior Genetics*，2007，37（2）：273-283.

Harpham，T.，Urbanization and Mental Health in Developing Countries：A Research Role for Social Scientists，Public Health Professionals and Social Psychiatrists，*Social Science & Medicine*，1994，39（2）：233-245.

Havari，E.，Mazzonna，F.，Can We Trust Older People's Statements on Their Childhood Circumstances? Evidence from SHARELIFE，*European Journal of Population*，2015，31（3）：233-257.

Heckman，J. J.，et al.，Matching as an Econometric Evaluation Estimator：Evidence from Evaluating a Job Training Programme，*Review of Economic Studies*，1997，64（4）：605-654.

Heckman，J. J.，et al.，Policy-relevant Treatment Effects，*The American Economic Review*，2001，91（2）：107-111.

Heckman，J.J.，*China's Investment in Human Capital*，Working Paper 9296，Cambridge，M. A.：National Bureau of Economic Research，2002.

Heckman，J.J.，et al.，Earnings Functions，Rates of Return and Treatment Effects：The Mincer Equation and Beyond，in E. Hanushek and F. Welch（eds.），*Handbook of the Economics of Education*，Amsterdam：Elsevier，2006.

Horn，J. L.，Cattell，R. B.，Age Differences in Fluid and Crystallized Intelligence，*Acta Psychologica*，1967，26：107-129.

Horn，J. L.，Remodeling Old Models of Intelligence，in B. B. Wolman（ed.），*Handbook of Intelligence：Theories，Measurements，and Applications*，New York：John Wiley & Sons，1985.

Hou，B.，et al.，Are Cities Good for Health? A Study of the Impacts of Planned Urbanization in China，*International Journal of Epidemiology*，2019，48（4）：1083-1090.

Hoynes，H.，et al.，Long-run Impacts of Childhood Access to the Safety Net，*The American Economic Review*，2016，106（4）：903-934.

Hu，Y.（胡耀月），et al.，Rural-urban Disparities in Age Trajectories of Depression Caseness in Later Life：The China Health and Retirement Longitudinal Study，*PloS One*，2019，14（4）：e0215907.

Huang，K.W.（黄克武），et al.，Prevalence，Risk Factors，and Management of Asthma in China：A National Cross-sectional Study，*The Lancet*，2019，394（10196）：407-418.

Huang，W.，Zhou Y.，Effects of Education on Cognition at Older Ages：Evidence from China's Great Famine，*Social Science & Medicine*，2013，98：54-62.

Huang，Y.，Farewell to Villages：Forced Urbanization in Rural China，in Tang，Z.（ed.），*China's Urbanization and Socioeconomic Impact*，Singapore：Springer，2017.

Jappelli，T.，Padula，M.，Investment in Financial Literacy and Saving Decisions，*Journal of Banking & Finance*，2013，37：2779-2792.

Jin, Y., et al., Effects of Digital Device Ownership on Cognitive Decline in a Middle-aged and Elderly Population: Longitudinal Observational Study, *Journal of Medical Internet Research*, 2019, 21(7): e14210.

Kaplan, G. A., et al., Childhood Socioeconomic Position and Cognitive Function in Adulthood, *International Journal of Epidemiology*, 2001, 30(2): 256-263.

Kimmel, J., Rural Wages and Returns to Education: Differences between Whites, Blacks, and American Indians, *Economics of Education Review*, 1997, 16(1): 81-96.

Kirkby, R. J. R., *Urbanization in China: Town and Country in a Developing Economy, 1949-2000 A.D.*, London: Croom Helm, 1985.

Klasen, S., Measuring Poverty and Deprivation in South Africa, *Review of Income and Wealth*, 2000, 46: 33-58.

Knight, J., et al., Subjective Well-being and Its Determinants in Rural China, *China Economic Review*, 2009, 20(4): 635-649.

Knight, J., Gunatilaka, R., The Rural-Urban Divide in China: Income but Not Happiness?, *The Journal of Development Studies*, 2010, 46(3): 506-534.

Knight, J., Song, L., *The Urban-Rural Divide: Economic Disparities and Interactions in China*, New York: Oxford University Press, 1999.

Ko, P.C., Hank, K., Grandparents Caring for Grandchildren in China and Korea: Findings From CHARLS and KLoSA, *The Journals of Gerontology: Series B*, 2014, 69 (4):646-651.

Kuang, W., et al., Trends in the Prevalence of Cognitive Impairment in Chinese Older Adults: Based on the Chinese Longitudinal Healthy Longevity Survey Cohorts from 1998 to 2014, *International Health*, 2020, 12(5): 378-387.

Lee, D. S., Lemieux, T., Regression Discontinuity Designs in Economics, *Journal of Economic Literature*, 2010, 48 (2): 281-355.

Lee, Y., et al., Retirement, Leisure Activity Engagement, and Cognition Among Older Adults in the United States, *Journal of Aging and Health*, 2019, 31 (7): 1212-1234.

Lei, X. (雷晓燕), et al., Gender Differences in Cognition among Older Adults in China, *The Journal of Human Resources*, 2012, 47(4): 951-971.

Lei, X. (雷晓燕), et al., Gender Differences in Cognition in China and Reasons for Change over Time: Evidence from CHARLS, *The Journal of the Economics of Ageing*, 2014, 4: 46-55.

Leibowitz, A., Parental Inputs and Children's Achievement, *The Journal of Human Resources*, 1997, 12(2): 242-251.

Levy, R., Aging-Associated Cognitive Decline, *International Psychogeriatrics*, 1994,

6：63-68.

Lewis，G.，et al.，Schizophrenia and City Life，*The Lancet*，1992，340(8812)：137-140.

Li，X.，et al.，Mental Health Symptoms among Rural-to-urban Migrants in China：A Comparison with Their Urban and Rural Counterparts，*World Health and Population*，2009，11(1)：24-38.

Liu，Y.，et al.，A Prospective Study on the Association between Grip Strength and Cognitive Function among Middle-aged and Elderly Chinese Participants，*Frontiers in Aging Neuroscience*，2019，11：250.

Liu，Y.，et al.，Predicting Cognitive Function Based on Physical Performance：Findings from the China Health and Retirement Longitudinal Study，*Aging Clinical Experimental Research*，2021，33(10)：2723-2735.

Liu，Y.，et al.，Transformation of China's Rural Health Care Financing，*Social Science & Medicine*，1995，41(8)：1085-1093.

Liu，Z.，Institution and Inequality：The Hukou System in China，*Journal of Comparative Economics*，2005，33(1)：133-157.

Lo，B. L.，Primary Education：A Two-track System for Dual Tasks，in *Contemporary Chinese Education*，London：Routledge，2017.

Lu，Q.，*Analysing the Coverage Gap in China*，London：HelpAge International，2012.

Lu，Z.，Song，S.，Rural-Urban Migration and Wage Determination：The Case of Tianjin，China，*China Economic Review*，2006，17(3)：337-345.

Lusardi，A.，Tufano，P.，Debt Literacy，Financial Experiences，and Overindebtedness，*Journal of Pension Economics & Finance*，2009，14(4)：332-368.

Maurer-Fazio，M.，et al.，*Childcare，Eldercare，and Labor Force Participation of Urban Women in China：1982-2000*，Madison：University of Wisconsin Press，2011.

Mazzonna，F.，Peracchi，F.，Ageing，Cognitive Abilities and Retirement，*European Economic Review*，2012，56(4)：691-710.

Mazzonna，F.，The Long-lasting Effects of Family Background：A European Cross-country Comparison，*Economics of Education Review*，2014，40：25-42.

McArdle，J. J.，et al.，Cognition and Economic Outcomes in the Health and Retirement Survey，in D. Wise (ed.)，*Explorations in the Economics of Aging*，Chicago：University of Chicago Press，2011.

McKenzie，D. J.，Measuring Inequality with Asset Indicators，*Journal of Population Economics*，2005，18(2)：229-260.

Mincer，J.，Investment in Human Capital and Personal Income Distribution，*Journal of Political Economy*，1958，66(4)：281-302.

Mullen，P.，et al.，*Urban Health Advantages and Penalties in India：Overview and*

Case Studies，Washington，D.C.：World Bank，2016.

Naughton，B.，Chinese Institutional Innovation and Privatization from Below，*The A-merican Economic Review*，1994，84(2)：266-270.

Pablos-Méndez，A.，Mortality among Hispanics，*Jama*，1994，271：1237-1238.

Paykel，E. S.，et al.，Urban-rural Mental Health Differences in Great Britain：Findings from the National Morbidity Survey，*Psychological Medicine*，2000，30(2)：269-280.

Pedersen，C. B.，Evidence of a Dose-response Relationship between Urbanicity during Upbringing and Schizophrenia Risk，*Archives of General Psychiatry*，2001，58(11)：1039-1046.

Peterson，M.，et al.，*Contextual Guidance of Attention in Younger and Older Adults*，Atlanta：Cognitive Aging Conference，GA，2002.

Prince，M.，et al.，*World Alzheimer Report*，*The Global Impact of Dementia—An Analysis of Prevalence*，*Incidence*，*Cost and Trends*，London：Alzheimer's Disease International，2015.

Qin，T.(秦婷婷)，et al.，Association between Anemia and Cognitive Decline among Chinese Middle-aged and Elderly：Evidence from the China Health and Retirement Longitudinal Study，*BMC Geriatrics*，2019，19(1)：1-13.

Qiu，Y.(邱筠)，et al.，The Impact of Indoor Air Pollution on Health Outcomes and Cognitive Abilities：Empirical Evidence from China，*Population and Environment*，2019，40(4)：388-410.

Rabbitt，P.，et al.，There Are Stable Individual Differences in Performance Variability，Both from Moment to Moment and from Day to Day，*The Quarterly Journal of Experimental Psychology Section A*，2001，54(4)：981-1003.

Ramscar，M.，et al.，The Myth of Cognitive Decline：Non-linear Dynamics of Lifelong Learning，*Topics in Cognitive Science*，2014，6(1)：5-42.

Ravallion，M.，Chen，S.(陈少华)，Wang，Y.，Does the Di Bao Program Guarantee a Minimum Income in China's Cities?，in *Public Finance in China*，Washington，D.C.：World Bank，2006.

Ren，Q.(任强)，Treiman，D. J.，Living Arrangements of the Elderly in China and Consequences for Their Emotional Well-being，*Chinese Sociological Review*，2015，47(3)：255-286.

Riosmena，F.，et al.，Explaining the Immigrant Health Advantage：Self-selection and Protection in Health-related Factors among five Major National Origin Immigrant Groups in the United States，*Demography*，2017，54：175-200.

Robbins，R. N.，et al.，Impact of Urbanization on Cognitive Disorders，*Current Opinion in Psychiatry*，2019，32(3)：210-217.

Romero, S. K., et al., Retirement and Decline in Episodic Memory: Analysis from a Prospective Study of Adults in England, *International Journal of Epidemiology*, 2019, 48 (6): 1925-1936.

Rosenbaum, P. R., et al., Constructing a Control Group Using Multivariate Matched Sampling Methods That Incorporate the Propensity Score, *The American Statistician*, 1985, 39(1): 33-38.

Rowe, W. L., et al., Physical Activity: Health Outcomes and Importance for Public Health Policy, *Preventive Medicine*, 2009, 49(4): 280-282.

Salthouse, T., *A Theory of Cognitive Aging*, Amsterdam: Elsevier, 2000.

Saunders, P., Shang, X., Social Security Reform in China's Transition to a Market Economy, *Social Policy & Administration*, 2001, 35(3): 274-289.

Schaie, K. W., The Course of Adult Intellectual Development, *American Psychologist*, 1994, 49(4): 304-313.

Schaie, K. W., The Hazards of Cognitive Aging, *The Gerontologist*, 1989, 29(4): 484-493.

Seeborg, M. C., Jin, Z., Zhu, Y., The New Rural-urban Labor Mobility in China: Causes and Implications, *Journal of Socio-Economics*, 2000, 29(1): 39-56.

Sen, A., Capabilities, Lists, and Public Reason: Continuing the Conversation, *Feminist Economics*, 2004, 10(3): 77-80.

Shi, L., Health Care in China: A Rural-urban Comparison after the Socioeconomic Reforms, *Bulletin of the World Health Organization*, 1993, 71(6): 723-736.

Shoven, J. B., Slavov, S.N., *The Decision to De-lay Social Security Benefits: Theory and Evidence*, Working Paper, Cambridge, M. A.: National Bureau of Economic Research, 2012.

Si, L., et al., Has Equity in Government Subsidy on Healthcare Improved in China? Evidence from the China's National Health Services Survey, *International Journal for Equity in Health*, 2017, 16(1): 1-9.

Sianesi, B., An Evaluation of the Swedish System of Active Labor Market Programs in the 1990s, *Review of Economics and Statistics*, 2004, 86(1): 133-155.

Sicular, T., et al., The Urban-rural Income Gap and Inequality in China, *Review of Income and Wealth*, 2007, 53(1): 93-126.

Smith, J., Reconstructing Childhood Health Histories, *Demography*, 2009, 46(2): 387-403.

Solinger, D. J., *Contesting Citizenship in Urban China: Peasant Migrants, the State, and the Logic of the Market*, Berkeley: University of California Press, 1999.

Sonchak, L., Medicaid Reimbursement, Prenatal Care and Infant Health, *Journal of*

Health Economics，2015，44：10-24.

Song，Y.（宋扬），Sun，W.（孙文凯），Health Consequences of Rural-to-urban Migration: Evidence from Panel Data in China，*Health Economics*，2016，25（10）：1252-1267.

Soubelet，A.，The Role of Social Activity in Age-Cognition Relations，*Educational Gerontology*，2013，39（8）：558-568.

Spallek，J.，et al.，Prevention among Immigrants: The Example of Germany，*BMC Public Health*，2010，10（1）：56.

Srivastava，K.，Urbanization and Mental Health，*Industrial Psychiatry Journal*，2009，18（2）：75-76.

Stern，Y.，What Is Cognitive Reserve? Theory and Research Application of the Reserve Concept，*Journal of the International Neuropsychological Society*，2002，8（3）：448-460.

Stiglitz，J.E，et al.，Report by the Commission on the Measurement of Economic Performance and Social Progress，2009.

Sun，Q.，Liao，W.，Depression among Middle Aged and Elderly People in China—Evidence from CHARLS，*Asian Journal of Humanities and Social Studies*，2016，4（2）：151-160.

Sun，X.，The Effects of Fiscal Decentralisation on Compulsory Education in China: For Better or Worse?，*JOAAG*，2007，2（1）：40-53.

Swerdlow，A.J.，Mortality and Cancer Incidence in Vietnamese Refuges in England and Wales: A Follow-up Study，*International Journal of Epidemiology*，1991，20：13-19.

Teo，K.，et al.，The Prospective Urban Rural Epidemiology（PURE）Study: Examining the Impact of Societal Influences on Chronic Noncommunicable Diseases in Low-，Middle-，and High-income Countries，*American Heart Journal*，2009，158（1）：1-7.

Todd，P. E.，Wolpin，K. I.，On the Specification and Estimation of the Production Function for Cognitive Achievement，*The Economic Journal*，2003，113（485）：3-33.

Todd，P. E.，Wolpin，K. I.，The Production of Cognitive Achievement in Children: Home，School，and Racial Test Score Gaps，*Journal of Human Capital*，2007，1（1）：91-136.

Tsang，M. C.，Financial Reform of Basic Education in China，*Economics of Education Review*，1996，15（4）：423-444.

Tulving，E.，Episodic and Semantic Memory，*Organization of Memory*，1972，1：381-403.

United Nations，*World Population Prospects: 2017*，New York: United Nations，Department of Economic and Social Affairs，Population Division，2017.

United Nations，*World Population Prospects: The 2010 Revision，Volume 1: Com-*

prehensive Tables, New York: United Nations, Department of Economic and Social Affairs, Population Division, 2010.

Van de Poel, E., et al., Is There a Health Penalty of China's Rapid Urbanization?. *Health Economics*, 2012, 21(4): 367-385.

Van de Poel, E., et al., Urbanization and the Spread of Diseases of Affluence in China, *Economics & Human Biology*, 2012, 7(2): 200-216.

Van den Berg, G. J.,et al., The Role of Early-life Conditions in the Cognitive Decline due to Adverse Events Later in Life, *The Economic Journal*, 2010, 120(548): 411-428.

Van Rooij, M. C. J., et al., Financial Literacy and Retirement Planning in the Netherlands, *Journal of Economic Psychology*, 2011, 32: 593-608.

Vodopivec, M., Tong, M. H., *China: Improving Unemployment Insurance*, Washington, D. C.: World Bank, Social Protection & Labor, 2008.

Webb, E.,et al., Childhood Socioeconomic Circumstances and Adult Height and Leg Length in Central and Eastern Europe, *Journal of Epidemiology & Community Health*, 2008, 62(4): 351-357.

White, L. T., *Careers in Shanghai: The Social Guidance of Personal Energies in a Developing Chinese City, 1949-1966*, Berkeley: University of California Press, 1978.

Whyte, M.K., Parish, W., *Urban Life in Contemporary China*, Chicago: University of Chicago Press, 1984.

Williams, B. D., et al., Cognitively Stimulating Activities and Risk of Probable Dementia or Cognitive Impairment in the English Longitudinal Study of Aging, *SSM-Population Health*, 2012, 12: 100656.

Willmore, L., et al., Determinants of Offfarm Work and Temporary Migration in China, *Population and Environment*, 2012, 33(2-3):161-185.

Wilson, R. S.,et al., Socioeconomic Characteristics of the Community in Childhood and Cognition in Old Age, *Experimental Aging Research*, 2005, 31(4): 393-407.

Wu, B, Mao, Z.F.(毛宗福), Zhong, R.Y.(钟仁耀), Long-term Care Arrangement in Rural China: Review of Recent Development, *Journal of the American Medical Directors Association*, 2009, 10(7): 472-477.

Wu, F., Changes in the Structure of Public Housing Provision in Urban China,*Urban Studies*, 1996, 33: 1601-1627.

Wu, Z., Yao, S.(姚树洁), Intermigration and Intramigration in China: A Theoretical and Empirical Analysis, *China Economic Review*, 2003, 14(4): 371-385.

Xu, H., et al., The Impact of Residential Status on Cognitive Decline among Older Adults in China: Results from a Longitudinal Study, *BMC Geriatrics*, 2017, 17(1): 1-11.

Xu, K., et al., Household Catastrophic Health Expenditure: A Multicountry Analysis,

The Lancet，2003，362(9378):111-117.

Yang，F.，et al.，Stronger Increases in Cognitive Functions among Socioeconomically Disadvantaged Older Adults in China: A Longitudinal Analysis with Multiple Birth Cohorts, *International Journal of Environmental Research and Public Health*，2020，17(7): 2418.

Yang，Z.(杨赟)，Chen，J.(陈杰)，Housing Reform and the Housing Market in Urban China，in *Housing Affordability and Housing Policy in Urban China*，Berlin/Heidelberg: Springer，2014.

Ye，X.(叶欣)，et al.，Direct and Indirect Associations between Childhood Socioeconomic Status and Cognitive Function in Middle-aged and Older Adults in China，*Aging & Mental Health*，2021，26(9):1730-1737.

Yusuf，S.，Saich，T.，*China Urbanizes: Consequences, Strategies, and Policies*，Washington，D.C.: World Bank，2008.

Zeng Y.(曾毅)，et al.，Associations of Environmental Factors with Elderly Health and Mortality in China，*American Journal of Public Health*，2010，100(2): 298-305.

Zhang，D.，Li，X.，Xue，J.，Education Inequality between Rural and Urban Areas of the People's Republic of China，Migrants' Children Education，and Some Implications，*Asian Development Review*，2015，32(1): 196-224.

Zhang，H.，The Hukou System's Constraints on Migrant Workers' Job Mobility in Chinese Cities，*China Economic Review*，2010，21(1): 51-64.

Zhang，X. Q.，The Restructuring of the Housing Finance System in Urban China，*Cities*，2000，17(5): 339-348.

Zhao，Y.，et al.，Cohort Profile: The China Health and Retirement Longitudinal Study (CHARLS)，*International Journal of Epidemiology*，2014，43(1): 61-68.

Zhou，H.，et al.，Study of the Relationship between Cigarette Smoking，Alcohol Drinking and Cognitive Impairment among Elderly People in China，*Age and Aging*，2003，32(2): 205-210.

Zhu，L.(朱利江)，Hukou System of the People's Republic of China: A Critical Appraisal under International Standards of Internal Movement and Residence，*Chinese Journal of International Law*，2003，2(2): 519-565.

Zurlo，K. A.，Hu，H.，Huang，C.C.，The Effects of Family，Community，and Public Policy on Depressive Symptoms among Elderly Chinese，*Journal of Sociology and Social Work*，2014，2(2):1-23.

后　记

　　我特别喜欢的一部电影——《困在时间里的父亲》里的父亲安东尼说过一句话:"我感觉我的叶子都快凋零了,还有树枝、风和雨。"我就常常在想:如果将人的整个生命历程比作一棵树,从小树发芽到最后落叶归根,当人们在落叶归根的时候发现记忆衰退,认知混乱,行动不便,此时脑海里的世界到底是怎样的?

　　每个人都会有老去的那一天,如何让每个老人在暮年之时仍然可以感受到世界的爱与呵护是值得关注的现实问题,我想通过自己对社会的探究,从经济学的角度对这个问题的研究尽微薄之力。这也是我写作本书的主要初衷之一。本书的研究主题也是围绕人的一生中各个重要阶段的诸多因素对老年人晚年生活质量、健康和幸福感的影响展开的。

　　国外9年的求学生涯为我的研究奠定了扎实的基础,一路求学得益于师长们的教诲与帮助。在此,由衷感谢意大利威尼斯大学导师阿加尔·布鲁贾维尼(Agar Brugiavini)教授和达尼洛·卡瓦波兹(Danilo Cavapozzi)教授在我读博期间在学术上对我的指导与帮助,尤其在我攻读博士学位的艰难时刻,两位教授呈现出的对研究的热情和严谨态度深深影响了我,同时他们还为我树立了成功的经济学家和教授的好榜样。我必须感谢带我走进健康经济学和老龄化经济学领域研究的研究生导师,来自荷兰格罗宁根大学的罗伯·阿莱西(Rob Alessie)教授和薇奥拉·安格林(Viola Angelini)教授。如果没有他们的正确鼓励和引导,我根本不会走上这条学术研究之路。依然要感谢来自美国南加州大学的阿里·卡普登(Arie Kapteyn)教授、意大利威尼斯大学的贾科莫·帕西尼(Giacomo Pasini)教授和布鲁纳·佐利(Bruna Zolin)教授在论文上的指导。

　　这本书能够顺利出版,首先要感谢我可爱的学生团队,李宇潇、袁可欣、何羽佳在背后的辛苦和努力付出,他们完成了部分章节前期的数据分析工作。

　　我要感恩一路给我鼓励和温暖的好友们，他们是洪淑青、任博寒、沈珂锐、冯丹萌、聂阳宁、黄娜敏、蔡芃芃、姜奥博、李骏实、张博琦、埃琳娜·巴索里（Elena Bassoli）、方劲教授、陈翔灵、王延涛、温馨、朱飞燕等等。

　　我衷心感谢母亲饶丽萍和父亲潘景阳先生给予我的无私的爱，是你们一直作为我不断学习和坚持研究的最坚强后盾，是你们在抚养我成长的过程中，教诲我如何成为一名独立而内心强大的新女性。

　　我要感谢已到耄耋之年的外公外婆对我的谆谆教导，我也不会忘记天堂里的爷爷奶奶对我的期许。

　　感谢家人和朋友们一直以来对我研究工作的帮助，我将此书献给你们！

　　这本书的写作，除了集结自己长期的研究积累之外，还参考引用了许多国内外前辈和同行的研究成果。本人曾经拥有SHARE研究员的工作经验以及在美国南加州大学访问学者的经历，为在书中使用主要来自北京大学国发院赵耀辉教授团队调查和公开发表的CHARLS数据，以及对数据的处理和研究提供了扎实的基础。因自身研究能力和学术水平有限，书中的研究还有许多不足之处，敬请专家学者批评指正。

　　本书的出版得益于中南财经政法大学中央高校基本科研业务费专项资金资助（编号：2722022BY002），在出版的过程中收到中南财经政法大学经济学院院长李小平教授和同事们的诸多建议，得到了厦门大学出版社的大力支持，以及北京大学公共卫生学院副研究员罗雅楠在百忙之中为此书作序，在此一并感谢！

潘　峣

2022年9月于武汉